女性
智者的悟道之旅
Women of Wisdom

慈誠・艾莉昂 Tsultrim Allione 著
邱陽創巴仁波切 Chögyam Trungpa Rinpoche 推薦序
普賢法譯小組 翻譯

目錄

第二部

附錄

推薦序

大眾多數認爲佛教金剛乘的修行，一直以來皆以男性爲主；然而相反的是，從古至今，許多偉大的思想導師與修行者都是女性。在西藏，我們發現女性修行者往往比男性還要精進投入。我非常高興見到《女性智者的悟道之旅》得以出版，本書爲此提供了有力的證明。慈誠．艾莉昂這部作品，不應單純被視爲女性主義的抒發；這些故事對於西方世界瞭解藏傳佛教，具有極大的貢獻。

金剛阿闍黎邱陽創巴仁波切

獻上我的祝福

中譯序

身為女性，對於女性上師的故事自然特別留意；設立小組之後，更是首先翻譯了《曼達拉娃佛母傳》與《伊喜措嘉佛母傳》。後來，在印度八十四大成就者的摘要版《大成就者傳奇：54位密續大師的悟道故事》中，也翻譯到幾位女性上師的生平。此次，則歡喜地接下這本書的翻譯，覺得能夠為大眾介紹幾位當代的女性上師，非常具有意義。

不過，畢竟作者是西方人，對於藏文並不深入而需要他人翻譯，因此不易自行找到其他女性修行者的傳記。此外，由於當代思潮的影響，作者也想藉此強調女性主義，然而這又是另一種值得深入思考的觀點。例如，女性上師之所以不多，除了少數幾個特例，這種情形放諸四海皆然，並不局限於佛教或西藏的文化背景。宗薩欽哲仁波切曾說，由於大多女性的陰性特質明顯而接受性較強，故而較多成為弟子；而大多男性的陽性特質明顯而開創性較強，故而較多成為上師（參見《伊喜措嘉佛母傳》中譯序言）。這是其中一個因素。

此外，文中提及第二世宗薩欽哲仁波切的佛母康卓慈琳，作者曾經向她請法但卻未果，便認為這是由於她過於自謙，或者相較於男性而自認弗如或自信不足。不過，這位佛母之所以不傳法，卻是因為她的佛父兼上師說過，她的存在本身就能為信眾帶來加持，所以她不必傳法。事實上，男性上師當中也不乏自謙者，揚唐仁波切就經常向請法者表示自己什麼都不會（參見《我的淨土到了——多芒揚唐仁波切傳》）。

至於請法這件事，在藏傳佛教的慣例是，上師不會第一次就答應。一方面是爲了讓弟子能累積請法的福德，如同釋迦牟尼佛獲得正覺後並未立即說法，而是由帝釋天與大梵天共同請法之後才開始轉動法輪。另一方面，則是爲了檢視弟子對於所請之法是否具有堅定殷切的求法之心。再者，由於注重吉祥緣起，大多會先觀察是否有適當的時機。故而，通常至少要經過三次或七次的請法，方能如願。

因此，無論作者是站在哪種立場來表明她的想法，都請讀者以更爲寬廣的角度來看待書中的一些概念，如此，相信可以獲得更多的啟發與激勵。就如劉婉俐教授在〈智慧的女性：藏傳佛教女性上師傳記與佛教女性身份認同議題〉這篇當中所說的：

除了文化差異、各方詮釋可能造成對佛法教義的誤讀與誤導外，精神物質化的危機與傾向，也存在於現今的佛教社團或團中。創巴仁波切在《突破修道上的唯物》一書中，便清楚地揭示了這種「自我」的遊戲，將其定義為一種廣泛的唯物傾向：「曲解道心和以自我為中心來解釋道心的情形，都可能因誤入歧途而發生；我們會欺騙自己，自以為是在發展道心，其實是在用修道法來加強我們，這種根本的曲解，可稱之為修道上的唯物」。對所有試圖以己意來詮釋佛法的學者、行者（包括本文在內），任何自以為是的詮釋、再現或再造，都可能掉入了不自知的「我執」迷障中，而誤以為是可放諸四海皆準的真理。對企圖結合俗世生活與出世修行的說法與嘗試，創巴仁波切的針砭提醒，或可做為一種自我檢證的測量計。

（刊登於國立臺灣大學出版中心《中外文學》一九九九年九月二十八卷四期）

宗薩欽哲仁波切《上師也喝酒?》其中一篇〈女性上師都到哪兒去了〉提及:「我們非常有幸有幾位特殊的女性上師在世。其中一位是傑尊姑秀仁波切。她是極受尊崇的昆氏家族女兒,受過傳承完整的訓練。一九五五年她年僅十七歲時,就在西藏的大法會上面對許多薩迦出家眾開示了道果教法。這件值得大書特書的事,不只是因爲她很年輕,而是在那個時代,在西藏沒有女性上師給予開示的例子,更不用說其對象是幾百名薩迦學院的出家眾。」前年出版的《薩迦傑尊瑪》(The Sakya Jetsunmas,中譯本尚未發行),爲世人介紹了更多薩迦派的傑出女性上師。不過,既然女性上師確實爲數不多,以下就提供一些當代藏傳佛教女性上師的簡介,方便讀者進一步搜尋資料。

首先是喇榮五明佛學院的現任院長門措上師,她是晉美彭措法王如意寶的補處,備受諸多堪布的敬重。法王如意寶的胞妹阿里美珠,也是一位著名的空行母。由於法王的前世之一爲佛陀的姨母大愛道比丘尼,今生特別注重培育覺姆(藏人對出家女性的尊稱),也建立了世上最大的女性修行者僧團「蓮花空行洲」,並讓她們享有與扎巴(藏人對出家男性的尊稱)一模一樣、結合聞思和修行兩方面的佛法教育,故而近年便有幾位優秀的「堪姆」(相對於男性「堪布」者)受邀來台講法。

而索達吉堪布近期譯作《色拉康卓自傳》的主角,本身乃是一位偉大的女伏藏師,亦爲第一世敦珠法王之子智美俄色的秘密法侶,以及住世一〇二二年的大成就者夏札法王之師。色拉康卓的轉世達熱拉姆,也是一位偉大的女伏藏師,與大圓滿成就者鄔金晉美南卡朗巴共同開啟十五函伏藏法教,這對年龍佛父母圓寂時皆示現虹光身。而夏札法王的佛母桑嫞・噶瑪拉也是一位女性上師，經常偕同兩位女兒達拉德葳與薩蒠思瓦娣來台。

著名的楚布佛母，第十五世大寶法王的法侶空行母鄔金措姆，終其一生都在楚布寺閉關。香巴噶舉傳承的桑頂多吉帕姆，女性大圓滿上師根桑旺姆，以及第二世敦珠法王之女瑟嫫・貝瑪玉準等，也都是偉大的空行母。著名「睡覺法王」敏林赤欽仁波切的長女康卓仁波切，則是同時擁有寧瑪與噶舉傳承的偉大女性上師，精通多種語言，一九八七年開始在西方弘揚佛法，亦曾多次來台弘法。

有意思的是，第四十二任薩迦法王大寶金剛仁波切的兩位女兒，和第四十三任薩迦法王智慧金剛仁波切的女兒相繼誕生，相信接下來會有更多的女性上師駐世傳法。關於其他當代西藏和西方的女性上師，請參見 Decode Wiki 網頁的「女性上師」分類。至於顯教和東方的女性上師，則請參見法鼓文化《人生》四四二期《菩提道上的女性修行者》專刊。

話說回來，台灣佛教界去年有件大事，那就是俗名劉藍溪（飾演瓊瑤小說女主角而成名）的道融法師，出家多年後皈依藏傳佛教直貢噶舉派，於二〇二二年一月十日凌晨（陰曆二〇二一年十二月八日佛陀成道日）在美國舊金山智藏寺示寂。抱恙期間，得現任的直貢澈贊法王多次探視並傳授珍貴心法，不僅於入定時一直保持獅子臥姿，常有彩虹出現於寺院上方夜空，出定後也有大量彩雲環繞明月；待大體到達墓園時，太陽周圍亦有圓形彩虹。種種跡象，都顯示法師已然證得大手印的殊勝成就。

綜觀上述，能否了達生死，最重要的還是在於老實修行，性別根本不是問題。藉此，願和諸位修行者共勉！

普賢法譯小組發起人　楊書婷

寫於二〇二三年十月五日佛陀天降日

致謝詞

如果沒有我的珍貴上師——法王噶瑪巴的加持與指導，我將無法完成本書。他爲我授戒，他的加持力無時不在。此外，我的閉關指導上師阿波仁波切，他的幽默與信心，對於我在出關後抱持勇氣回到「凡間」甚有助益。而扶持我走過許多過渡時期的創巴仁波切，他總是鼓勵我帶著對自己的信任邁向下一步，並教導我如何跳脫西藏文化的框架，以便汲取法教的精髓。至於傳授我大圓滿法教並告訴我瑪吉拉準故事的南開諾布仁波切，他曾向我揭示：超越一切儀式與階級的赤裸原始本覺，才是法教的根本，並從頭到尾耐心地幫助我完成本書。此外，我還要感謝多年來所有教導過我的上師，包括：敦珠法王、達賴喇嘛尊者、卡盧仁波切、頂果欽哲仁波切、薩秋仁波切、康祖仁波切、夏扎仁波切、德松仁波切、索甲仁波切、尼倉仁波切、圖登耶喜喇嘛，以及圖登梭巴仁波切。我也要感謝聽列諾布仁波切，雖然不曾見過他本人，但他的法教一直對我具有很大的啟發。

我要特別感謝我的父母，他們在我多年來尋找眞諦的過程中，總是給予我充分的愛與支持，竭盡所能地了解我的一切經歷，並給予我空間以尋找自己的道路。我的母親露絲，賦予我和她一樣對探索精神與知識的熱愛，以及用不同角度看待人生的開放態度。我的父親詹姆士，在一路上給了我許多明智實用的建議，並基於他多年的新聞工作經驗，在本書的撰寫上給予輔佐。

我還要感謝我的姊姊卡洛琳．羅斯曼耶，她既是我血緣上的姊姊，也是我靈魂上的姐妹。此外，要特別感謝寇斯坦佐．艾利昂，我們一起經歷了許多事情，他就像我的「戰友」一樣，總是在我迷惑與懷疑的時候鼓勵我繼續前進。我也要感謝我神奇的孩子們：謝饒．克里絲塔、阿洛卡與寇斯坦佐．袞桑．林，總要承擔無數「媽咪在工作」的時間，而他們清新的存在對我有很大的啟發與教導。

我要特別感謝我遍及各洲的朋友，他們忍受多年的分離，提供我無可計量的支持。有時，僅是知道他們正在遙遠的某處，就能對我很有幫助；有時，他們則是在我身邊分享各自的想法與洞見，包括：戴爾．德拉西爾、席艾拉．薩提亞．克勞馥、白瑪揚、南西．史考特．溫克、蘇．哈特菲爾德．史東、克里斯．艾力斯、瓦雄島婦女團體的一些女性朋友、上回陪我到尼泊爾的兒時玩伴露易絲．帕特南．芬尼根、協助我在加德滿都安置的伊莉莎白和提姆．奧姆斯德，以及我初訪東方時的旅伴維翠絲．希區考克。還有，最近在羅馬認識的瑪拉．塞爾托利、安德利亞．塞爾托利、康斯坦斯．森倫、夏琳．史普萊納克、瑪麗．阿克斯勒、寶拉．卡杜奇、蘿拉．阿爾比尼、任汝禮醫生、南西與貝瑞．西蒙斯、南西．梅哈吉安，以及在我於印度長期閉關時提供協助，在我出家期間陪我周遊印度的老朋友瓊．坎貝爾。

我也要感謝倫敦的朋友：諾爾．科布、菲．科布、朵多．馮格理夫、本書的經紀人吉兒．普爾斯、我的編輯艾琳．伍德，以及紐約的朋友：包括總是對我有某種信心的艾倫．金斯堡，以及安妮．沃爾德曼、瑞德．拜爾、莎拉．卡普、傑克．耐藍得，還有前紐約客泰芮．克利弗和邁克．艾布拉姆斯，他們兩位目前正在法國進行三年閉關，他們肯定會很高興看到本書的出版。

在著作的初期，我得到來自克里斯汀．薩法蒂、佩尼．伯恩斯坦以及吉姆．羅斯曼耶很棒的鼓勵與支持，繼而則有安提阿國際的琴恩．史密斯、芭芭拉．阿齊茲、珍．威利斯、雷基諾．雷、肯納德．利普曼、寶拉．史比爾、康妮．包爾等人給予協助。

我也要由衷感謝在撰寫本書期間，協助讓我家庭正常運轉的兩位女性——特雷娜．道帝和茱莉．韋斯特。如果沒有她們，這一切都不會發生。我還要感謝克萊兒．沃伯頓，在濕熱的夏季幫忙打字和處理其他事宜。感謝詹姆斯．洛對本書嚴謹的審閱與回應。

我還要感謝在加德滿都曾經幫助過我的人：育準、彭措托覺、拉魯喇嘛、才旺久美喇嘛、凱斯道曼、梅莉道曼，以及我在索揚布（自生本源塔）的師兄兼摯友嘉瓦，還有佛塔本身所帶來的加持。感謝以上種種的祝福。我還要感謝在馬納利曾經幫助過我的人：阿波仁波切的遺孀兼我的師姐烏金確準與她的孩子婷蕾確準[1]和格列南嘉協助翻譯，菲比．哈柏，以及真正的聖者格堅．欽哲。最後，我要感謝在我口中的「德里菩薩」哈里什．布德拉吉，在我艱困的時期伸出援手。

謹向諸佛、空行母與護法獻上我衷心的感激與敬意，是祂們讓我的旅途得以順利，並在適切的時間賜予我適切的人、適切的書，以及在本書誕生過程中賦予我精力與毅力。願祂們持續引導，讓此書呈現在那些能從中獲益的眾生面前。

願所犯之任何錯誤或疏漏受到寬宥，願一切眾生安住於無邊明性與智慧的本然狀態中！

本書作者　慈誠·艾莉昂

1【譯註】本書所有人名都盡量採用官方用語，藏文地名則皆查詢包括明、清時期的吐番或烏斯藏地圖，並盡量採用符合該人物年代的地圖用字（許多地名會因年代而不同）；若無法查到相關網頁，則以拉薩的發音爲音譯標準。例如，婷蕾確準如今稱爲康卓婷仁波切，爲當代女性上師之一，網路上相關的生平簡介有人音譯爲「婷蕾確頓」，但因後者的最後一字與藏音差異甚多，所以採用前者。

第一部

我的修行之路（上）

這本書的緣起可追溯至我的外祖母法蘭西絲・羅斯曼耶・杜溫。她在我十五歲的時候，給了我一本禪宗詩集。我的外祖母在她的年代裡，可說是一位以其特有方式展現智慧的女性。身為史上第四位獲得拉德克利夫學院博士學位的女性，她的主要研究領域為哲學。威廉・詹姆斯和紀伯倫都是她的朋友，而紀伯倫非常欣賞她，還為她畫了一幅肖像。

她是一位自由的思想家，原本決心獻身於知識研究的領域，而不打算步入婚姻生活。她在衛斯理學院、曼荷蓮學院和史密斯學院教書，並廣受學生的喜愛，這些學生一直到她八十幾歲的時候，仍然會探望她。她在一次哲學研討會上，遇見我的外祖父阿瑟・史東・杜溫。他們兩人當時都還是博士生，直到相遇六年後，我的外祖母才在三十五歲那年做出艱難決定，放棄教學生涯而嫁給我的外祖父。這是因為在那個年代，女性必須在婚姻和事業間做出抉擇。我的外祖父也是一位哲學家，還是一位金融天才和行為古怪的人，以前他經常學公雞叫聲來接電話。他會在口袋裡養蛇，在浴缸裡養鱷魚，在自家後院裡養烏龜，也曾送我媽媽一隻熊作為寵物。

我的外祖父母生了三個女兒，分別是瑪麗、艾比蓋兒和露絲。我的母親是排行最小的女兒露絲，她遺傳了生母對思想的熱愛與獨立精神。我的母親在十九歲的時候，和一名女性朋友結伴徒步周遊俄羅斯南部，並在幾年後取得飛行員執照，之後成為一名勞資爭議的調解員。

後來，她放棄了多采多姿的調解員工作，嫁給我父親這位小鎮報紙的出版商，育有幾個孩子。然而，我的母親確實將她對知識探索與藝術美學的熱愛傳給了我的姊姊、弟弟和我自己。我認爲走入婚姻的決定對她來說並不容易，因爲我依稀記得她曾在我們凌亂的餐桌上，絕望地懇求大家要「高談闊論」，儘管當時我們都在笑她，但現在我才知道，這樣的懇求是她渴望心靈獲得滋養的一種表現。

我在十九歲的時候中斷了大學學業，展開未知的心靈探索，最終促成本書的誕生。或許正因爲我的「傳承」裡有這些女性，當年的決定並不奇怪。

一九六七年六月，正値十九歲的我，跟著就讀科羅拉多大學的朋友，也是我的同修姐妹維翠絲．希區考克，從舊金山飛往香港與她的父母會合，當時他們正和一群加爾各答的外交使團在一起。我們從香港搭船到孟買，到了孟買後再改搭小船上岸，他們將我們放在一個長長的寬大石階底下。當我步上這些石階時，我感覺自己終於到達一個可以找到眞正智慧的地方。

雨季的時候，我們和維翠絲的父母一起住在加爾各答。她的父親是駐加爾各答外交館的總領事，母親梅欣則安排我們在德蕾莎修女創立的「未婚媽媽之家暨孤兒院」做志工。他們希望這類工作可以讓我們對「神秘東方」不再有所幻想，以便我們能走上一條更合宜的路，不過，他們後來又把我們送到加德滿都，和西藏難民一起工作。

一日，我們來到加德滿都一間房子的樓上探索，當我們走到外面的陽台時，我看見遠方一座小山丘上有個白色圓頂，圓頂上有個像童話故事般的金色尖塔，在耀眼的陽光下閃爍著誘人的光芒。人們說那是「猴廟」，因爲那裡住著野生猴子；但它眞實的名字是「索揚布」，意思是「自生本源」[1]。這座小山丘上，有許多大大小小的寺廟和一座高大的藏式佛塔，它對尼泊爾人和藏人

---

1 索揚布佛塔，藏人稱之爲「帕巴興根」（莊嚴樹林）。由於關於此地的傳說眾多紛紜，因此很難確定佛塔的眞正起源爲何。雖然如此，整座索揚布山都被認爲是加德滿都山谷最神聖的地方，山上有超過一百二十多種生長茂盛的藥草，而其中一種藥草只有該處才有，能夠治療猖獗於加德滿都的肝炎。藏文「興根」一詞，來自於相傳有兩萬一千名從靈鷲山前來的阿羅漢，他們將泥土堆疊在佛塔的穹頂下，隨後龍樹菩薩（最早教授《般若波羅蜜多經》者）將其頭髮剪下並散佈在四周，以祈願佛塔四周生長出各種樹木。之後，這裡便生長出許多種類的樹木，因而有了「帕巴興根」（莊嚴樹林）之稱，但也有可能「興根」是來自加德滿都的本土語言，尼瓦爾語「興谷」一詞，意思爲「自生本源」。

另有一則傳說是，遠古時期的加德滿都谷是一座湖泊，毘婆尸佛將一粒千瓣蓮花的種子拋到湖中。當蓮花盛開時，花蕊中央出現一顆光芒萬丈的紅寶石，而本初佛金剛總持則化現爲蓮花上的佛塔。佛塔中有一棵名爲「生命樹」的樹，相傳在索揚布佛塔下方有一棵周長四十二英呎的巨大樹木。這點或許可以解釋爲何佛塔名稱會與聖樹有關。此外，也有傳說表示，在佛塔下方有一座龍宮（龍是一種具神通力的蛇形生物）。有趣的是，據說這些龍族是住在佛塔中央樹木的底下與四周。蛇類通常負責守護門檻、寺廟、寶藏、奧秘知識和月神。庫柏在《傳統符號圖解百科全書》中如此描述了蛇與樹的關係：「盤繞在樹或任何軸向符號四周的蛇，代表活力的覺醒、一切成長事物的天賦、萬物之靈與輪迴。凡是與生命樹有關的方面都是良善的，而與知識樹相關的方面則是邪惡的」（第一百四十八頁）。

佛塔是代表證悟的立體壇城，佛塔下面正方形或立方體的底座代表地大元素，其上各層代表邁向光明佛地的元素與過程，頂部的尖塔代表菩薩道的十個修行階段（十地，另說爲十三地），佛塔被視爲證悟之身，能散發極大的加持力。在大佛塔四周繞行或修行，能使一個人的心獲得極大的利益，使修行的福德倍增千倍。此外，最重要的是，佛塔內部所裝藏的舍利與咒語能帶來加持，有些佛塔的加持力大到能自生舍利。噶瑪巴於一九六九年來到索揚布佛塔時，佛塔前面與四周均出現了數千顆的「靈舍」（形似珍珠的微小物體）。當時我在場親眼目睹了這個現象。有關索揚布更多的資訊，請參考凱斯道曼的文章〈加德滿都谷佛教聖地導覽〉，刊登於《凱拉什峰：喜馬拉雅研究期刊》第八期，第三號，第二百零八至二百一十三頁，一九八一。

索揚布佛塔西北面，後方為環繞加德滿都谷地的丘陵。
（布萊恩．貝雷斯福德攝。）

來說都相當神聖。當地人告訴我們，在夏天，黎明前會有從加德滿都走到索揚布的遊行，於是我們決定早起加入遊行的行列。

隔天一早，天還沒亮，我們就起床了。睡眼惺忪的我們，跌跌撞撞地來到街上，加入一場十分怪異的遊行；各種年齡層的尼泊爾人聚集在一起，大聲喊唱，不斷用手裡的東西製造噪音，而那些東西從破舊的小號到錫罐都有。當地人說，這一切的噪音是爲了把眾神叫醒，要祂們別忘記讓稻禾生長。我們一路走過這座城市佈滿碎石塵土的狹窄巷道，穿越一道橋，然後來到一座山腳下，開始攀登面前陡峭的山壁。

我們搖搖晃晃地爬上數百層的石階，對於圍繞在我們身邊的許多古老石佛、經幡與野生猴子幾乎渾然不覺。即使時間還早，天氣卻已開始變熱。當我們踉蹌地爬上最後一層的陡直台階時，整個人氣喘吁吁、大汗淋漓，差一點就要跌坐在我所見過的最大金剛杵上。在這個金剛杵後方，是一座佛塔的廣大、圓形、白色穹頂，就像一件完全展開的立體裙子；其頂部有一雙巨大的佛眼，以睿智的目光眺望這座正要準備甦醒的寧靜山谷。我們在佛塔附近漫步，身旁盡是歌唱、敲打的尼泊爾人，以及嘴裡低聲哼念的藏人，他們一邊繞著佛塔，一邊轉動著排列在穹頂下方的轉經筒。

就在我們稍微喘口氣後，佛塔附近的西藏寺院出現了幾支六英呎長的大型喇叭，並發出不可思議的聲音。那是一種悠遠、低沉、渾厚、繚繞心頭的鳴響，既能把你帶到喜馬拉雅的最高峰之外，又能同時把你拉回母親的子宮裡。

我深受這個地方所觸動，於是在附近的金垛山[2]上租了一間小屋，並開始每日清晨即起，到索揚布山上繞行西藏寺院，而那時正值他們飲用第一杯藏茶的早課期間。位於佛塔附近的寺院，其中有一座特別吸引我，我以前常在那裡流連，坐在寺院後面一處偏僻的角落裡。

有一天，我一如往常一大早就到那裡，發現他們在那裡留下一小塊地毯讓我坐下來，還留下一杯早茶。從那天起，那塊小地毯就一直在那裡等著我，而我也和其中一位僧人嘉瓦變成朋友。他總是確保我有茶可以喝。這就好像那些僧人了解我和這個地方的緣分，以及從佛塔所領受到的那股無法抵擋的吸引力。當我坐在那裡時，我感覺自己的某部分彷彿填滿了，在那之前那部分一直是空的。一股幾乎切實存在的祝福的喜悅感開始悄悄襲上我的心頭。雖然那時候我對這樣的感受沒有知識上的參照點，但之後經過多年的正式禪修訓練，我才了解那就是所謂的「初心」[3]，並且了解到對於來自偉大上師們所傳遞出來的「大樂之流」[4]，這個直接的連結經驗蘊藏著我想要尋找的秘密。

修持體驗是無法強求或執取的，它就像風的耳語般微細。但我們可以透過淨化自己的發心與身體而訓練自己進行修持。我們的文化教導我們，外在總有個什麼東西要去獲得才能讓我們滿足，以至於使我們失去了與內在本具智慧的連結。正如印度佛教密宗聖者薩惹哈在他的一首道歌〈抒發自身領悟的詩歌〉中說道：

屋裡的燈儘管已點亮，
眼盲的人仍在黑暗中。

任運自然雖涵攝一切，近在咫尺，
對於迷亂者而言，
卻總是遙不可及。[5]

除了對這片土地和幾個曾經拜訪過的聖地留下深刻印象外，我還遇到幾位令我印象深刻的重要人物。搬到金垛後，我認識一位曾跟藏人住在一起的日本背包客，澤村。他打算前往印度西北部見達賴喇嘛，並邀請我和他一同前往。於是我們在未購買火車票的情況下，於三等艙裡一路搭著便車橫越北印度，中途在各個西藏難民營或好客的印度人家中過夜。

當我們到了達賴喇嘛的總部所在地達蘭薩拉時，澤村住到饒登格西和貢薩祖古兩位喇嘛所在的寺院裡。我是女子，不得不到鎮上找地方住。那時我身上沒有什麼錢，只能住在一間用壓扁煤油桶的鐵

---

2 「金垛」（Kimdol）是位在索揚布山附近一座較小的山丘，上面有許多寺廟和精舍（朝聖者的居所）。藏人稱其爲靈鷲山，尼泊爾人稱之爲「金垛」（米堆）。許多來自西藏的上師都在這裡待過，包括第十三世噶瑪巴、第十世夏瑪巴、第六世竹巴仁波切、第八世大司徒仁波切等。更多資訊請參考註解一，凱斯道曼的文章，第二百九十一至二百九十二頁。

3 「初心」（初學者的心）是鈴木俊隆禪師在其著作《禪者的初心》所使用的專有名詞。

4 藏文將此神聖恩典之流或威德之流稱作「加持」（藏文：byin labs，梵文：adhishtana），是修行者從上師和傳承所能領受到的極重要元素。

5 赫伯特．岡特編譯之《薩惹哈王室道歌》，第六十三至六十四頁。【審註】中譯本已由眾生文化出版社發行：《國王之歌：薩惹哈尊者談大手印禪修》。

皮搭建、貼著舊報紙的小屋裡。我沒有睡袋，當時已屆十一月，山上的夜晚很冷，我買了一條毯子和一塊相同大小的布，將它們縫起來，中間塞滿報紙。但是到了夜裡，風還是呼嘯著透過牆縫吹進來，加上我的老鼠室友喜歡在夜裡走動，所以我變成早上四點就起床，和虔誠的藏人一起繞轉達賴喇嘛的住所。這是他們在一天工作開始前必須先做的一件事。我感覺自己一生從未如此快樂過。

幾星期後，澤村跑來告訴我，隔天要開始一場齋戒法會，我們都可以參加。我決定參加，但並未了解到我們不僅要禁食，兩天才能吃一次，每隔幾個小時就要在冰冷的地板上做數千次大禮拜，而且幾乎沒有睡覺。

五天後，我被安排和一位高僧會面，因爲我曾向他請求學習繪製壇城。他告訴我，學習繪製一座壇城，至少需要一年的時間，並且在和我的會面結束前，對我說，將時間花在修行上是唯一具有長久價值的事。這句話，就我現在看來，再清楚不過了，但當時，我對法道不甚了解，這句話卻讓我印象深刻，讓我想了很久。這期間有人對我說：「剪掉妳的頭髮，掛在牆上，思惟無常。」由於當時我只有十九歲，人生都在美國度過，從不曾思考太多關於死亡的事，反而像是永遠不會死亡一樣地生活。這兩番話爲接下來發生的事情植下種子，在我回到西方後，開始深思它們的意義。

在藏人身上，我發現一種從上師小心翼翼傳給弟子、歷經幾個世紀都未曾間斷、活生生的深奧傳承。藏人也有我從未見過的智慧、喜悅和幽默感。在印度待了六個月後，我們回到尼泊爾。因爲我的父母寄了一張機票給我，於是我決定回到西方。在我前往機場的路上，我在索揚布寺的朋友嘉瓦出現在加德滿都的一個十字路口。他將一串由菩提子串成的念珠和一張索揚布山的照片塞到我手中，就好像他知道這些會幫助我回到我在那裡所發現的一切。

當我回到美國時，我用這串珠子持誦我從藏人那裡學習到的咒語。這麼做有助於我和西藏上師的加持保持連結，但我仍非常想念「我的山」。儘管我試著滿足父母的願望，回到學校，但我的內心卻非常痛苦。

一年之後，我設法前往位於蘇格蘭、一座名為桑耶林的西藏禪修中心。在抵達的那天，我聽說該處的住持上師邱陽創巴仁波切[6]，在一場車禍後逐漸康復，即將出院回來。原以為他會是一個長相充滿睿智的老人，但當我看到他時，非常訝異他居然是一位年輕英俊的藏人，但他的雙腳仍因車禍而嚴重癱瘓。

那天之後，我有幾個月的時間都未曾和創巴仁波切有任何的接觸，因為他的身體還很虛弱，無法接見外人，而且他被一群佔有慾很強的弟子包圍著。當我終於見到他時，那是一個相當有趣和美好的經驗。

我被安排進行一次正式的「會面」，我從未有過類似的經驗，於是我向負責安排會面的人說，我不知道該跟他說什麼，但他們向我保證不必擔心，因為他會先開啟對話。於是我走進房間，怯生生地坐在他椅子前面的地板上，看著他。結果，他什麼話也沒說；我也沒有。我們就這樣待了大約四十五分鐘。

6 「仁波切」是對西藏上師的尊稱，意思是「珍寶」。邱陽創巴仁波切是一位西藏喇嘛（精神導師），著有許多書籍和文章。

現在的我知道，那時所發生的是一種心對心的傳遞。但當時我只知道我體驗到一些超越文字與形色的東西。這樣的經驗讓我回想起當時坐在索揚布佛塔附近的感受。那是一種向外延伸、沒有任何參照基礎的空間感受，這個空間明亮且令人愉悅。會面結束後，每個人都熱切地想知道他說了什麼，而我只能回答：「什麼都沒說！」

那時候的創巴仁波切還沒有對外正式教學，中心裡的另一位上師阿貢仁波切也沒有。於是，當我聽說可以用極低的價錢，搭上一台福斯小巴，就能從倫敦前往加德滿都時，我立刻把握機會。在我離開前，創巴仁波切允許我領取一份《一切成就之成就法》，這是他在一九六八年於不丹虎穴寺閉關時所寫的密宗修法，也是我所讀過最令人浮想聯翩且最具詩意的一部成就法。[7]其中有一部分內容，是對藏傳佛教噶舉派[8]領袖偉大的噶瑪巴各個轉世的祈請文。

在從倫敦到加德滿都的陸路旅行途中，一有機會我都盡量在閱讀這本成就法。這趟旅途很波折。在阿富汗的時候，日復一日，每天的路程都是塵土飛揚，即使我們關上所有的窗戶，用衣服把臉包起來，沙塵還是無孔不入。在巴士上的八個人分別來自五個不同國家，整個旅途中，這台汽車換了兩次全新的引擎，進行了好幾次的維修，還得在土耳其山區夜間結冰的路上拖行兩百多英哩。最後，在六個禮拜不間斷的旅程後，我們的車子終於在一九六九年聖誕節前夕駛入加德滿都。

我前往索揚布，立刻注意到當地熱鬧非凡，形形色色的僧人、留著纏結長髮的瑜伽士和穿著各地方傳統服飾的藏人在當地集結。我後來得知那是因爲法王噶瑪巴時隔十三年首度來到加德滿都。他待在佛塔附近的寺院，也是我第一次去尼泊爾時每天早上都會去的那間。我有點被盛況空前的儀式、排場以及推擠的藏族人群給嚇到了，後來一些莫名其妙的事情開始發生在我身上，使我變得非常煩躁，吃不下也睡不著。

我知道自己必須去跟那裡的某一個人建立連結。當然，那個人最明顯地應該是噶瑪巴，但反常地，我覺得是其他人。好幾天下來，我四處尋找跡象，也變得越來越焦躁。有一天，當我在閱讀創巴仁波切給我的成就法時，我注意到法本不斷提到噶瑪巴。這時我才恍然大悟，我回到加德滿都的時間正好是他來到加德滿都的時間，而他又出現在「我的寺院」，這一切顯然是一個吉祥的巧合。與此同時，我在成就法中看到這句話：「追隨您的典範，是我唯一能做的供養。」我想，既然他是一個出家人，那麼很清楚的，我應該追隨他的典範，披上袈裟。

我直接前往索揚布的寺院，不顧一切該有的頂禮和正式禮節，直接走進大殿，獻給他一些花，並表示我想剃掉我的頭髮[9]。他笑了，然後看了我一眼，那個表情我永遠不會忘記。彷彿他看到了我的過去、現在和未來的一切。然後他點了點頭，示意我坐下。透過簡單的翻譯，他們決定在一週後幫我在菩提迦耶剃度，佛陀在那裡的一棵菩提樹下證得正等正覺。

7 成就法是指完整的一部密宗修持，其中包括對特定密宗本尊的祈求、觀想、持誦咒語等。

8 藏傳佛教有四大教派：格魯派、噶舉派、薩迦派和寧瑪派。

9 剃度，象徵捨棄俗世生活，成為出家僧人或尼師。當年佛陀離開王室生活時，便是用剃度來象徵這樣的捨離。

二十五歲的慈誠·艾利昂，攝於印度札西炯，當時她仍爲藏傳佛教女尼。

我在一九七〇年一月的滿月之日，在噶舉傳承四大祖古[10]的面前，由噶瑪巴為我剃度出家。噶瑪巴的翻譯告訴我，在加德滿都時，早在我去見他前，他就已經在人群裡看到我了，還說我會成為一名女尼，並且在前世曾是他的弟子。因此，他略過一般必須修持的前行階段，立即授予我完整的出家戒[11]。同時在這個時候，我受賜「噶瑪．慈誠．確準」這個名字，意思是「噶瑪巴傳承的戒律火炬」。藏人開始用這個名字叫我，在我回到西方後，雖然可以改回我的西方名字，但我決定

10 「祖古」是指上師的轉世，為了利益眾生，死後投生至另一個新的身體。這個概念最早來自寧瑪派的教義。將密宗法教帶入西藏的蓮花生大士，曾預言其死後會有特定上師或善知識再次出現。這些轉世會在特定時間重新回到人間，以找出當初被埋藏起來的文本，或者重新確立蓮師開示文本的正確含義。他們被稱為「伏藏師」，這些化身在本質上並非連續的，這點和後來的祖古系統相反，後者是為了繼承官位或寺院職位而設。意思是，當寺院的住持往生後，院內的人會開始尋找其轉世，這名住持會在往生前留下一封預言信，裡頭記載有關下個轉世的出生地等訊息。西藏多數比較大的寺院都有祖古傳承，即使現在藏人流亡在外，這樣的制度仍然延續著，一直都有新的祖古被找到，有些甚至出生在西方家庭裡。

11 實際上，在西藏普遍不再授予女性出家眾具足戒，亦即所謂的「比丘尼戒」，因為傳承已斷。我所受的戒律是沙彌戒，這是當時女性所能獲得的最完整戒律。最近，有些西方尼師會到台灣接受漢傳的比丘尼具足戒，藉此來復興比丘尼戒。基本上，沙彌或比丘在生活上是一樣的，唯比丘有更多微細的戒律要遵守。沙彌和比丘都必須遵守以下十個根本戒：不殺生，不偷盜，不邪淫，不妄語，不飲酒，不非時食，不跳舞、歌唱、聽音樂或看戲，不配戴花鬘、香水或裝飾品，不睡高廣大床，不收受金銀財寶。有關比丘尼的戒律為何會消失的研究分析，請參考南西．福克刊登在《未說的世界：非西方文化女性之宗教生活》的文章〈消失的比丘尼：古代印度佛教受戒的矛盾心理之果〉。【審註】「慈誠」一詞的意思，即為「戒律」。

繼續延用我的西藏名字，藉此不斷提醒自己，生命中所發生的轉變，並與噶瑪巴的加持保持連結。十四年後的現在，我的舊名字瓊・羅斯曼耶・杜溫，對我反而很陌生，而我對「慈誠」這個名字覺得比較自在，儘管西方人的耳朵不習慣這個名字的發音，我經常得解釋它。

受戒出家後，我回到了加德滿都。我在那裡發現自己得了嚴重的肝炎，必須立刻躺下來休息。我的兩個美國朋友潘蜜拉・克勞佛和約翰・崔維斯帶我到他們家，當我正發著高燒，頭暈目眩地躺在那裡時，我的西藏朋友嘉瓦出現了，給了我一些藏藥，讓我幾乎立刻好很多。幾天後，一位從達賴喇嘛尊者手中領受袈裟的美國女子齊納・拉切夫斯基來看我，堅持要我去她位於博達佛塔附近，科槃寺山上的房子住。我在那裡待了六個月，得到了圖登耶喜喇嘛和年輕的梭巴喇嘛・雪巴圖登的幫助和支持。當時的科槃寺只有三位西方人和這些喇嘛。從當時至今它已成爲一個國際禪修中心，這些喇嘛上師也到世界各地教授。

在我身體夠強健後，我和他們一起上山，在梭巴喇嘛的洞穴附近待了六個星期，從那裡可以看到珠穆朗瑪峰，我們實際上是生活在一萬六千英呎高的雲層中。那時我們經常在山坡上挖一個U形小土坑，用來打坐，度過我們的一天。

於一九七〇年爲作者授戒的第十六世噶瑪巴
（一九二四年至一九八一年）。

第十七世噶瑪巴鄔金欽列多傑，
一九八五年出生於西藏拉多。
（沃德．福爾摩斯攝影）

當我回到加德滿都時，我決定搬到索揚布，並開始學習藏文。嘉瓦幫我在佛塔旁找了一個房間，房間很小，我坐在房間的中央就可以摸到四周牆壁。我在這個房間裡煮飯、唸書、睡覺和禪修。我的課從早上六點三十分開始，由兩位女尼教導我，她們有嚴格的禪修課表要遵守，因此只有這個時間可以來教我。

我的房間就像一個小樹屋。窗戶一打開，正面即是一些參天老樹。因爲就住得這麼靠近佛塔，我開始了解大塔的生活，它的白天、黑夜與四季。發生在大塔四周的一切是尼泊爾人和藏人神話般的宗教生活與節慶的縮影。

在尼泊爾待了一年後，我前往印度錫金拜見噶瑪巴。他說他一直都在關注我，我覺得自己跟他很親近，在離別的時候，我哭了一整天。我從未感受過如此的悲傷，我傷心欲絕。但在我離開後，前往菩提迦耶和佛陀初轉法輪的鹿野苑，再到扎西炯和馬納利的路上，我卻不斷地感覺到他的同在。

到了馬納利，我決定進入長期閉關以完成前行修持[12]，並開始接受在家大瑜伽士阿波仁波切指導的正式訓練。在這之前，我一直用不是很正統的方式進行禪修。我接受過幾次灌頂，也做過這些修持，但多數時間我都在讀帝洛巴的《大手印之歌》，並嘗試用這樣的方式修行：

身體放鬆無所為，
嘴巴闔上持靜默，
意念空盡不作思。
有如中空之竹節，
自在安住汝之身。
不捨放亦不取留，
自在安住汝之心。
心不耽著即大印。
修此能臻無上覺。[13]

在我這樣修行時，我曾遇過另一位西方尼師，她問我在修行什麼，我說主要是大手印。她嚇到了，她說那是非常高階的修行，並告訴我應該先做完所有的前行修持。我受到她的影響，於是著手進行前

12 有關前行修持的完整說明，請參考第九世噶瑪巴旺秋多傑著作《大手印：除無明闇》，亞歷山大．伯金英譯，貝魯欽哲仁波切釋論。

13 這部分《大手印之歌》的內容可參考張澄基所著的《西藏瑜伽法》，第二十五至三十頁。【審註】摘述自至尊帝洛巴於恆河畔爲那若巴說法之《恆河大手印》，此段藏漢對譯的內容爲：「捨諸身體造作閑逸住。口莫言語，如空谷回音。心不思惟，且觀超越法！身體無有實質，如竹節。心如『虛空中央』，超心境，不捨、不留，寬坦住該境！心中若無憑依，即大印。嫻熟於此，得無上菩提。」感謝資深譯者敦珠貝瑪南嘉同意引用。

行的修持，並在接下來的八年裡，接著修持各種密宗觀想和持咒等等。在這之前，我都是用自己的方式接近法教，現在可以說，我已進入到「體系」裡面。在這之前，我曾經在夢境和淨相中與噶瑪巴有直接的接觸，他還給予我具體的法教和灌頂。但在進入體系內的教學後，這類事情變得越來越費力、牽強，近年來我的夢境和淨相也越來越少；但相對地，我獲得了更多佛學知識，並接受了一些嚴格的修心訓練。

其中，我最喜歡研讀藏傳佛教偉大導師的傳記，因爲我想跟隨他們的腳步。我發現了解他們所歷經的難關以及最終證悟的故事，對我有極大的幫助和啟發。我在許多地方發現一些有關女性上師生平的片段，我反覆讀念多次之後，卻無法發現很完整的紀錄。現在的我，非常明白自己爲什麼會渴望了解女性的故事，並且訝異當初竟然不覺得缺乏女性傳記有什麼不對。我猜一部分是因爲我的制約反應，接受所有重要聖者都是男性的假設，但我認爲那時候不知不覺地就爲這本書的探索種下了因緣。

在印度待了兩年半後，我決定回美國探望家人，以及從蘇格蘭搬到美國的創巴仁波切。我在美國待了一年，跟隨創巴仁波切學習，但我發現在美國穿著袈裟比較像是一種障礙而非加持。我想我是當時美國唯一的藏傳佛教女尼。我認爲穿袈裟應該是爲了簡化一個人的外在穿著，以便可以專注於內在發展。但在美國，穿藏式袈裟這樣的標新立異似乎產生了反效果。我想要繼續住在美國，因爲待在印度對我的健康非常不利。但我感到很糾結，到底應該繼續當比丘尼好，還是應該捨戒（歸還誓言）。

創巴仁波切建議我回印度去見噶瑪巴，邀請他到美國，並在那裡再做決定。當我到達印度時，錫金發生了一場戰爭，使得我無法面見噶瑪巴，只好寄邀請函給他。接著我到扎西炯，頂果欽哲仁波切在該處給予長達三個月一系列的灌頂。在那裡，我再次遇到我在馬納利的禪修老師阿波仁波切，他從馬納利來接受這些灌頂。我還遇到一位四年半前在荷蘭認識的人，我們一直有書信往來。

阿波仁波切爲人幽默，有四個孩子和一位很棒的妻子。當我跟他說自己不斷夢見有個小嬰兒時，他笑到幾乎要從椅子上跌下來，接著他說：「所有女尼都應該有小孩。」我不是很明白他的意思，仍繼續糾結於自己的決定。直到有一天，我告訴他，自己有很多與性相關的念頭與感受，覺得可能沒有辦法再繼續做比丘尼。我問他，他認爲我何時應該捨戒[14]。他回說：「這要看妳還能等多久！」然後他大笑了，笑到連眼淚都流出來。他的回應讓我看到

一九七三年於馬納利，作者在回家前與阿波仁波切留影。

14 雖然一般而言，出家戒律應該終生持守，但當一個人破戒後，可以選擇重新受戒或將戒律歸還給仍持守戒律者，並聲明自己已經無法繼續持戒。一般並不建議於受戒後捨戒，後者被認爲是「墮落」的出家眾，但以我個人的經驗而言，藏人明白只要一個人仍保有繼續修持佛法的心，捨戒並不是那麼糟糕，也沒有那麼嚴重。此外，西藏還有一個完整的密宗修行人傳統，屬於全職的密宗修行者，可以選擇是否獨身，而藏人也了解到，由於宗教經常混雜了政治成分，寺院生活或許並不是最有利於禪修的環境。

了這個情境的荒謬性，以及自己一直在堅持一些不再適合自己的東西。他還向我保證，我可以用在家人的身分繼續我的禪修練習。

第二天，我在出家僧人康祖仁波切的座下捨去我的戒律。他的態度非但沒有讓我感到愧疚，而就只是輕輕地說道，我應該將過去當一名比丘尼所獲得的福德，爲了一切有情眾生的利益而迴向，並做一些淨化的修行，持續走在法道上。

我現在將過去出家的經歷視爲一個寶貴經驗，我認爲對女性而言，擁有「處女」生活方式的經驗是非常重要的，我指的是眞正意義上的處女：單獨的一位少女、自己即全然完整、不屬於任何男人。

「處女林並非荒蕪或貧瘠之地，而是一個特別碩果累累與繁衍生息的地方，因為它將生命帶入自身並轉化它，自然地誕生，並將消逝的生命循環再生；它之所以稱為處女，是因為它未被開發剝削，不受人為（男人）控制。」[15]

出家的這段時間，給了我一個發展自己的機會，而不需面對人際關係所帶來不可避免的消耗。在我出家的時候，我才二十二歲，還沒有足夠的能力在墜入愛河時抵擋醉心著迷。受戒所穿的出家袍和守身戒對我就像一個保護殼，讓我可以在裡面成長並找到自己。然而一旦這個過程已經建立起來了，再繼續堅持這個形式，對我而言就會變得很壓抑。要了解最重要的事情之一是，在這段時間，雖然我必須守戒，但我卻不需要徵求任何人的同意，就可以去我想去的地方旅行或接受法教。我自己一個人住，但是通常會跟著一位上師聽取法教，我是自由且獨立的。有些西藏的女尼會選擇住在寺院中，這樣一來就會有一些義務要履行，但其他女尼是像我一樣可以生活自由、來去自由。

在捨戒不久後，我嫁給了那位荷蘭人保羅·克洛彭格，就是之前一直有通信並且在扎西炯再次相遇的那位。他也學習了約四年的藏文。就在一年之內，我從一個獨身的女尼變成一名母親。

我的內在產生了巨大的變化與調整。我發現懷孕和哺育的生理需求，讓我沒有辦法持續像以前那樣密集地禪修。我做了一個不可逆的決定，並且一下子感受到來自體內從未有過的強大力量。我們在印度結婚，接著搬到靠近西雅圖普吉特海灣裡的瓦雄島，我們在那裡建立了一個小小的禪修中心。不久後，就在我的大女兒謝饒出生後的九個月，我懷了二女兒阿洛卡。我們過著非常簡單的生活，自己栽種蔬菜，住在一個有單獨禪修室跟一個室外閉關小屋的房間裡。我們輪流照顧嬰兒，以便讓另一個人可以禪修。在這段期間，我很感激有其他跟我類似情況的婦女，彼此分享資訊。在我懷第二個小孩的時候，一群島上的婦女決定碰面討論育兒和餵母乳的問題。某一次聚會後，我們決定不再談論有關嬰兒的議題，而是探索自己內心的生活，傾聽彼此的故事。藉由這些聚會，我開始注意到女性的經歷，並珍惜有女性朋友的陪伴。

在印度的時候，我時常希望自己的女性身分不要成爲阻礙。但透過這個團體，我發現女性身分並非是義務責任，反而了解到女性擁有治癒、傾聽的能力，能夠不帶批判地支持對方，並

15 出自愛蓮娜·霍爾《月亮與處女》，第十一頁。

對情況產生直接的洞察力。我開始喜歡當一個女人，跟女性在一起，開始想要更了解女性。於是，我發現藏傳佛教有關女性的傳記鮮為人知。我渴望將自己對身為女性的覺知，帶入我的修行之路，於是開始思考這本書的誕生。

雖然我的第一任先生人很好，也很願意分擔家務，不過三年之後，我卻感覺自己被這段關係束縛住了，想自己搬到外面住一段時間。我們在一九七六年全家搬到博德市。我開始在那若巴學院以及博德的佛教團體教學，並與我的先生分居。在接下來的三年裡，我還在美國各地進行巡迴演說。

儘管我喜歡住在佛教社群裡，但是過了幾年，我對那裡的父權文化、階級與結構式的組織依然感到不快樂，也覺得自己經常在重複創巴仁波切所說的話，完全與自己的親身經驗脫節。這個時候的我變成了老手而非初心者。

縱使我還是可以試著去欣賞這種組織的好處，然而與日俱增的形式、儀式和我試圖融入這個組織的想法，不斷在我內心產生衝突，讓我的修持呈現停滯的狀態。

就在我經歷這個難關時，我遇到了第二任先生寇斯坦佐．艾利昂。他當時來到那若巴學院，拍攝詩人艾倫．金斯堡。艾倫那時候是那若巴詩詞計畫的聯合指導，並在一個派對中介紹我們認識。早在我還是女尼的時候，我就在美國認識了艾倫，並和拉姆．達斯（理查德．阿爾珀特）一起到美國西部旅行，為一個禪修中心籌措資金。當我回到博德市時，艾倫要我指導他禪修，而我正是以這個身分被介紹給寇斯坦佐。經過一年在美國與義大利來回旅行的光陰，我們在博德市結婚並搬到了羅馬。

幾個月後，我又懷孕了，醫生同時詢問了我的受孕日期。在我懷胎六個月的時候，我們發現自己懷了雙胞胎。

這段期間，是我人生的「下沉」時期。我把一切朋友、工作都放下。過去我總是在美國各地教學、演說，擁有許多好朋友，我可以跟他們分享我的修行道途，他們也能夠在佛法義理的背景之下理解這個世界。

突然間，我發現自己拋下的東西比我想像的還要多。我的先生多數時間都不在家；他若非在羅馬工作，就是四處旅行。我們的別墅距離羅馬有一個小時的車程，不僅與世隔絕，還很寒冷。懷孕加上沮喪的心情，讓我幾乎足不出戶。我除了兩個年幼的女兒和一個大肚子外，什麼都沒有。我從非常獨立變成極度依賴與無能爲力。感覺好像我的整個道途，被捲入一個空虛的漩渦中。我覺得自己和一切人事物都疏離了，也提不起勁禪修。不管站著、躺著都不舒服，在孕期的最後兩個月，我必須臥床以免雙胞胎過早出生。我能預見未來幾年，除了嬰兒、疲憊與孤獨外，什麼都沒有。

生產的過程極爲痛苦，我之前的兩個女兒，在西雅圖一間在家分娩的診所協助之下，是在家生產的。但義大利沒有這樣的設施，我又懷著雙胞胎，因此不得不到醫院生產。

當年，義大利在分娩和產後護理等方面相當落後，最糟糕的是，兩個雙胞胎（一男一女，寇斯坦佐．袞桑與琪拉．沃色）在生下來後，就被放入保溫箱中，整整兩個星期不准我接觸到他們。即使他們倆都足足有五磅重，我也只能從十二英呎外，隔著兩層經常起霧的玻璃牆看他們。有一次，我偷偷跑進去要看他們一眼，就被護士嚴厲訓斥。我只能看得到他們的體重表，每天都在下降當中。小兒科醫生一直跟我保證這樣的情況很正常，且無法理解我爲何要以淚洗面。

我知道他們需要我，就像我需要他們一樣。他們對感受到母親充滿愛的身體的需求，幾乎與他們對食物的需求一樣強烈。我感覺得到他們需要被撫摸，否則無法生存下來。當時的我會一連哭泣好幾個小時，用吸乳器集乳時，爲了餵養在嬰兒室的小寶寶，使勁大到連大拇指關節都受傷了。

此時，我也具體感受到女性生子的這個生理機能，是怎樣被父權體制所主宰；每天會有一個「專家」過來告訴我，一切都很好，小寶寶只要在保溫箱裡再多待幾個禮拜，我就可以抱他們、餵他們。我覺得自己很無力，不只懷孕和生產過程讓我十分虛弱，同時也被醫院的權威給震懾到了。和小寶寶分離的那兩個星期，我哭泣之嚴重，可說是此生未有。如果我當時眞的相信小寶寶必須待在保溫箱的話，情況或許會有所不同，但事實是我根本不相信。

最後，有個美國朋友介紹我一位美國來的小兒科醫生——任汝禮醫生。他問我爲何不親自餵養嬰兒，我回答說因爲醫院不讓我嘗試。他說我應該試看看，如果小寶寶可以喝奶的話，我應該盡快讓他們出院。他眞的幫了很大的忙，因爲與醫院的建議相左，使他的聲譽受損。我永遠都會感激他在我相當虛弱、無法堅持自己立場的時候爲我插手相助。

當我終於可以親餵雙胞胎時，他們全都很用力地吸奶，而且都吃了很多。隔天，我們不顧醫院的建議，帶雙胞胎出院。雖然接下來的幾週，相當疲憊，我的雙眼總是紅腫，充滿血絲，但我的心情愉快，一點都不在意。

接下來一切都進行順利，他們也很出色地通過每一次的兒科檢查。直到有一天，女嬰在兩個半月大的時候死於嬰兒猝死症[16]。一天清晨，我發現她死在嬰兒床上。

這個死亡事件，對我來說是個轉捩點，是我下沉的谷底。在觸底後，我就像觸碰到跳板一樣，讓我有能力將自己推回水面。南開諾布仁波切是當時住在義大利的一位藏傳佛教上師，他前來主持女嬰的喪禮。當我問他爲什麼這件事情會發生時，原本內心罪惡感深重的我已準備好相信這一切都是我的錯，是我的業力使然。然而，他只是非常輕聲地說：「這是她自己的因。」接著，我跟他說，我對一切都失去了信心。他只是看著我，什麼話也沒說，便靜靜地爲另一個雙胞胎寶寶做了一只保護手環，並教我一種能保護自己及家人的特殊修法。我感覺他好像把我們從一個怪異的詛咒中解救出來。

16 關於嬰兒猝死症，目前尚不知眞正造成死亡的原因爲何。許多研究試圖找尋致病的原因，並預測嬰兒在什麼情況下較易有這樣的症狀。目前所知，此症多發生在健康嬰兒身上，且是在睡眠時，也許是集中在介於清醒和深度睡眠間的淺眠期。在美國，嬰兒猝死症是一歲以下嬰兒最常見的死因。最常發生的情況是在沒有人看著嬰兒的夜晚或午睡時。兩個月以內或一歲以上的嬰兒，這種情況便較少發生，風險最高的時候是介於二到四個半月之間。醫療機構認爲或許這與此時大腦正在形成控制呼吸功能的成熟度有關。

自從我離開博德市和那裡對我所代表的一切，我的內心就一直處在動盪不安與沮喪的狀態。這個狀態讓我對負面力量展開雙臂，而我越虛弱，就越容易受到奇怪的負面因素所主宰。當時我們住在一棟高大、陰森的古老別墅裡。從我們住進去的第一天起，情況就越來越糟糕。壁爐多數時候都不能使用，期間我們還經歷過颶風、地震和許多紛擾。寶寶過世後，我們決定立即搬離那間房子，但南開諾布仁波切的來訪已讓那些奇怪的感覺減輕不少。之後，當我們到琪拉遺體所在的醫院時，他做了一件事，讓我深信他眞的是一位偉大的喇嘛，儘管他身旁沒有許多隨行人員包圍，穿著也像個普通人。

在我發現寶寶死亡的當下，我立刻就聯絡他了。他從遠端執行遷識法（音譯：頗瓦法）。幾天後，他和一群學生來到我們的別墅進行喪禮，之後我們便一起去醫院的太平間。他在琪拉的肚臍上放了一張紙壇城，在她的頭頂上放了一些聖沙。然後，我們一起走到外面。我走到他身邊，雙手環抱他的脖子，開始失控地哭泣。他並沒有擁抱我或安慰我，只是很輕鬆地站在那裡。

我不知道自己是不是被他的毫無反應給愣住了，或是其他原因，但是我突然感覺痛苦從我緊繃的身體裡流出來，使我的心掉入一個寬廣的境界中，就像一片遼闊、寧靜的湖泊。同時，我發現我就像在幫自己充電，而執著於她只是讓事情變得更糟糕。我領悟到每天都有成千上萬的嬰兒離開人間，我只是因爲住在一個富裕的國家而免於接觸這樣的事實罷了。

琪拉死後，一切開始漸漸走上坡，我慢慢從下沉走出來。這過程並不容易。我不得不重新評估自己的各個方面。孩子的死讓我和先生原本緊張的關係陷入了危機。許多人認爲發生這種悲劇，會讓夫妻關係變得更緊密，但實際上，百分之九十的情況剛好相反。我們必須用各種方法來修補彼此的關係。

阿洛卡抱著琪拉，謝饒抱著寇斯坦佐，照片攝於一九八〇年五月，琪拉過世前不久。

琪拉死後一年，作者與寇斯坦佐在義大利的沙灘上。

與諾布仁波切的接觸，幫助我找到返回法道的方法。由於他是一位大圓滿上師，並且有親自帶領弟子實修的經驗，與他接觸所領受到的直接能量，把我帶回了我在尼泊爾第一年所感受到的「初心」。

就某個程度而言，我就像在修道上繞了一大圈，但我也了解到，透過各種戒條紀律和生活經歷，我和以前不一樣了，此刻是要將這些經歷與我想要了解的女性修行與大圓滿做結合。我不認爲以女人的身分走在法道上會和我以往所做的修持有任何衝突，相反的，我認爲這樣的身分反而會帶來不同的覺知。

現在的我了解到，對我來說，修行就是與細膩、玩興十足、廣闊的我連結，這部分的我，在軍事化嚴密管制的情況下是封閉的。只要我越是將心限制在表象，這個微妙的能量就越像害羞的少女般逃走。這就好像我必須信任自心的廣大，願意放手，釋放我的肩膀，不試圖控制所有的情況，既不跟隨恣意紛飛的妄念，也不執著於心所繫縛的事情上。

我想這份明晰、微妙的修行能量，正是所謂的「空行母本質」。她是我們人人與生俱來的，是開啟無分別本初狀態的鑰匙、開門者與守護者。如果我不想與她共舞，或試圖逼迫她，又或者不召喚她，那麼這扇門將永遠闔上，而我也將永遠滯留在黑暗與無明中。

大約在琪拉過世後一年，我參加南開諾布仁波切在加州主持的共修閉關，我有了另一次和空行母接觸的經驗。一天晚上，當我們正在修斷法（俗稱「施身法」）時，其中在迎請智慧尊時，我們必須觀想瑪吉拉準佛母以年輕的白色空行母形象顯現在我們面前。這時，突然有位狂野的老婦人出現在我的觀想中，她非常靠近我，一頭白髮披散開來，全身赤裸，有著古銅色肌膚與下垂的乳房，正在跳舞。她從漆黑的墳場走出來。最令人印象深刻的是她的眼神，極爲明亮，表情則融合了調皮的嘻笑、堅定的力量與悲憫的心，挑戰意味濃厚地邀請我和她共舞。

作者和小孩的生活剪影：
一九八七年，作者、寇斯坦佐、謝饒與阿洛卡
攝於義大利西西里島的塞傑斯塔遺跡。

後來我意識到那是瑪吉拉準的化現。她是眞正展現女性智慧的女人。她不僅用其乳房餵養小孩，也未受到馴化。她無所畏懼，富有悲心，狂喜又踏實，最重要的是，她以自信、喜悅之姿邀請我。

幾天後，我開始持續做著一連串類似的夢。每天早上，在我醒來前，我都會夢到自己必須要去索揚布，卻面臨許多障礙。每次夢到的障礙都不太一樣，但主軸都相同。每天早上醒來後，我都有一種必須回到「我的山」的緊迫感。由於多年來我一直有過類似的夢，因此已經將索揚布當作我的修行道場代表，剛開始我只是象徵性地看待這些夢境，後來這些夢持續出現，並且和以前的夢質感有所出入，因此我認爲自己可能眞的必須回到「我的山」一趟。在和先生討論後，我們決定在那個冬天出發去尼泊爾的索揚布佛塔。

雖然想要收集藏傳偉大女性上師傳記的想法，在我心中已有一段時日，但過去發生的種種事件，使我不得不暫延這個計畫。我還決定要取得一個學位，該學位將涵蓋我迄今爲止所做的研究。在將這些想法整合起來後，我找到安提阿國際願意支助我的想法，讓我根據多年來已完成的研究，前往尼泊爾收集這些女性上師的傳記作爲碩士論文的內容。

原先我們計劃在我做研究的時候舉家遷移到尼泊爾，在那邊待一年，但最後我們認爲這樣做壓力太大了，我應該自己一個人去，停留更短暫，如果情況有需要再回去。因此，在一九八二年三月，我啟程前往加德滿都，距離我第一次造訪尼泊爾已時隔十五年。

抵達後，我將行李寄放在飯店後，便步行前往索揚布。我發現，雖然我曾經打算帶著我的孩子、丈夫一起回來這裡，但最後我還是獨自一人，沿著我最初走的路返回這個地方。當我走在前往佛塔的石階上時，我有一種奇特的感覺，似乎我的內在精神世界與外在的景色合而爲一了。

正午的烈日當空，使得我在半路上停下來歇息，也和路上要去朝聖的尼泊爾婦女聊天。來到山頂後，我前往最初遇見噶瑪巴的噶舉寺院尋找我的老朋友嘉瓦，希望他還在。當他出現時，他開心地對我笑了笑，把我帶到他濕冷的房間，爲我送上數不盡的西藏奶茶和尼泊爾葡萄乾甜餅。我向他說明我想要做的計畫後便下山。

幾天後，我回到索揚布，嘉瓦告訴我，他已經找到瑪吉拉準的傳記，並且噶舉寺的上師同意隔天就著手進行翻譯。突然間，我理解了那個持續出現的、回到索揚布的夢以及瑪吉拉準的淨相。在接下來的三天裡，從日出到日落，才旺久美喇嘛、彭措托覺和我，翻譯了瑪吉拉準的傳記。

在兩次前往索揚布之間的日子，我還去了博達，那是位於加德滿都谷地的另一座大佛塔和藏族主要聚集地。我在這裡認識了一位名叫雍準的藏族婦女，她是西藏近代最著名女性上師傑尊修賽仁波切的弟子。雍準年輕時曾在傑尊修賽的尼院出家，後來成爲一名上師的法侶，兩人在西藏遭逢法難的時候分離了。之後，她嫁給一位西藏商人，育有兩子，名爲吉美袞桑和彭措托覺。

她記得我們曾在幾年前，於頂果欽哲仁波切在扎西炯的灌頂大法會上相遇，當時我還是一名女尼。雍準立即理解編寫女性上師故事的必要性，當她開始談起自己的上師時，淚水從臉上滴落。她讓小兒子彭措托覺和我一起翻譯瑪吉拉準的文本。翻譯完成後，她帶我到加德滿都郊區的帕平，大兒子吉美在那裡進行三年閉關。我們從自生度母像往上走到阿蘇拉（阿修羅）洞穴。那尊自生度母像，是一尊小巧可人、浮雕樣貌的慈悲女性佛像，大約在十年前神奇地出現在帕平上方一塊偏僻的岩石上，現在它的輪廓頗爲明顯。大部份西方人並不相信這樣的說法，他們認爲是有人在晚上偷偷刻上去的，但這不可能，因爲沒有人因爲它獲利。住在阿蘇拉洞穴附近的上師拉魯喇嘛給了我覺姆曼嫫的傳記，彭措托覺則在現場翻譯了這本傳記。

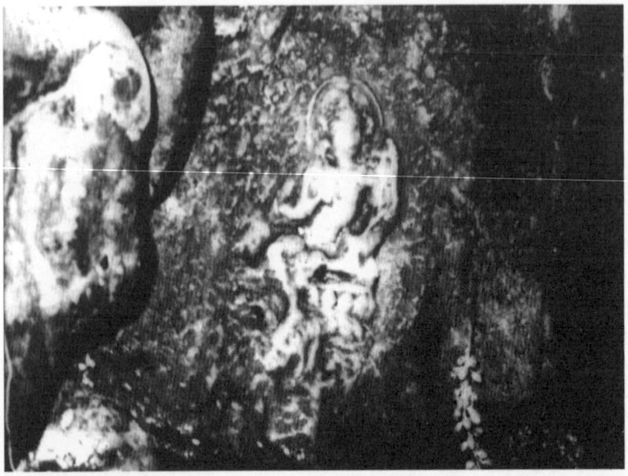

自生度母像（上）、象神與度母（下）的特寫，這些雕像自七〇年代起就自行從岩石中浮現。一九八二年攝於尼泊爾帕平。

就在我即將離開加德滿都時，雍準有一位朋友，幼年也曾在傑尊修賽仁波切的尼院待過，她給了我朗薩雯波的傳記。我帶著這本傳記前往馬納利，探望在我大女兒出生不久後即圓寂的阿波仁波切遺孀。我在那裡出家時，她就一直是我的好朋友，也幫助許多去那裡學習佛法的人，每個人都親切地叫她「阿媽拉」，在藏語是「母親」的意思，她的本名是烏金確準。

「阿媽拉」烏金確準，阿波仁波切的佛母（秘密明妃），照片攝於印度馬納利。（瓊・坎貝爾攝影）

在馬納利，她的長子格列南嘉和菲比哈柏（一位研究西藏瑜伽多年的澳大利亞女性）在格堅欽哲的指導下，翻譯了朗薩雯波的傳記。格堅欽哲現在承接教導阿波仁波切弟子的責任。

我帶著這三部傳記回到義大利，寫下我的初稿，並與南開諾布仁波切一起檢查譯稿。

一九八二年十一月，我帶著大女兒謝饒回到尼泊爾和印度，並在馬納利收到準千日瑪和瑪吉昂覺的傳記。這兩部傳記是由阿波仁波切的女兒婷蕾確準和我，一樣在格堅欽哲的指導下翻譯的。雍準也在此時給了我傑尊修賽仁波切的傳記，但因爲太長而沒有收錄進本書。

從印度回來後，我前往麻薩諸塞州的康威聽聞南開諾布仁波切的教學。一天晚上，他拿出之前給我看過的《阿育康卓傳》，開始自行翻譯成義大利文，然後由貝瑞．西蒙斯將義大利文轉譯爲英文。我將翻譯錄音了下來，回到羅馬後開始進行聽打、編輯的工作，並和南開諾布仁波切一起檢查以確保其正確性。

當時我已匯集了收錄在本書的傳記，然而卻發現還有幾位，或許還有更多偉大女性的傳記，因篇幅過長或無法取得而無法採納。在我剛開始研究本書時，我知道的偉大西藏女性瑜伽士並不多，後來卻發現遠比我原先所想像還要來得更多的女性上師，這眞的非常鼓舞人心且充滿啟發。就記錄這些勇敢、強大女性而言，我認爲本書只是開端，絕非最後一部。願她們的加持廣傳，利益一切眾生！

書於西元一九八四年三月藏曆新年　於義大利，羅馬

慈誠・艾莉昂

作者修行生活剪影：
一九九〇年，建於紐約瓦雷鎮的度母塔。

西藏瑜伽女修行生活剪影

西藏的女性閉關房。這些瑜伽女不論是禪修或睡眠，都在禪修箱中進行，
另外有個房間則用來修持瑜伽。這些禪修箱圍繞著中央壇城擺放，
此禪修中心由上一世措尼仁波切創立，總共有一千名瑜伽女在此修持。

我的修行之路（下）

在我五十歲生日的時候，我的孩子謝饒、阿洛卡和寇斯坦佐決定給我一個驚喜。當時我們在度母壇城，那是一座於一九九三年建立、佔地五百英畝的閉關中心。他們帶我到嘎巴拉草原旁的白樺林邊。草原後方矗立著以大圓滿護法一髻佛母命名的胸形山峰。十月初的樹葉已轉變爲各種焦橙色、酒紅色、栗色和黃赭色。午後陽光灑落在長形的草原上，使得野蓍草、狀如墨西哥帽的草原松果菊和淡紫色的紫菀，紛紛於東方落下它們的影子。

建立這座閉關中心，一直是我的夢想。這個念頭開始於身處馬納利，和阿波仁波切一起累積作爲修持前行一部分的十萬遍大禮拜時，前行的意思是「必須先做的修持」。那是印度的夏天，即使人在喜馬拉雅山腳下，天氣依然又熱又濕。我的身體在地板上留下了清楚的汗跡，而我在不斷起身、拜下的過程中，逐漸清除了身、語、意的障礙。

做大禮拜時，我原本應該觀想佛陀、菩薩和所屬傳承的皈依樹，但我的心卻經常想著要建立一座帶有閉關房的禪修中心，和一座可供大家進行深度禪修的共修閉關場所，就像他們在西藏做的一樣。所以，我經常說度母壇城是從妄念中誕生的。

這個想法我堅持了二十年，在孩子長大後，跟隨著各種夢想、願景，在許多人的幫助下，我們找到土地並買下來。度母壇城座落在美洲大陸分水嶺以西，新墨西哥州以北幾英哩處，位於南聖胡安盡頭一座巨大的馬蹄形山脈中，四周環繞著國家森林和猶他印第安保留地。

聖胡安河流經帕戈薩溫泉鎮，是離我們最近的城鎮，也是世界上最大的溫泉地之一。順著河流再往西南十英哩處，度母壇城就位在其中一座峽谷內，從那裡可以眺望面對度母壇城中心的胸形山峰。

我的孩子整個下午都在忙進忙出，互相竊竊私語。我們來到了樹林邊後，他們為我蒙上眼睛，帶我到樹林裡。當他們摘下眼罩時，映入我眼簾的是一個以石頭排列成螺旋形狀的大石陣，石頭上擺放著各種熟悉的物品。他們說，螺旋的中心代表我的誕生，開放的末端代表此刻，半世紀後的現在。

他們找到代表我人生各個階段的照片和物品，按時間順序將它們放置在石頭上，螺旋開放的末端則擺放著預言未來的各種神諭卡。

他們要我坐在螺旋中心，沿著石頭，一一告訴他們我的人生故事。我非常感動，他們如此努力為我創造這麼具有意義的時刻，讓我回到生命的漩渦中心歇息。

在螺旋石陣，代表我三十多歲的地方，擺著一本《女性智者的悟道之旅》。我和他們談到寫作、出版時所發生的事情，以及後續發展。在這篇再版序中，我將帶著你們了解從本書撰寫到再版的整個過程。

雖然我接下來所要說的屬於個人故事，但也反映出佛教在西方發展的一些問題與歷程，以及探索神聖女性以各種變化形式重現的過程。當一個環境由男性主導了幾個世紀後，一旦有女性體驗進入並引起反思，就會產生一種自然融合，我的生命正代表了這種融合。

度母壇城中心裡的一髻佛母山。（寇斯坦佐・艾莉昂攝）

度母壇城中心裡的閉關房。（卡倫・梅多爾攝）

在我寫下〈我的修行之路（上）〉時，著重於描寫基於什麼樣的啟發，促使我去尋找證悟女性的傳記。當時我並不知道那些個人經歷，會引起什麼人的興趣，後來我發現大家對我的個人故事反應熱烈，要求我於再版的時候繼續多說一些，也許我的故事比《女性智者的悟道之旅》中藏族女性的故事更有家鄉味吧！

在我五十歲生日那天，我坐在螺旋石陣告訴孩子我的人生經歷，這些故事可以歸納為一個主題，那就是離開女尼生活而成為他們的母親。

我為《女性智者的悟道之旅》所找到的傳記，並沒有直接告訴我如何兼顧母親和修行者的生活。本書中的女性若非離開她們的孩子，就是沒有子嗣。雖然我隨即受到她們的故事所啟發，但仍覺得在我多年全力以赴的生活領域中缺乏一個典範。當然，一定也有偉大的女性瑜伽士，她們既是母親，也沒有像瑪吉拉準那樣離開自己的孩子。她們是誰？她們的故事之所以沒有被記錄下來，是因為她們都是秘密修持，還是太過忙碌以致無暇寫作？或是她們覺得自己的修行經驗無關緊要、不具成效？又或是養育小孩會造成分心，以至於沒有證悟的母親？

身為一名母親，我仍然持續在沒有學習模範的前提下，盡力將佛法應用在生活中。在養育兒女的時期，我總是處在渴望洞穴和必須清理廚房水槽之間的拉鋸戰。謝饒出生後，我從擁有一切時間變成沒有個人時間。我的人生第一次對自己的空間與時間失去掌控權。但與此同時，她也為我帶來了從未體驗過的更深慈悲。

然而，私底下我仍經常有一種空虛、失落的感受，這個感受無法被我對孩子的感激與愛沖淡。我覺得自己因為捨戒而錯過時機，辜負了因緣。

《謊言、秘密與沉默》的詩人作者艾德麗安．里奇，提到自己人生中類似的經歷：

我有過一段婚姻和一個孩子。如果我曾經困惑，曾經感到診斷不出的憂鬱（null depression）或極度絕望的時刻，那只能說明我是一個不知感恩、貪得無厭的人，甚至是個怪物。……最讓我害怕的是那種隨波逐流的感覺，一種受命運之流左右的感受，而在這之中，我似乎與以往的自己失去了聯繫……[1]

我經常發現自己沒有辦法發揮無限的慈悲與耐心。成為母親後，我離開了在閉關房中觀想以慈悲對待一切眾生的境界，再也回不去了。突然間，每天都是實際的挑戰，情況隨著我的第二次、第三次懷孕越演越烈。我以為那些透過禪修已經釋放的情緒，經常無預警地捲土重來。琪拉的死，更是前所未有的打擊。在我忙著撫養孩子、接送小孩、換尿布、做菜煮飯、籌劃生日活動、尋找適合學校等事情時，總有一部分的我，渴望重返全職的修行生活。

然而，我在不到一年之間從女尼轉變為母親，隨著我慢慢調適這個最初的衝擊，接著阿洛卡於十七個月後出生，雙胞胎於四年後出生，然後琪拉離開人世，這些經歷促使我開始把做為一名母親視為一個

1 艾德麗安．里奇《論謊言、秘密與沉默》，第四十二頁。紐約州，諾頓出版社，一九九五。

很好的修行機會。重複性的工作和不斷受到干擾，是個很好的修行基礎。難怪大乘佛教中，母親形象的典範是如此盛行。

《妙善寶瓶》中說到：

例如，就像父母在面對不知感恩圖報的孩子的一切不當行為時，會充滿耐心地予以包容，並且毫不灰心地持續為他們的健康安樂而努力。同樣的，我們也要用如此的態度，誓言將一切眾生從輪迴的苦海中解救出來。[2]

我的孩子就是我的修練。這是一條多麼強大而又被低估的道路，這是眞實暴露自私——「我執」的地方。即使我已經很疲倦了，或是想看一下書、修持，我還是會持續被打斷。透過這些挑戰，我發現如果我一直待在獨處的舒適圈中，就沒有辦法透過這些方式來承擔考驗和磨練。

佛法說，每個眾生過去都曾爲我們的母親。從最原始糊狀的原生動物以來，我們每個人的神識就不斷地在各種類型的身體裡投生。因此，我們每個人也都曾在某個期間成爲彼此的母親。基於這個原因，眾生有時被稱爲「慈母眾生」。認爲一切眾生都曾是我們的母親，這是個了不起的想法。這意味著我們在本質上都是相連的，我們是蟲與斑馬的親戚，我們是這網絡的一部分。

小時候，你的心念集中於自己的一切，所有都和「我」有關。在成爲父母後，僅出於義務和對孩子的愛，你的注意力就從自身的快樂轉移到他人的快樂上。這種捨棄「珍視自我」的態度，是一切佛法修行的關鍵。你的焦點從「我、我、我」變成「喔！外面還有一個世界，除了我以外，還有其他人在受苦。」這種內在革命是佛法修行的本質，是對這個網絡的認知。

如果我沒有經歷過琪拉的死亡和婚姻的痛苦，那麼我向他人講述佛法的方式，可能會很膚淺，就像在琪拉死後三天對我說話的那個人一樣。

當時，我靜靜坐著，淚水從我臉上流下，一位留著鬍子的中年男子抱著一隻西藏幼犬走近我說：「妳不應該對這個嬰兒如此執著，一切都是無常的。」

我問他：「你有小孩嗎？」

他說：「沒有。」我走開了，沒有辦法再說什麼，同時思考著幾年前身爲女尼的我，是否也有可能提出如此麻木不仁的建議。因爲我跟孩子的連結很深，我不再能夠如此輕易忽視這些連結。這到底是執著還是親緣？

隨著我在母性大釜熬製的過程中，我對孩子無比的愛打開了我的心，讓我對普世大愛有了更深的理解，使我對世間之苦有了更深的體會。這對我來說，無論是作爲修行人還是單純身而爲人，都一直是個重要的思路。

---

2 法王南開諾布《妙善寶瓶：大圓滿同修會基礎講義》，第一百一十四頁（原文版）。

慶生活動時，我坐在螺旋石陣上也談到：物質與精神世界的相互作用如何支持著我。撰寫這本《女性智者的悟道之旅》的時候，我在羅馬家裡改建的車庫工作室完成，車庫四周環繞著高大的玫瑰老叢，開著芳香的桃色花朵，還有小果樹和一棵鬱鬱蔥蔥的白楊樹。那時我有一種奇妙的感受，好像被看不見的力量「協助」與指引著。我特別感覺到阿育康卓[3]的存在。有時我覺得她似乎和我一起在房間裡，一本書會從書架上掉下來，打開的頁面，正好有我一直在尋找的資料。我對這些頻繁出現的共時現象感到驚訝，甚至有點被嚇到，感覺到有個實相正在與另一個實相交互穿透，而撰寫空行母的這個行爲喚醒了她們的存在。

空行母是象徵陰性能量的一種力量，負責守護和「持有」佛教密宗的秘密法教。她們以助手的身分，幫助行者度過艱難的過渡時期並開啟修行道途。她們也會以女性形象化現在人間，例如本書所包含的那些聖者。

作爲「心靈的助產士」，她們將我們引領至或許苦楚難忍的生命層次與內在轉變。有時她們以人的形象出現，有時以鳥類、動物或其他形式出現。她們告訴我，世界並不如我們所想像得那樣堅固。我們越是對自身空性本質的光明抱持開放的態度，就越能處在空行母的智慧遊舞之中。空行母是本初狀態的使者，這樣的本初狀態超越了自我的監視。撰寫《女性智者的悟道之旅》的時候，我正經歷第二段婚姻的離婚過程，就好像空行母以極親密而明顯的方式出現在我的生命中，引導我走過這段艱難的旅程。當心靈抗拒空行母的指示時，這股女性智慧的力量可能會因此變得更猛烈與堅決。

我所必須經歷的轉變是需要信心的，而這會幫助我打開理解之門。當時所發生的一件事，讓我明白了虔敬心的力量。

我的大女兒謝饒在六歲的時候，說她想要一尊佛像。她很明確地表示她想要一尊眞正的佛像，而不是唐人街可以買到的玩具佛像。於是，她的父親從美國寄來一尊精美的小佛像，由他一位學習傳統藏式金屬鑄造工法的朋友製作。

佛像裡面是中空的，底部有一小塊藏式傳統佛像都會有的金屬板封住。根據藏傳習俗，佛像內要塡裝聖物（裝藏），中間放置一根柏木作爲脊椎中柱，並於脈輪處繫上舍利，然後再進行開光。但我們沒有替她的佛像裝藏或開光。

謝饒喜愛她的佛勝過任何玩具，並爲祂精心建立了一個佛龕，將她所有的絨毛動物圍繞著祂「聽聞法教」。每當她獲得一些糖果或禮物時，她都會供養一些給這位佛。

一九八二年十一月，我和九歲的謝饒一起去了尼泊爾。她覺得自己與佛教文化有很深的緣分。佛塔，一切有關佛教的東西，都在她的心中引起深刻迴響。白天她在佛塔邊做繁複的供養，夜晚她遊歷到光明界，聽聞發光的眾生說法。

當我們離開時，她在飛機上一路哭到德里，說著：「妳怎麼能帶我離開我的家？」我感覺很糟糕。

3 阿育康卓．多傑帕準之意伏藏《忿怒空行母尊——獅面空行母甚深心要》。

一天，在我們回到羅馬幾天後，謝饒和阿洛卡來找我說：「謝饒的佛裡面有東西。」當時我很忙，沒有放在心上。

幾天後，她們又跟我說一次。這次我決定檢查一下。我們去到她的佛龕前，拿起佛像，搖了一搖，裡面果然有個東西在滾動。所以我撬開金屬底座往裡頭看，發現裡面有個純白色的「靈舍」，大約有一顆大豌豆那麼大。「靈舍」是出現在聖地或上師荼毘骨灰裡遺留下來的物品。它比我所見過的任何東西都還要潔白，而且還閃閃發光，質地非常堅硬，就像結晶糖一樣，但比結晶糖更密實。往裡頭看進去，可以看到在佛身內側有一些白色物質，這顆美麗的珠子正是從這裡「長」出來的。我們把它拿給措嘎瓦喇嘛和南開諾布仁波切看，並且爲它舉行了一場薈供，南開諾布仁波切也爲這尊佛像開了光。

信心能創造出神變。歷史上，還有一個類似的故事，是一位西藏婦女的兒子要去印度經商的故事。他問母親是否需要爲她從印度帶回任何美麗的絲綢或香料。由於他的母親是一名虔誠的佛教徒，對物質不感興趣，她說自己唯一想要的就是佛陀的舍利。

於是，這名商人踏上了穿越喜馬拉雅山前往印度這段漫長又艱辛的旅程。到了印度後，他因爲忙於生意而忘記了母親的要求。生意結束後，他翻山越嶺回到西藏。

就在快要到家時，他突然想起母親熱切的願望，但他卻沒有任何東西可以給她。他垂頭喪氣地走著，路上看見一副死狗的骨架。突然間，他靈光乍現，想起他可以拿一顆狗牙，聲稱它是佛陀的牙齒。

於是，他迅速拔掉一顆牙，用哈達精心包好，裝在盒子裡，隆重地交給母親。

母親喜出望外，滿懷信心地將它供奉在自己的佛龕上，每天虔誠地供養它。過了一段時日，這顆狗牙竟然開始長出靈舍來了！心靈與物質之間的相互滋養，力量大到能使舍利從清淨的信心與虔敬化現出來。

這時，我們羅馬的家又發生了一件怪事。在我們家裡的不同地方，開始長出細細長長、狀如絲線的水晶。

它們成簇地生長，只要一碰觸就會斷裂。它們出現在謝饒為她的佛所製作的小型麵團供品上，也出現在我佛龕上的空顱杯中，以及其他奇怪的地方，例如一個我從未使用過而放在抽屜裡的備用錢包。謝饒的佛以及家中生出晶體的奇特現象讓我知道，在接下來的考驗中，我們將得到看不見的力量所支持。

這類的顯化，幫助我度過琪拉死後，我與寇斯坦佐的婚姻走向解離的那段低潮期。與空行母的深厚連結，使我度過了這些充滿挑戰的時期。

一九八三年夏天，在我書寫《女性智者的悟道之旅》的最後陣痛期時，我發現自己越來越被吸入婚姻的幽冥中。我們在離羅馬不遠的海濱小鎮弗雷金租了一棟房子。我在客廳的窗前擺了一張桌子，讓我在那年夏天席捲義大利的漫長熱浪中，還能享受自海面吹拂而來的微風。

這本書在我身上長成。寫作就像在編織。我用一根手指在打字機上打字，地板上滿是用膠帶貼在一起的手稿碎片。雖然我越來越堅強，但我的婚姻卻陷入了危機。

與老寇斯坦佐的婚姻，很多時候都爆發了暴力事件，並在那年夏天達到高峰。我非常想要挽救我們的婚姻，因此承受了不少痛苦。

那時，當我的外在受困於婚姻的冥界時，我正好撰寫到被丈夫和公公毆打致死的〈朗薩雯波傳〉，她在陰間待了七天，然後又復活。在研究她傳記中所提出的下沉與重生的主題時，我正好看到古蘇美神話，有關強大的天界與陽界女神伊南娜的故事。神話中，伊南娜下到冥界，遇到她的姊姊埃列什基伽勒，她是冥界的憤怒暗黑女神，正在為丈夫的死而哀悼。埃列什基伽勒在盛怒下殺死伊南娜，將其屍體吊掛在樁釘上任其腐爛。最後，伊南娜獲救並返回陽間。

在閱讀這則神話時，我找到榮格分析師席薇亞·佩雷拉的重要著作《下沉而至女神》。書中認為下沉是女性啟蒙的一種方式。她談到在父權體制下的女兒必須面對暗黑女神，以便將自己從男人和孩子中獨立出來。

關於埃列什基伽勒的樁釘，她寫道：

> 具有接受性特質的陰，其本質就是空，因此有個危機是那些感受到自身空虛的女性——尤其在父權文化下，她們將透過現實中的男性伴侶和兒子來尋求實現。[4]

在我的人生中，有著對男性導師與情人的依賴，我發現自己也有這樣的傾向。我發現，自從在十九歲愛上藏人後，就一直受到藏傳上師的養育，被他們的權威所填滿。我的一生都受到他們的指引。當然，我的上師讓我受益良多，深獲啟發，但在琪拉去世後，我不得不開始尋找自己的主導權。我必須去見暗黑女神，我必須透過對女性的重新評估，並與兇猛女神的壇城共事來治癒自己。佩雷拉提到，當一名女子被掛在冥界埃列什基伽勒的樁釘上時，會發生什麼轉變。

> 女人渴望與作為內在的阿尼姆斯或作為外在男人的陽性融合，她將陽性理想化而成為自己願意服從的真正精神，以及她對於父權權威的需求、對於被男性養育的需求，這一切都將透過這種內在交流獲得轉化。未能獲得母愛的女性，往往無法分辨自己究竟是需要母親，還是需要男性伴侶。這或許是因為有這麼多的女性，都受到照顧者的父權阿尼姆斯所滋養長大，又或許因為她們覺得自己的父親或兄弟更溫暖、更重要，因此持續向男人、向自己的阿尼姆斯尋求力量與母愛，甚至在自己能獲得女性陰性滋養的情況下，貶低女性陰性的滋養。[5]

我在對婚姻失望和琪拉離世之中所經歷的下沉，是爲了找到自己內心的完整，所謂的完整就是獨立和自主能力的誕生。寫作《女性智者的悟道之旅》便是那個誕生過程的一部分。這代表我必須找到暗黑女神，也就是憤怒的陰性本質，而那種憤怒的陰性本質有辦法否決、渴求、主張和表明立場，並且不會總在詢問男人該做什麼或由男人定義自己是誰。

---

4 席薇亞・佩雷拉《下沉而至女神》，第五十八頁。多倫多，內城叢書，一九八九。

5 同前，第四十頁。

我必須明白力量的源頭來自於內在，且必須停止從外在尋求認可。這是我過去十五年一直在努力應對的巨大挑戰，許多女性也都面臨了類似的困境。父權意識不接受暗黑女神，她一直以來被壓制，並被貶到遙遠的冥界角落。埃列什基伽勒由於得不到該有的尊重而發怒，如果她能在自己的心靈中得到應有的地位，她就能貢獻自己的能力與力量。

在佩雷拉的書中，我偶然發現了一段呼應我墜入幽冥的經歷。當我嫁給寇斯坦佐時，我被他的黑暗所吸引，但我們兩人一致認爲，我可以將他從他的問題中解救出來。

一名患有埃列什基伽勒（憤怒暗黑女神）症狀的女人，與自己的原生本質疏離，已經失去對它的覺知。這樣的女人很容易墜入冥界，就如同陷入暗流，或者愛上帶有精神疾病、精神病傾向的男人，而他可以帶她進入深淵；又或者她會以強迫性的方式去尋找幽冥，逃避生活，時常沉迷於能麻痺變異之苦的種種方式，因為這些苦痛對她支離破碎的能力來說太過沉重。[6]

身爲女尼、來自一個雙親和樂融洽的家庭，我當時從未眞正見識過黑暗面，但也從未珍視過自己的女性身分而好好發揮陰性的能量。我依賴父母、男人和上師，這點阻礙了我和自己與生俱來的智慧本性結合。

朗薩雯波被她的丈夫和公公毆打致死。她「死」了七天，在中陰時期，遇見了死神閻羅王，後者向她展示「業力之鏡」，她在鏡中看見自己是一位特別的空行母，會到人間一遭，是帶有使命的。

閻羅王對她說：「妳不是普通女子，身上沒有背負太多惡業。妳是空行母的化身。雖然妳的外表有如天仙，但妳的心並不受此限制，它可以戰勝一切。」

當她復活時，她重現於五位空行母壇城的中央，修持金剛瑜伽母。她一一迎請每位空行母前來，召喚每位空行母的智慧功德來幫助她走上自己的道路。透過這個壇城，她從冥界回到人間。

朗薩藉由冥界閻羅王的鏡子，發現自己的價值。正是她在鏡中看到的東西，使她能夠在起死回生後，一步步走向獨立和解脫。

對我而言，有幾個因素促成了我的鏡子效應，讓我在經歷冥界的痛苦和解離後重新回到光明世界。這些元素是：我對斷法的實際領悟、前往歐洲的女性聖地朝聖，以及我在忿怒獅面空行母壇城和空行母閉關所下的工夫。

有關斷法，我們會在瑪吉拉準的章節中介紹。此法包括將自己的身體供養給生命中與自己有關的一切眾生，屬於斷除我執的一種修持，在我離婚期間，對我而言更具有個人意義。

一九八五年，當我們的離婚訴訟正在進行時，我想和孩子們一起搬回美國。當初我們搬到義大利時，原本說好只待五個月，最後七年過去了，我的丈夫寇斯坦佐總是用一個接著一個的藉口，說明我們爲什麼不能搬回去。我們所爭執的問題不在於我能不能回去，而是我能不能帶著兒子一起離開義大利。法律上，如果沒有丈夫的許可，我不能帶著兒子離開義大利。

6 席薇亞．佩雷拉《下沉而至女神》，第二十七頁。

在爭執過程中的一個晚上，我決定修持斷法。在修法時，我將丈夫所需要的一切供養給他。我把我的身體化作甘露奉獻給他，給予他所渴望的愛、安全感和溫暖。同時，我也將內心的恐懼具體化並餵養了它。我的「恐懼魔」化成藍色皮膚的惡魔，有一張可怕的鬼臉、刺蝟般的頭髮，以及章魚般的吸盤手。我透過全然的接納與悲心來滋養我的丈夫和那個魔，使我不再因衝突而分裂。

在修持中，我停止了「我要與你對抗」的困獸之鬥，轉爲向「敵人」供養我一直以來無法放手的一切。在這之後，我感受到幾個月來從未有過的釋放。透過餵養我丈夫的「魔」和我的恐懼魔，有些東西開始鬆動。

我沒有預期修持會帶來任何外在的結果，因此隔天當丈夫來到我的公寓時，我非常訝異。他坐在客廳裡發抖，我問他爲什麼發抖。他一反之前的立場，說他決定讓我們離開，他說他理解我需要返回自己的國家，硬是把我留在義大利是不對的。

等我從驚訝中回神後，我向他保證，我會盡己所能地保持他與兒子間的關係暢通。所以我離開了義大利，從那時起，我們成爲朋友，合力撫養我們的兒子，兒子與我和父親都保持充滿愛的溫暖關係。在我們離婚後，老寇斯坦佐也遇到了他的魔並轉化了它們。

關於斷法有一點很重要的是，這個修法不在於「獲得你所想要的東西」；重點正好相反，而是要放下你所執著的東西。在斷法修持中，有一段叫做「黑色薈供」，我們要觀想「病魔、作障者和冤親債主」就在面前，將自己的身體供養給他們，藉此放下一切執著。通常，進行這種供養會讓人感受到治癒與解脫。傳統上，大家也知道修持斷法能有助於終結瘟疫，以及治癒疾病、附身或著魔。

既然我們所有的痛苦都來自於我執的心，那麼釋放這樣的掙扎，就會產生實際的影響，例如我丈夫的改變。但這不是重點，關鍵是要放下把自己看得很重要的自我珍視。過程中，我看見自己的「魔鬼」丈夫並非來自於外在，而是我自己顯現於外的內心投射。從這次經歷中，我學會將自己的恐懼、疾病與執著具體化，並餵養它們，讓它們完全得到滿足。

我的修行方法整體而言深受此影響。我知道在斷法中要餵養的「魔」並不是指西藏夜叉的那種魔，而是指我自己所被剝奪與忽視的投射，我將自己的不同面向投射到周圍與我爭鬥的人們身上。

隨著我從與諸魔對抗轉變為滋養它們，我的修行和教學方式也有所改變。在我初次教授佛法時，曾大力強調要「對抗自我」，也就是佛陀在證悟前受到執著魔所攻擊的那種意象。在佛法裡有許多關於誅除或斷除自我的修持。

漸漸地，我發現這種方法不適合我，而且在我開始教學後，也經常發現這種方法不太適合學生，尤其是女性。相對於試圖斷除自我的回應，她們對於滋養自己本具的智慧與佛性，比較能積極迴響。這也許是因為她們更常掙扎於自尊與自恨的困鬥中，所以對抗的想法將修持變成另一種鞭打自己的方式，這又成為許多抗爭中的另一場戰役。

儘管斷法確實與斷除我執有關，但將自己的身體餵養給所有眾生和所有的魔，這個必不可缺的行為是一種革命性的滋養行為——而非對抗。也許這是更貼近女性的做法。無論如何，透過修持斷法，我發現在將自己生命中眞正的魔具象化並餵養它們時，有助於將我從迴避和恐懼的態度轉變爲滋養的態度。這個方法在我人生中的各個領域都能派上用場，並給了我一個更女性化的修行與生活典型。

第二種爲我帶來女性療癒與整合的助力，是朝聖。在離婚後而尚未回到美國前，我經常夢見洞穴、地底旅行和迷宮。我突然想通，也許透過實際拜訪這些地方，便能夠爲那些在夢中召喚我的事物之種子帶來養分。那時我還住在羅馬，周遭有許多歐洲聖地。我經常和朋友、孩子們到希臘和義大利進行廣泛的探索。透過前往歐洲的女神聖洞和神殿，我滋養了內心神聖女性的種子。「她的居所」是外在聖地，包括她的聖殿、聖洞、聖林和聖河；此外，還有我透過禪修和夢境所探索的內在聖地。

我懷著崇敬的心情前往各個女神的聖地，並注意到各個地景都反映著該處所供奉的女神。正如文森・史考利在一本探討希臘神殿及其周遭地景關係的書中所描述的：

希臘人不僅確實認為某些地景是神聖的，是特定神祇的精神表現，或者更確切地說，就是祂們存在的體現；此外，為了增強、發展、補足，甚或抗衡該處所感受到的基調意義，神廟及其聖所的附屬建築物也會根據地景及建築物彼此的關係，而形塑自身與擺設。[7]

例如，婚姻女神赫拉的一些神殿可見於寬廣的平原上，而處女獵手戴安娜的神殿則多位於崎嶇的山區。愛神阿芙蘿黛蒂的神殿位於海邊的一個灣區，彷彿女神是從陸地上說話。我尤其深受古老洞穴和迷宮所吸引，它們彷彿爲我填滿埋藏在內心深處對連接大地能量的需求。

一九八六年，我和孩子們搬回美國。我們在奈雅附近的水庫找到一間古老農舍。奈雅由郊區公路和高速公路環繞，猶如一座寧靜的孤島，風景優美、草木扶疏。房子所在的位置非常隱密，以至於我們可以在水庫裡裸泳，並用岸邊的黏土砂塗抹在身上來淨化自己。

我開始旅行與教學，認識了許多我在羅馬時所閱讀書籍的女性作者。我堅守藏傳佛教傳統，但也讓深厚的女性色彩影響自己的教學。我感覺自己就像是斯堪地那維亞探險船船頭的女人雕像，不斷地破浪前行。我深深希望能有一位比我年長、能夠給我指導的女性可以與之交談，最後我認識了在羅馬時爲我帶來許多啟發的榮格分析師與作家席薇亞・佩雷拉。她在那些歲月裡，給了我非常強大的支持與指導，尤其是我最低潮的那幾年，她的書對我具有很大的意義。

當時我開始修行忿怒獅面空行母的成就法，那是阿育康卓從智慧空行母處親自獲得的心要伏藏。阿育康卓將此儀軌記持在心，並在對外傳授給他人之前，獨自修行了二十三年。南開諾布仁波切在她一百一十四歲時，從她那裡獲得了這個法教，仁波切當時只有十四歲。多年來，這個成就法一直是我的主要修持，更是幫助我重振精神的第三個、也是最重要的因素。多年來，它不斷敞開與深化。就像朗薩雯波於死後重生而進入五位空行母的壇城，該壇城對她的重要性一樣，獅面空行母壇城在治癒我的心靈並將我從冥界帶回來這方面，也同樣重要。

壇城扮演的是一種媒介，能將尚未圓滿的境界，或說是受到阻礙的情緒，與神聖理想世界的光明維度之間加以連結。壇城需要透過灌頂方能進入，初次領受灌頂者會受到引導而經歷一種轉化的儀式，

7 文森・史考利《大地、神殿與眾神：希臘神聖建築》，第三頁。紐哈芬市，耶魯大學出版社，一九七九。

然後完整地返回。

壇城是一種根本的定心工具，描述著心靈轉化之旅的示意圖。壇城內的諸本尊是證悟境界功德的表徵，不同壇城有不同本尊。寂靜壇城中有平和不動的本尊，作用在於轉化愚痴；歡喜壇城中有大樂的本尊，作用在於轉化貪欲；忿怒壇城中則有威猛迅行的本尊，作用在於轉化憤怒與瞋恚。

隨著我強化自己對忿怒獅面空行母壇城的修持，我獲得一次關鍵性的體驗，進而導致後來的空行母閉關。一九八七年夏天，我和南開諾布仁波切一起到夏威夷的大島旅行。

我們參觀了位於基拉韋亞火山普納區一個最近才發現的洞穴，名為「Kohelele o Pele」。洞穴裡面有一座夏威夷祭壇，代表佩蕾火山大女神的私處。幾世紀以來，夏威夷一直傳說有這樣一個地方，但在被發現以前，沒有人知道確切的地點。該洞穴開放了一段時間後，目前已經不再提供遊客參觀。

在洞穴停止對外開放之前，我們有幸透過我的朋友，也是帕勒庫花園寧靜聖地的創辦人芭芭拉·德法蘭科，促成我們參訪的緣起。當時要進入洞穴，就必須穿過一連串血紅色的熔岩隧道，感覺我們好像沿著女神的動脈前進。我們用手電筒照明，在黑暗中走了大約二十分鐘。空氣既熱又悶。

最後，我們來到一個天井，在距離我們上方大約二十英呎處的洞口，有些熱帶植物垂墜下來。我們沿著洞穴的壁梯爬上去，映入眼簾的是一座管狀、由熔岩所形成的洞穴。洞穴上方有個神龕，周圍有幾座古老的祭壇。

獅面空行母。

我們所在之處是一座正在噴發的活火山，也是幾個非常適合修持空行母法的地方之一。傳承自阿育康卓的這個修持，在一開頭說：「一位擁有灌頂和三昧耶戒，修持空行母儀軌的瑜伽行者，應該用硃砂粉繪製壇城，並觀想此壇城由燃燒的火山和火葬場的岩石所圍繞。」

經過多年對神聖女性力量場所的研究，我對這個地方感到敬畏。當我們坐在祭壇周圍禪修時，我在觀想中體驗到從祭壇中出現了白色佛部空行母，接著觀想她從我的密處進入我的身體，並一路沿著我的中脈進入我的心間，法界體性智的寬闊覺受在我體內蔓延開來。

接著觀想藍色金剛部空行母以同樣的方式進入我的身體，一路上升來到佛部空行母的前方，使得明晰如水的大圓鏡智充滿我的身體。

黃色寶部空行母隨後也以同樣的方式出現，安住在我心間的右方，帶來金色大地和大平等捨的覺受，也就是平等性智。

再來是紅色蓮花部空行母。她懷著一股強烈的熱情和不可遏抑的大樂，來到佛部空行母的後方，帶來了妙觀察智。最後，祖母綠顏色的事業部空行母，以同樣的方式進入我的身體，透過中脈來到我的心間，在陣陣遼闊起伏的波動中帶來了成所作智的覺受。

在觀想中，每一尊空行母都由下往上進入我的身體，打開通往心輪的每一個脈輪。五位空行母逐漸在我心間形成一座壇城。各個空行母所帶來的感受都不同，使我體驗到前所未有的整合和喜悅。我以逆向的方式分娩了。智慧尊從生命起源的通道進入我的身體，轉化了我。

與洞穴道別時，我並未將這個覺受告訴任何人，但我知道，一場即將改變我人生的灌頂已然出現。在離開夏威夷前，我將這段經歷告訴了我的上師南開諾布仁波切。

大約在這個時候，我的摯友泰芮・克利弗去世了。她的離開導致我後來將壇城修持變成公開教學。一九七〇年，當我還是女尼的時候，泰芮和我在尼泊爾喜馬拉雅山區高海拔的勞垛，與耶喜喇嘛和梭巴喇嘛一起度過了六個星期。勞垛現在變成一處由梭巴喇嘛所指導且規模相當大的西方人閉關中心，但當時它只是一處洞穴，旁邊有間小房子。

相處六週，讓我們變得非常親近。那時我還試圖說服她世俗生活的徒勞無功。後來我們的身分轉換了，她前往法國閉關三年，而我成爲一名母親。自從在山上共同度過那段光陰以來，我們就一直保持聯繫。在她結束三年閉關後，我前往多荷冬省拜訪她，然後我倆都搬回了紐約。她在那裡寫了一本關於西藏精神病學實務的書，名爲《藏傳佛教醫學和精神病學：鑽石療法》[8]。

然後，出乎意料地，她得了癌症，而且在發現僅僅幾個月後就去世了。在生病的幾個月裡，我和她一起度過，我們談到佛法傳入西方和她自己的經歷。她覺得癌症讓她直接面對那些暗藏在表面下潰爛的情緒問題。她發現自己在漫長的閉關中，一直在逃避那些難以面對的情緒問題。

她認爲壓抑的情緒問題是造成她罹患癌症的原因。當她發覺自己一直都在壓抑而非轉化自己的情緒時，爲時已晚。在她離開人世前，她希望我能找到用禪修來處理情緒問題的方法。我發現，如果這樣優秀的修行者能從處理情緒的實務中受益，那麼眾多其他的修行者或許也都可以。

8 泰芮・克利弗《藏傳佛教醫學和精神病學：鑽石療法》，紐約，山謬維瑟出版社，一九九〇。

在她過世後，關於探索如何實際將佛法修持、情緒整合與轉化帶入更親近的交流並從中獲益，顯得刻不容緩。

爲了避免修行的開展與情緒的進化之間產生鴻溝，便需要察覺自己在修行方面所不願面對的問題，並至少事先進行一些初級的心理工作，以便進入更高階的修行。我個人的深切體會是，必須與激發我們行爲的情緒建立一種整體的關係。

泰芮的死，讓我產生了運用五位空行母壇城作爲模型的想法，將情緒轉化爲智慧，並將禪修、情緒管理和藝術整合到後來的空行母閉關。

空行母閉關聚焦在直接感受五種情緒個別所帶來的困惑，其背後所隱含的能量，進而使我們有機會體驗到五種智慧。

閉關期間，我們有好幾天是在一一處理這五種情緒，深入個人與每一種窒礙習氣的關係。例如，我們會花兩天的時間在憤怒上，回顧過去自己與家庭和憤怒相關的記憶。然後我們會製作一件藝術品，例如反映情緒的面具，並透過與藝術品的互動和對話來進行情緒的轉化。這些閉關活動充滿著轉化力，既強烈且大力，能幫助參與者走入他們的內心世界。整個過程以傳統的修行方法爲根基並加以改造。如此的閉關彷彿在回應泰芮的請求。

首度進行空行母閉關的第一年，也就是一九八七年至一九八八年，我有個願景，想創建一個全球性的空行母壇城網絡，使得各地的空行母壇城都能彼此連結。

一九八九年，當我在法訊中寫下這份願景之後，我收到了來自哈佛大學西藏研究學者米蘭達．蕭博士的來信，她告訴我，《勝樂金剛根本續》中經常提及空行母之網，這部著作可能是現存最古老的續典。此外，《喜金剛續》也談到了空行母之網，一個將所有空行母壇城連接起來的網絡。宗喀巴大師闡述了與這兩部續典有關的空行母之網，認爲空行母之網是將所有進行空行母修持之處連結起來而產生的。

因此，從峇厘島到西藏，世界各地都建立了閉關壇城。在加州奧海鎮空行母閉關的圓滿法會上，天空中出現一個空行母狀的巨大雲朵，久久不散。對我而言，將所有閉關元素整合在一起，以及爲創建空行母壇城的環球之旅，就像爲我織起絲絲縷縷的療癒線團。

由於融合強大暗黑女神而生起此一忿怒空行母壇城的這個事實，爲我的心靈帶來了更大的完整性。我必須透過放棄對父權形式和男性神祇的依賴來修復自己，並且在基本的女性存在基礎上找到眞正的歸屬。過去的我，因爲失去女性的本能知識而受苦。閉關期間所做的主控退行與檢視探究[9]，爲我帶來極大的療癒。當我的心大多是與男性導師、男性伴侶、個人陽剛特質（阿尼姆斯）建立連結時，我感受到自己力量的削弱。我必須回到那暗黑、難容、兇猛的女性特質裡，重建並轉化自己的內在過程，並與全方位的本能模式重新連結。佩雷拉寫道：

---

9 【譯註】「退行」爲榮格心理動力學中的重要概念，爲「前行」的對立面。榮格認爲，個體的心理能量有前行和退行兩種流動方向。前行是指有意識地適應外部世界，亦即努力與環境的要求保持一致；退行則是個體以滿足內在需求爲主，進一步幫助激發因前行過多而被排斥的潛意識能量，從而產生新的機能來適應現實環境。

伊南娜女神與現代女性正是必須臣服於這種下沉，來到最深層、才剛發展的地方。在那裡，醜陋與美麗這兩個極端在一個矛盾、看似毫無意義的地方共舞、共融。就連美麗的皇后也變成一團腐肉。……但這是一個神聖的過程，即使腐爛也是，因為它代表向暗黑女神埃列什基伽勒臣服，以及臣服於她所象徵的破壞性變革之謎。[10]

一九八九年出現在奧海空行母閉關中心，
法會圓滿日當天的空行母狀雲朵。

這名舞者戴著其中一個佛部的面具，背後的天空
有空行母狀的雲朵。一九八九年攝於奧海空行母中心。

10 席薇亞・佩雷拉《下沉而至女神》，第五十八頁。

我對壇城精神與朝聖的努力，在一九八八年前往岡仁波齊峰[11]朝聖時達到了高峰。自一九七六年以來，我一直將金剛瑜伽母或獅面空行母作爲空行母修持的本尊，但這個時候，空行母與我的距離甚至更近了。

在首度空行母閉關後不久，我做了爲期五天的齋戒，即將圓滿時，我在佛堂裡打坐——這間佛堂是我們住在紐約州奈雅附近的瓦雷克提居時，由農舍改建而成的房子裡的一個小房間。裡面有一片大窗戶，往外看是湖泊，而我的四周擺放了我從世界各地女神廟堂收集回來的聖物和石頭。當時我和與我們同住的「斯帕基·燦爛流星」，也就是我的切羅基原住民朋友兼學生、老師，一起在修持獅面空行母。

我教她佛法，她教我拉科塔和切羅基的傳統。我的右手拿著空行母的水晶鉞刀，這把刀幾個月前神奇地來到我手上。

這是一把水晶的金剛鉞刀（藏音：哲固），金剛鉞刀是空行母手執的鉤刀，象徵斷滅對主體、客體之分的繫縛。我手上這把水晶鉞刀，手柄外觀狀如西藏與印度最神聖的山，岡仁波齊峰。

當時我非常專注於修持，咒語在我心間繞轉，在觀想中，一個管狀廊道出現在我眼前，管道盡頭出現一群空行母。

她們說：「妳必須藉由這把刀來與我們連結，明白我們與妳同在。妳將前往岡仁波齊峰，這把水晶鉞刀是妳的門票。」

11 岡仁波齊峰（岡底斯山脈的主峰）位於外喜馬拉雅山脈，被印度教徒和佛教徒一致尊爲所有聖地之最。「無論岡仁波齊峰被喻爲『眾神寶座』、『濕婆和帕爾瓦蒂的居所』，還是『五方諸佛菩薩的壇城』，或是世間精神與萬法中心的『須彌山』，這些不同信仰間的象徵文字，實際上都在說明這座山代表更高眞理的意義，而此眞理是以奇特的自然現象與精神現象融合來表現，使得那些即使沒有受到宗教信仰影響的人也多少得以觸及。岡仁波齊峰就像一座矗立在規則水平壁架上，完美對稱的巨大神廟，乃『世界屋脊』的中心，最大廟堂之心臟，宇宙力量之所在，連接地球與宇宙的軸線，以及地球精神能量流入和流出的超級天線。」（取自安納加利卡·戈文達喇嘛〈喜馬拉雅山聖地與寺院〉一文，刊登於《水晶鏡》第四期，第二百四十五至二百四十六頁。）

水晶空行母鉞刀，此刀柄外型有如岡仁波齊峰（見上圖）。

隨後她們消失在隧道盡頭，隧道接著融入虛空。我的注意力回到我的禪修室，繼續在心間繞轉著咒語。我持續修持，右手拿著刀。

修持結束後，我轉向斯帕基說：「我不太清楚原因，但我即將前往西藏的岡仁波齊峰一趟。」

幾個月後，我聽說那年夏天，南開諾布仁波切要去岡仁波齊峰轉山。有幾位英國的朋友正在籌劃那趟旅行，好讓其他人也可跟隨仁波切一起轉山。自從我在一九六九年，於戈文達喇嘛所寫的《白雲行》中讀到有關岡仁波齊峰的內容後，就一直很想參訪該處。

須彌山或岡仁波齊峰的頂上，聳立著無上超然的無形廟堂，對信徒而言，它以象徵無上實相的形式而顯現。……對佛教徒而言，它代表五方佛與菩薩的巨大壇城，正如著名的《勝樂金剛續》中所說的：此乃「勝樂壇城」。[12]

岡仁波齊峰是佛教徒、苯教徒、印度教徒和耆那教徒所認為的主要朝聖地點，它被視為象徵無形世界中心的聖山，幾千年來一直是朝聖的重點。不論從什麼方向接近它，都是一趟艱鉅之旅，途中的障礙則被認為是通往覺醒之旅的隱喻——並以外、內、密三種層次顯現。在佛教宇宙觀中，岡仁波齊峰是位於世界中心的須彌山，周圍環繞著各個大陸、太陽和月亮。

在佛教傳來以前，西藏信奉的宗教是苯教，對於其追隨者來說，岡仁波齊峰是他們古都象雄的精神中心。岡仁波齊峰雖然不是喜馬拉雅山脈中最高的一座，但海拔兩萬兩千零二十七英呎的岡仁波齊峰仍被稱為「岡．仁波切」（珍貴的雪山），從周圍的群山中高聳而出。

岡仁波齊峰是亞洲四大河流的發源地：布拉馬普特拉河，其源頭在岡仁波齊峰的東面，藏人稱其為「從馬口流出的馬泉河」；匯入恆河的格爾納利河，從南面而出，稱「孔雀口流出的孔雀河」；西面的薩特萊傑河，藏人稱其為「象口流出的象泉河」；從北面而出的印度河，藏語是「從獅子口流出的獅泉河」。

轉山，被視為是繞行五佛部壇城的旅程。山的每一面都有象徵佛部的不同顏色與功德。

轉山路程總長五十一公里，即使一生只走一次，也是一場重要的淨化之旅。有些藏人一次又一次地轉山，有些虔誠的朝聖者會全程以大禮拜的方式轉山多趟，並常年以岡仁波齊峰為家。

岡仁波齊峰是勝義的外在壇城，是壇城物質形態的壯麗化現。由於過去我一直很努力在修持壇城本質，因此對我而言，前往岡仁波齊峰朝聖就像是空行母帶來的成果和禮物。外在的朝聖則顯示著我過去一直以來的內在徹底轉化。

閱讀瑞士心理學家卡爾·榮格的自傳《回憶·夢·省思》後，我對他在書中所描寫的曼陀羅與繞行的關係，感到驚訝：

12 安納加利卡·戈文達喇嘛《白雲行》，第一九八至一九九頁。倫敦，哈金森出版社，一九六六。

然而，在我開始畫曼陀羅後，我發現所有一切，我走過的每條路、踏過的每一步，都回到一個點——也就是中心點。我越來越明白曼陀羅就是中心，它是所有道路的闡述者，是通往中心的道路。……沒有線性發展；只有繞著曼陀羅不停迴轉。[13]

尤其是他所指出沒有線性發展的這點，特別讓我感到詫異。自從在夏威夷聖洞領受灌頂以來，我所遵循的這條線就是不合乎邏輯的。反而有如某個強大的東西在我體內凝聚，就好像那些聚集在一根細線上的晶狀糖果棒，慢慢在細線周圍形成一個大型結構。

正如黑麋鹿（這位原住民）所說的：

我看見自己在世界中心的山岳上、最高處，因為我以神聖的角度看世界，我有一個異象……中央山岳是無處不在的。[14]

一九八八年夏天，我跟著南開諾布仁波切等六十人一起前往岡仁波齊峰朝聖。我們從岡仁波齊峰東邊的小村塔欽開始轉山之旅，時間有點遲了，當我們經過作爲淨化路線入口的雙腿佛塔時，已經是傍晚時分。雙腿佛塔位於聖山的西面，此面與象徵火大元素的紅色蓮花部有關。這裡有許多紅色的奇岩怪石，其中有個佛塔形狀的岩石，是白度母的象徵。

我們從蓮花部這面開始沿著聖山的每一面繞行，蓮花部這面的山壁上佈滿令人讚嘆的紅岩雕刻，而這也是一切關係課題出現之處。接著來到岡仁波齊的北面，它與綠色的事業部有關，代表嫉妒與衝動行爲的轉化，海拔六千英呎的垂直山壁形成轉山路線中最吃力的一面。

再往上走是金剛瑜伽母的天葬台，朝聖者若在轉山時往生，屍體會被送往這裡的「天葬台」供禿鷹食用。我在此處留下一縷頭髮，象徵轉山所經歷的一次死亡與蛻變重生。完整的轉山路線會經過每個佛部，前後需要三天的時間，每一步都充滿了挑戰和極大的加持。正如我在歐洲朝聖時那樣，這場外在聖地的朝聖之旅也大大增強了我的內在歷程。對我而言，岡仁波齊峰之旅象徵壇城修持的封印。

朝聖回來後不久，我就遇到了大衛．裴帝。我們在一個斯帕基所帶領的「汗舍儀式」裡認識。大衛負責幫她看管火坑，將滾燙的岩石帶進汗舍。我們從相遇的那一刻起就認定彼此，並從那時開始一直在一起。一路走來，他向來是我的朋友、保護者、睿智的顧問、治療師和密宗的法侶。他是個堅強的人，從來不會因爲我的力量而受到威脅。他幫助我養育我的孩子，並在度母壇城的創立中發揮了重要作用。

戀愛關係是我們人類最艱難費力、最扣人心弦的經歷之一。其重點不在於要求完美無缺或擁有完美的關係，而是在於如何將修持應用於在關係上。你不可能從完美的修持開始，你不可能從完美的關係開始。過程即是結果。

爲了慶賀這段甚深之道的關係，大衛和我在一九九八年五月於度母壇城結爲連理。

---

13 卡爾．榮格自傳《回憶．夢．省思》，紐約，優良叢書出版社，一九八九。

14 摘錄自彼得．戈爾德《那瓦霍印地安民族與藏人的神聖智慧：靈魂之環》，第一百三十二頁。佛蒙特州羅徹斯特，內在傳統國際出版社，一九九四。

一九九〇年，和大衛相遇不久後，我們在壇城上的努力，具體呈現爲一座在紐約州家中的佛塔，一個包含了外、內、密的壇城。

尼泊爾的索揚布佛塔如此深深地影響了我的尋道之旅，我認爲將這個聖殿帶回我的家鄉十分重要。據說佛塔能促進和諧、富足、長壽、健康、和平並遠離無明，更能制伏恐懼、腐敗和染汙，爲佛塔的周圍環境，以及參訪、禮敬佛塔的人帶來加持與福祐。佛塔象徵一座三維時空的壇城。

佛塔也象徵著五大元素以及其與證悟心意的關係。塔基象徵地大元素與平等；覆缽式的穹頂象徵水大與永不壞滅；尖塔象徵火大與悲心；尖塔上端象徵風大與成就一切的事業；最頂端的瑪尼寶，則象徵空大和周遍一切的覺知。

每一階段的建造都必須搭配法會儀式，才能眞正創造出能爲周遍有情眾生帶來加持與利益的一座活佛塔。佛塔內還必須用特定地點的聖土與聖水，以及代表已獲正覺之身與心的物質進行裝藏。

我們在瓦雷克提居的家裡所建造的佛塔，外觀象徵一尊頭戴頂冠的度母，以禪定姿坐在獅子寶座上。這座二十英呎高的佛塔，是我們生活中的壇城之具體表現。

一九九一年，我帶領一群人到西藏中部具有女性力量的聖地朝聖。身爲一位致力於藏傳佛法修行二十多年以及曾經出家爲尼的人，我很高興能夠造訪過去只能透過書本遙望的地方。

朝聖的生活對藏傳佛教徒是非常普遍的事。他們帶著一枝手杖、一頂帳篷，以及法本、手鼓和金剛鈴等少許宗教物品，一出門就是好幾年，停留在不同地方禪修數天、數月，甚至數年，然後再上路。

就像瑪爾巴對密勒日巴所做的，上師經常會派送弟子進行長達一生的朝聖之旅。

大成就者聶拉白瑪鄧燈就曾經對阿育康卓和她的朋友白瑪央吉這樣做，他是這麼說的：

要到屍陀林、聖地裡修行。遵循瑪吉拉準的方法，克服希望和恐懼。若能如此，將可獲得穩定的了悟。……接著他給我們一人一個修持斷法的鞀鼓，並給我們進一步的忠告和鼓勵之後，我們認為沒有什麼理由再拖延，於是就像兩個女乞丐般出發了。身上唯一的財產就是我們的鞀鼓和一根木杖。

由於我們一行人之中有許多都是斷法的修行者，對我們而言，最重要的朝聖地就是斷法創始人瑪吉拉準的禪修洞，此洞窟位於桑日・卡瑪（藏文的意思是「銅山上的紅色碉樓」。）瑪吉在生子後再次出家，三十七歲那年在此定居。要前往桑日・卡瑪，就必須橫越有「大淨化者」之稱的藏布河。由於日前下了幾場豪雨，我們抵達的前一天，渡輪已經停駛了。渾濁的江水，濤浪怒吼地穿過狹窄的河道。

當地人指著一艘後方裝有馬達而看來有如大型沙丁魚罐頭的小船，說是唯一的通行方式，但是沒有桑日縣辦的許可，就不能通行。這時，有些人開始讓彼此心煩，有些人按捺不住開始互相發脾氣，有些人則在哭泣。

我們的導遊辛格和提炯達，決定乘坐沙丁魚罐頭船前往桑日縣的政府辦公室詢問看看。在他們走後，我在蒼蠅紛飛的悶熱巴士上帶領大家進行一次禪坐，並告訴大家我們必須讓事情明朗，集中意念，否則我們會遭遇很多障礙。先前在前往岡仁波齊峰的路上，這條河也發生了同樣的事情。當時我們一行人並沒有凝聚起來，只好繞一大圈，最後幾乎沒有時間待在岡仁波齊峰。

我們的導遊回來後說，如果我們要過河的話，必須簽署一份文件，免除當地政府對我們溺水的任何責任。一年前，有三十二個人在河中溺水身亡。

辛格說，他很害怕坐漏水的船過河，無論如何都不會再過去。在討論後，我們決定先紮營，等待隔天視河流的狀況再說。我們在附近的絨鄉紮營，絨鄉是一個位於藏布河與雅魯河匯流處的秀麗小村落，村子裡充滿花繁葉茂的灌木林和被江水磨平的圓扁石。桑日．卡瑪就位於我們前方河流的對岸。

我走到前方滾滾江水匯流的地方。在路上，我發現了兩塊石頭，每塊都雕刻了卡章嘎（梵文：khatvanga，三叉天杖）。卡章嘎是本尊所持的天杖，象徵秘密的明妃。對女性而言，則象徵秘密的男性法侶、善巧方便與大樂。

當我坐下來禪修時，觀想瑪吉拉準以舞姿的紅色骷髏形象出現在我面前的天空，身體四周環繞著紅色能量的絲幔。她說：「那種與外在法侶結合所產生的體驗，其實不須仰賴外在法侶，便能從妳內在汲取。大樂的潛藏力，向來都在妳之內。」

在她傳授我這個教導時，我感受到無法形容的樂與空，超越我所體驗過的一切。

最後她說：「死亡和貪欲是雙運的。在死亡中我們見到了完整。死亡和貪欲是一體的，這是我會以紅色骷髏相現身的意義。」

當我踩著岸邊瑰麗的扁石慢慢走回時，心裡想著她的教誨，抬頭發現每個人都在看著天空：太陽的周圍出現兩道碩大朦朧的七彩虹環。

隔天是藏曆的空行母日。我們回到渡船口，發現經過這一夜，河水漲得甚至更高了，現在即使我們簽了縣辦的免責書，也要等更上級的政府允許才能過河。

我們坐在岸邊，很多團員開始用自己的方法預測是否可以過去。有些人則決定放棄。其中有個堅稱瑪吉拉準曾經向她現身的人，鬧著玩地說：「走啦！生命當中眞正值得的事，多數都伴隨著風險或危險。」

在這場朝聖之旅中，這是一段非常有意思的時刻，因爲斷法的修持完全與執著、希望與恐懼的心魔有關。我們在這條河邊，在靠近瑪吉拉準的地方，因而充滿希望，但湍急的河水告訴我們，如果我們試圖過河，就眞的有可能死亡。

我決定完全放鬆，讓瑪吉拉準幫助我們，如果我們應該留在營地，那也沒關係。在這之間，我看見信心是放鬆的一種表現，結果發現這是此趟朝聖中對我來說最有力的領悟之一。信心就是一步一腳印，放鬆，信任。也是每時每刻對智慧尊敞開心扉。我透過朝聖之旅看見，道就是果，朝聖過程中的挑戰就是法教，本就不該輕而易舉。那些挑戰考驗並且磨練內在的開展。那些現起的障礙，象徵我們爲了與智慧本性結合所需面臨的內在障礙。

當我們坐在奔馳江水的河畔時，有兩個頭戴中式帽、滿口黃牙的當地人開始談論起另一個可以渡河的地方。前一天，我們被告知沒有其他地方可以過河，但這兩人說，在河的上游一小時車程處，還有一個渡口。這聽起來很有希望，但我們還是得想辦法解決渡河後，如何前往桑日．卡瑪的交通問題。就在這時，一輛卡車來到河的對岸，載滿了想要渡河的藏人。我們的導遊呼叫對岸的司機，請他在上游另一個渡船口等我們。他同意了。如果那時候卡車沒有來到對岸，我們大概就會放棄了。

於是我們開車沿河而上，嘴裡唱誦著斷法中的瑪吉拉準祈請文。當我們抵達那裡，發現河面寬敞、平靜，於是爬上小船，輕而易舉地渡過了河。卡車帶著我們轟隆隆地奔馳在草甸和村莊間。天氣非常暖和，風和日麗，當卡車搖搖晃晃、顛簸地在沙壟上前進時，我們必須抓住兩側的扶欄來保持平衡，非常有趣。但隨著山谷變窄，前方的路面經常從懸崖邊衝入下方的河流裡，我們的興奮轉爲恐懼。我們經過第一個渡船口，向那些決定不去的人揮手致意。接著在一個大轉彎後，我們渴望拜訪的壯麗銅色山出現在大家眼前，並以飛快的速度接近它。

我們跳下卡車，往山上前進，重建寺院的僧人邀請我們在寺院裡修持斷法。我們坐在長長的矮墊上，僧人爲我們拿出所有的坐墊。小小的內殿裡迴盪著智慧母親的曲調，而門口則被一排排的笑顏所塡滿。

隨後我們來到寺院下層，進入瑪吉拉準的禪修洞穴，從洞穴中可以俯瞰河流。洞內有一尊新的瑪吉拉準塑像，角落有一個小裂縫，僧人說這個裂縫可以通往一百零八座天葬台。接著，他拿起一個足型石頭，說那是瑪吉拉準的聖足，並放在我們的頭頂、喉間、心間和任何我們感到疼痛的地方。當我們在洞裡修持斷法時，我們多數人都強烈感應到瑪吉拉準，她以不同的方式教導每個人。在桑日，她的存在是眞確實際的。

第二天我們返回拉薩，在雨中前往另一個方向的直貢峽谷。當我們進入雪絨河的峽谷時，游牧民族的小孩光著身子，在帳篷旁的水塘玩耍，帳篷周圍以野薔薇枝條築起柵欄，成片的紫色魯冰花，點綴著粉、黃、白三色的野花，兩側的麥田則被滔滔的黃褐色雪絨河切割開來。在驅車前進的路上，我正在閱讀凱斯道曼所寫的《西藏中部勝境》，書中對「直貢天葬場」是這樣描述的：

> 在過去，甚至如今也還是這樣，人們不遠千里從工布和那曲將屍體運過來。……這裡是全西藏眾所皆知的天葬台，其重要性等同印度菩提迦耶附近著名的「清涼寒林」。傳說有一道彩虹將兩處連接起來。[15]

讀到這段文字，我認爲我們必須到那裡修持斷法，因爲這個法通常是在墳場裡修的。於是，當車子來到德仲村岔路口時，我指引司機繼續前行幾英哩來到直貢梯寺，天葬場就位於寺院外環道路的半路上。抵達寺院後，我們抬頭仰望眼前這座從最初創建者閉關房所衍生出來的巍峨寺院，現在是噶舉派一個主要傳承的祖庭。要爬上位於懸崖邊緣高處的寺院，對我們而言似乎有點不可能，由於那天我們已經來到海拔相當高的高度，有些人決定不去。上山的速度極爲緩慢。山頂上矗立著壯麗的直貢梯寺，它經歷過兩次重建，以九十英呎高的地基將其支撐在山腰上。到了寺院，一位僧人出來迎接我們，並主動提議要帶我們去天葬台。

---

15 凱斯道曼《西藏中部勝境》。倫敦，羅德里奇出版社，一九八八。

我們吃力地走完寺院山邊的最後一段陡坡，映入我們眼簾的是一個鋪滿小石塊的圓圈。一旁是一座小樓，裡面掛有在《西藏度亡經》中所提到的文武百尊唐卡，另一側是一座佛塔，裡頭供奉著有創建者足印的岩石。野狗和小鳥在泥濘的岩石表面啄食，尋找上次天葬所遺留下來的殘餚。我們的僧人嚮導告訴我們，禿鷹是空行母，凡是從象徵金剛瑜伽母壇城的岩石圈掉落下來的東西，禿鷹都不會碰觸。我們圍著岩石坐成一圈，修持斷法，巨大的禿鷹在我們頭頂盤旋。

當我們回到寺院時，峽谷裡出現一道彩虹。我們在黑暗神秘的寺院裡，參觀了一尊巨大的半忿怒相蓮花生大士和其他幾尊大型塑像後，便走回山下的巴士。下山時，我的頭開始疼痛。我又吃了一顆丹木斯來治療高山反應並喝了很多水，但是當我們往更高海拔前行，到了海拔一萬七千英呎的松多德仲時，我的頭痛變得更嚴重了。

德仲是中藏最美麗、最殊勝的地方之一，擁有高聳的石灰岩和片岩山脈、具有療效的溫泉、禪修岩洞、歷史古蹟，以及延續直貢傳統的瑜伽女和瑜伽士在此獨自閉關所散發的力量。溫泉附近有個相當大的尼院，是益喜措嘉和阿薩雷・薩勒修行的地方，也是蓮花生大士和益喜措嘉被君王從桑耶流放後，所來到的地方。遠在我們所能攀登的地方之外，有個巨大岩洞，名為「空行母集會殿」，裡面有兩處屬於女性與益喜措嘉的秘密岩洞，益喜措嘉在該處埋藏了一些伏藏法。

回程的路上，河水因為下雨而高漲，有時淹沒了道路，使我們的車子不得不涉水前行。同時，我們對眼前氣勢磅礡的峽谷美景感到讚嘆與驚心。犛牛和馬兒在紅色岩石和滴水洞穴間低頭吃著青草。夜幕來臨時，我們盡可能地驅車前行，司機將巴士停在一處野花盛開的青青草場中。我躺在巴士前排，那裡有一張供司機使用的窄床。

我的頭因爲太痛而無法移動，急性高山症發作使我陷入輕度昏迷的狀態。我能聽到大家的說話聲，卻無法回應或移動。當我的身體躺在那裡，變得越來越冷時，我的神識回到了天葬台，並看見自己正躺在岩石上被禿鷹啄食。上方出現一個巨大的管道連接天空，禿鷹從管道飛下來。天葬台下，正如當天下午那位僧人所描述的那樣，擺放著許多酥油燈和食子供品。禿鷹引領我穿越管道，進入天空，到達正在等候的空行母。她們有許多美麗柔和的顏色，以波浪般的舞蹈搖曳著，形成螺旋狀的顏色。接著，她們將我帶到她們的土地上，土地並不堅實，而是充滿了光。我覺得自己終於找到我一輩子都在尋找的地方。空行母要我和她們待在那裡。

此時，我的同伴發現我的身體變得越來越冷。凱拉、蕾拉和謝饒圍在我身邊，試圖把我拉回來，但不管怎麼做都沒有用，直到凱拉嚇得渾身發抖，彎下腰來在我的脈輪上用力吹氣。出於某種原因，這讓我回到人間。最後我甦醒過來，並意識到如果我就這樣走了，對我的孩子將是一場災難，並且我這一生還有許多工作要做。但與此同時，想起我曾到過的仙境之美，內心不禁感到悲傷無比，淚水從我眼眶流淌，匯成沉厚寂靜的河流。當晚的雨下個不停，我睡得很淺，心神流連於天地兩界之間。

第二天我醒來時，感覺自己跟過去非常不一樣。我不再害怕死亡，我對自己的生命有了全新的清晰感。從那時起，這個經歷就深深影響我的生活。認識這兩個世界，讓我可更輕易待在這兒。

生日那天，我沿著由我朝聖故事所交織的螺旋石陣移動，尋覓被忽視的陰性本質以及來自陰性本質的支持。當《女性智者的悟道之旅》在一九八四年首次出版時，正好呼應了世界上其他地方同時發生的大浪潮，這個浪潮承載著女性作爲人類生活中自由、具義和重要組成部分的回歸。

過去幾世紀以來，我們女性從未完整地將陰性本質好好展現出來，我們並不曉得，生活在一個女性聲音不受壓抑，女性身體不受扭曲、控制或販賣，且男女心靈都平衡的社會，是什麼樣的感覺。人類的過去，有如使用半邊萎縮的身體在生活一樣。

女性意識的回歸，可能是千禧年以來最重要的發展。儘管爲了啟動這個進展已經採取一些步驟，但若認爲如此的重新融入無論如何都很完整，就太天眞了。只消看看婦女遭受玷汙和暴力傷害的統計數據，或者看看阿拉伯國家婦女的處境，在那裡毫無消毒程序就例行性地進行女陰殘割，就會發現實際上的進展十分有限。又或者看看阿富汗女性所遭受的殘暴壓迫，就會發現療癒女性創傷的過程才剛剛起步。

我很感興趣的是，在瑪麗．馮．法蘭茲的作品中，發現她對於女性在平衡世界分裂的必要性上表達了認同。她是榮格的同事，也是一個洞察力極強的人。

然而，在榮格看來，現今在集體無意識中存在著一個明顯的傾向，就是將善惡理解成兩極，這在人類心理相對性中已經分裂得太遠，並且再次將它們與不可或缺的上帝形象整合起來。但是很明顯地，這樣的整合只能透過一個中介來完成。根據榮格的說法，這個中介就是時至今日仍被忽視的陰性本質。榮格嚴厲批評以舊約為主的宗教，以及當前的新教，認為它們純粹是男性的宗教。從夏娃造成人類墮落的這個要角開始，就不斷出現將女人與邪惡連結在一起的傾向。女性不允許成為先知或神職人員。即使在現今的猶太教堂，女性還是不能跟拉比握手，並且只能在格柵屏風後面參與祭儀。[16]

很顯然地，佛教也有類似的問題。在我成爲於佛法方面爲女性發聲的角色後，我試圖去理解在西藏，介於空行母、度母等神聖女性的文化理想，以及女性在社會情境中所遭受的性別歧視之間，有一個分裂。女性在藏語中爲「揭們」，意思是「出身較低下」。我發現在西藏文化裡有一種根深柢固的文化分裂：一方面在修行傳統中有著對女性的理想化，同時另一方面又將女性視爲二等公民般來對待。

我相信這可能是因爲西藏承襲了大量的印度和鄔金國的文化傳統。古代的鄔金國，據信位於中亞，相傳在現今巴基斯坦北部的斯瓦特山谷，存在著強烈的女性能量，因而有「空行母刹土」的別稱。古時候，有許多鄔金國的導師前往西藏弘法，也有許多藏地導師到訪鄔金國，且通常和女性大師學習，這些都被記錄在他們的傳記中。由於西藏是個比較偏重父權的國家，因此外來的宗教文化很尊崇女性價值，但社會的氛圍卻沒有那麼地尊崇。於是才有了這種分裂的現象。

在西方，許多女性不會接受一種不賦權給女性的宗教，因此才會有這麼多西方女性對空行母的故事產生廣大迴響。空行母作爲不受馴服的中介女性智慧尊，經常扮演著修行發展的推手，也是秘密法教的持有者。西元八世紀至十二世紀的鄔金國與印度，有許多這樣的故事產生。

16 瑪麗——路薏絲·馮·法蘭茲《心靈原型》，第十三頁。波士頓，香巴拉出版社，一九九九。

在《無上之源：大圓滿心部根本續》中，描述到大圓滿上師師利星哈是將大圓滿法教帶入西藏的最重要人物。他從鄔金國前往西藏，爲的是尋找一位他曾見過以女身示現的導師。在這段神話般的探尋過程中，他看見一位老婦人坐在泉水塘旁，於是上前問她一個問題。她並沒有回答，準備起身離去。師利星哈施展神通，讓她無法提起水罐，藉此不讓她離開。接著老婦人撕開她的胸膛，於心間展示了真實義忿怒尊法脈的九尊壇城，最後引領他去見自己的上師妙吉祥友。

米蘭達．蕭博士於一九九四年，出版了她的第一本書《激情證悟》，其中討論到西元八世紀至十二世紀女性對印度佛教密宗的影響。

她的書以學術論證的方式，爲佛教密宗深受印度佛教女性上師的影響與啟發提供了證明。這份影響來自夏克提派崇拜女神的思想，並在八世紀到十二世紀間進入印度佛教。這是佛教第一次深受女性影響。這段期間出現的瑜伽女，是後來許多建立西藏佛教傳承的「首創者之母」，也就是那些傳承創始者的上師。

在一些早期密教的女性傳記中，還有一個在佛教裡較不常見的母題，也就是不受馴化的女性，她們在性與情感上不屬於任何人，並透過不尋常、非常規的行爲來激起甚深的智慧洞見。佛教遺產中這些狂野不羈女性的傳記，爲西方的女性和男性提供了新的啟發。

透過《激情證悟》，我發現自己在修行和教學方面的演變，與早期密教女性集體修行的方式有許多相似之處。她們在大自然中圍坐成圈地修持，創作藝術、音樂、舞蹈、詩句，並像我們一樣在薈供中朗誦那些詩句。

雖然原先我並不知道早期的瑜伽女是以這種方式修行，但我總覺得在過去某個時期，相較於西藏體制內的寺院，修行是在一種更自由、更接近大自然、更賦予女性權力的環境下進行的。

在《激情證悟》中，我最喜歡一段有關藏地朝聖者果倉巴．工布多傑的描述，這個故事在《青史：西藏雪域佛法如何出現和傳播的故事》和朱塞佩．圖齊的《藏傳聖地：斯瓦特山谷遊記》中都有寫到。

他到北印度山腳下的一座女神廟（可能是賈瓦拉．穆基）朝聖時，偶然發現一個瑜伽女的集會。他在傍晚時分，看見許多女子帶著鮮花進入寺廟庭院，準備舉行薈供。

夜間祭儀的準備、她們的頂冠、華麗珠寶和七彩衣裳，這些線索告訴他這些女子是瑜伽女。他明知擅自闖入集會，必定激怒她們而帶來危險，但不想放過這千載難逢好機會的決心，讓他壯大膽子，硬闖而入，還躲過女守衛的一拳，來到眾人面前。主持祭儀的瑜伽女允他加入。他和女子們一起歌舞，共享薈供盛筵，並將這事記錄在他的遊記中，作為尋道過程中的巔峰。[17]

有關早期佛教密宗女性力量與奧妙之處的描述，可見於一群瑜伽女聚集在印度西北方，聆聽女性上師拉倩噶拉的弟子，薩哈傑瑜伽女．辛妲的深奧開示：

17 米蘭達．蕭《激情證悟》，第八十二頁。普林斯頓，普林斯頓大學出版社，一九九五。

在鄔金國的無上金剛處，當洋溢自生智慧光的吉祥瑜伽女聚集時，她進入「三有金剛喻定」，並立刻充滿忿怒實相力，此力乃經由證悟究竟實相所生，不具任何錯謬。對實相的證悟經由肢體表現出來，從她如蓮花般盛開的臉龐，毫無猶豫地湧現出充滿大樂光彩的蜜泉。[18]

嫘姬·旺姆空行母（事業自在空行母）

這位女子，爲蓮花生大士傳授摩訶瑜伽法門，她將「所取伏藏成就法」封印，並託付給許多偉大的大圓滿祖師，如無垢友尊者、吽迦囉尊者、龍樹菩薩、容布咕嘿雅尊者、寂藏尊者和蓮花生大士。仁欽喇嘛說，與其說嫘姬·旺姆空行母是一位名師，不如說她是隱密的行者，她住在東印度的一個岩洞裡，外相是一位比丘尼，但也教授金剛乘教法。蓮花生大士了知她是金剛亥母的化身，於是前去向她求法。

位於印度西北方庫魯谷的一處洞窟，裡面住了一些藏傳佛教的瑜伽女尼。
準千日瑪、瑪吉昂覺與阿育康卓很可能也是住在西藏這類的洞窟裡。
（布萊恩·貝里斯福德攝影）

途中，他遇到幫空行母挑水的女侍者，讓她轉達拜見嫘姬．旺姆的請求。女侍者生氣了，以為他是來勾引上師的，提著水準備返回山洞，但蓮花生大士結定身印，讓她動彈不得，遂只好同意傳達訊息。

蓮師被帶到嫘姬．旺姆空行母的面前，便向空行母請求灌頂，於是她將一根手指頭指著蓮花生大士，瞬間將他變為一個「吽」種子字而吞入腹內，並從她的海底輪射出。由於她體內有著身、語、意的壇城，因此蓮花生大士等同接受了所有的灌頂。

大圓滿法門心部傳承在鄔金國，於無垢友之前共有二十位法教持有者，其中有六名是女性。三位是公主，分別是跋陀羅尼、貢瑪德威、諾金摩．蔣秋瑪。兩位是娼妓：梅松瑪．帕拉尼，以及梅松瑪．達尼瑪。一位是尼師，比丘尼昆莫，她也是娼妓的女兒。

仁千彭措喇嘛這位現代的寧瑪派上師告訴我，早期有許多的女性上師都是娼妓，但她們很可能不是藏語中通常所指的那種「以賣淫維生」的妓女，而是將自身智慧傳授給客人的聖妓。例如在鄔金國就有一位著名的上師，人稱「聖妓王母」。她從深諳大圓滿心部與摩訶瑜伽之大成就者貢瑪德威公主處領受法教，並將法教傳給弟子。

仁千喇嘛說，還有一位著名的女性上師貢噶．苯，也是一位娼妓，後來出家為尼。仁千喇嘛認為：「她並非平凡女子，而是金剛亥母的化身。」這樣的說法，似乎表示證悟的女子不可能是平凡人，她必須是某個神聖的化身。貢噶．苯來自孟加拉，她對外傳授法教，並向入室弟子傳授控制呼吸和微細能量的脈、氣修持方法。

---

18 米蘭達．蕭《激情證悟》，第一百八十三頁。普林斯頓，普林斯頓大學出版社，一九九五。

在西藏，雙身法大多是象徵性的，仁千喇嘛說，如今的末法時代，不僅上師的數量不多，具格弟子也十分稀有，所以這個稱爲「方便道」（藏音：塔蘭，thabs lam）的雙身法便很少被教授。這是因爲在修持此法時，維持身心的戒律與控制都很必要，以免行者落入迷惑和凡俗的執取。

幾個世紀來，西方文化一直都將精神與物質分開，如此一來會導致修行之道與肉體脫離。金剛乘的方法教導我們，大樂和空性是我們存有的核心，身體是一座神聖的壇城。善巧地加以轉化與整合，是重新整合身體與修行的一部分。

在藏傳佛教界中，不幸地，這個偉大的傳統也會腐敗並遭受濫用。佛法教義中強調要對上師具有虔敬，這對於一個剛進入佛法的年輕人，便有可能遇到誘惑和濫用權力地位這類令人困惑的情況。當密宗進入到以男性爲主導的西藏寺院並體制化之後，偉大女性上師就如晨星那般稀少。女性上師越來越少被提及，到了十五世紀以後幾乎完全沒有。

在西藏，一些僧人被教育成視女性爲充滿貪欲和汙穢。然而度母和諸如益喜措嘉、曼達拉娃、金剛瑜伽母和獅面空行母等空行母卻又屬於修持與崇敬的對象。女人的社會地位和女性人物的宗教地位之間，有著天壤之別。

這樣的結果是，女性的自尊心變得很低。我在寫《女性智者的悟道之旅》時，曾試圖採訪蔣揚．欽哲．確吉．羅卓大師的佛母康卓．慈玲．雀諄。她完全不回答我的任何問題，一直說：「我什麼都不知道。」很顯然，事實並非如此，我得到的結論是，對她來說，這樣回答在文化習俗上是正確的。如果她「知道什麼」的話，在她的文化背景下，可能會被認爲是傲慢的。對於有同等具格的男性，我卻從來沒有接受到同樣的回答。

康卓・慈玲・雀諄，蔣揚欽哲確吉羅卓的佛母。
她住在錫金的皇家寺院，其中供奉著蔣揚欽哲確吉羅卓的舍利塔，
照片攝於一九八二年。（吉兒・普爾斯攝）

最近一次我到不丹旅行時也發現，這個與西藏有著相同宗教根源的地方，有很多寺院並不允許女性進入。在不丹和西藏，女尼所接受的教育不如僧侶，經常背誦著無止盡的法本內容，卻不了解那些修持背後所代表的哲理。她們無法領受具足戒，即使有多達五十名藏傳佛教比丘尼前往持有具足戒傳承的台灣領受具足戒，但當她們回到印度和尼泊爾的藏人聚居地時，仍然不被承認爲比丘尼。事實上，當我還是女尼的時候，噶瑪巴就曾要我去台灣領受具足戒，並鼓勵其他人也這樣做。也許等到第十七世噶瑪巴主事後，可以和達賴喇嘛一起邀請所有傳承的戒律專家共同討論，讓這個具足戒能得到認可。

就連偉大的瑪吉拉準，在度母向她宣告她是般若波羅蜜多佛母的化身前，以及在她示現自己是具有甚深了證的聰慧女子後，她都還是說：「您們對我如此仁慈，賜予我力量。我只是一名虛弱愚鈍的女子……。」

當十四歲的轉世上師南開諾布法王向一百一十四歲的阿育康卓求法時，她拒絕了。她的了證極高，一生長達五十多年的時間都在閉關，領受過密意伏藏，壽命超過一百多歲。然而，她卻說：「我只是一個普通的老太婆，怎麼可能爲你（這位名聲響亮的年輕轉世上師）傳法呢？」最終，她還是傳授法教給他，因爲在夢中，她的上師蔣揚欽哲旺波明確地指示要她這麼做。但我們從這個故事中可以得知，她的藉口在文化上是可以接受的。

密勒日巴的一首歌貼切地描述了婦女的困境。當密勒日巴靠近一位氣呼呼的老婦人，並向她乞食時，她向他拋撒爐灰，尊者便用這首歌點出她的處境，並鼓勵她修持佛法。

早晨起床，夜晚入睡，
其間家事無止盡；
妳只關心三件事，老奶奶啊，妳是個免費的佣人……
一家之主最重要，其次則要有賺頭，
再來兒侄眾圍繞。由此三事所束纏。
老奶奶啊，妳從來沒有為自己……[19]

十二世紀最有名的瑜伽女修賽傑尊・仁增・曲尼桑姆（一八五二年至一九五三年），被認證爲瑪吉拉準的轉世化身，她就曾說過希望下輩子投生爲男人。[20]

阿尼丹津・葩默是一位非常虔誠的英國女性，她成爲藏傳佛教的尼師，並在拉豪爾的一處岩洞進行長達十二年的閉關修持。她提到自己親身受到這種歧視女性的經驗：

她在自己的傳記《雪洞》中如此說道：

有一次，我請教一位高階喇嘛，問他是否認為女性也可以證悟成佛，他回答說，女性可以努力修行，直到最後一秒，就必須變成男兒身。接著我就說：「究竟為何性別對成佛如此必要？」……然後我又問：「身為女人有什麼優勢？」他說他要回去想一下。隔天，他回來，這麼說：「我想了又想，

19 張澄基《密勒日巴大師歌集》，第一百三十七至一百三十八頁，第十四篇故事，下冊。
20 傑羅姆・艾杜《瑪吉拉準與斷法的基礎》第五頁，紐約州綺色佳，雪獅出版社，一九九六。

答案是沒有。沒有任何優勢。」我認為，我們有個優勢，那就是：我們沒有男性的自負。[21]

這位喇嘛的立場絕不具有普遍性。我自己的經驗是，多年以來我所有的上師都給我極大的支持，從未感受過任何法教上的保留。然而，非常重要的是要了解其他女性，特別是西藏女性到現在都還遭受到求法的阻礙。在最近一場於紐約與西方藏傳佛教修行者的會議中，一位西藏女性提到，她必須跟她的西藏上師說：「把我觀想成西方女子，就可以教我了！」關鍵在於，所有使認眞修行者因性別而遭受限制的情況，都必須剷除。

我們非常有幸，活在一個如此轉變正迅速進行的年代。如今在西藏、印度和西方國家，都有女性上師的存在，不論是藏人或西方人，包括剛圓寂的晉美彭措堪布以及現今非常活躍的阿宗白洛仁波切。在東藏的康區，女尼與男僧平等受教或閉關的機會都邁出重要的一步，使得康巴女子紛紛蜂擁而至，尋求自由且獨立的出家生活。此外，也開始有女性格西或堪布（最高階的佛學教授）。西方女性在佛法上的角色已經相當顯著，儘管在某些地方，在佛教中追求性別平等並提高女性地位的人仍會遭受打擊，但已經有了重大的改變。正是許多關於佛教陰性本質和女性主題的書籍，促成這些改變。

丹津．葩默在《雪洞》這本書中談到，當她試圖獲得與男僧一樣的法教時所感受到的憎恨：

丹津．葩默已經碰到了修行上的潛在限制——這是所有發願修行的尼師們都會撞上的。幾個世紀以來，她們一直承受不公平的對待。當男僧在佛學院裡運動，投入深奧的哲理和精彩的辯經時，西藏的尼師們無法閱讀或書寫，被降級到小尼姑庵，只能進行簡單的法會，為村子裡的人做法事；或者更糟的，在僧院的廚房裡工作，為僧人服務。這就是為什麼沒有女性的達賴喇嘛，沒有女性傳承上師的原因。[22]

丹津．葩默終於踏出既鼓舞人心又革命性的一步，追隨白度母。她立誓要以女身證悟。

關於這一點，她說：「當然，不管男人或女人，這些都是相對的，然而此刻我們正生活在世俗的層次裡，問題在於非常缺乏女性上師，所以這個時候身為女性是很有幫助的。」[23]

自從《女性智者的悟道之旅》出版以來，我去了西藏和不丹，也多次回到本書所寫的傳承發源地尼泊爾和印度；實際置身於這些文化中，我比以往更明顯地體認整個社會以男性爲主導的氛圍。寺廟所供奉的形像以男性爲主，雖然有時會出現奇異的空行母或度母，但幾乎從未是主尊，地位也不平等。

一九九四年，我到菩提伽耶參加著名的藏曆新年祈願法會。許多高階上師圍繞著正覺塔。數十萬盞酥油燈點燃著。上師們根據地位坐在高度不同的寶座上，周圍環繞著較低階的上師和普通僧人。

21 維琪．麥肯基《雪洞：丹津葩默的悟道歷程》，第五十五頁，倫敦，布魯姆斯伯里出版社，一九九九。

22 同前，第五十四頁。

23 同前，第五十八頁。

這個壇城的中心沒有任何女人。我仔細尋找是否有她們的蹤跡，最後我發現她們在外圍戴著醫療口罩，以免吸入過多以柴油燃燒的「酥油」燈所起的煙霧。她們連續好幾天一直吸入這些有毒氣體，直到夜晚。這是眞實情況，但如果你提起這件事，就會招來白眼和受人指責，說你是在「強調二元對立的女性主義」。奇怪的是，他們並不覺得這個光景有什麼問題，也不認爲問題大到需要採取任何措施。

有時，提起佛教中有關女性的問題，會被認爲是二元論思想而被潑冷水。大家似乎沒有想到，以男性爲主導的佛教組織發展才是眞正嚴重的二元對立，而且幾千年來一直如此。爲了在佛教中找到男性和女性能量間的平衡，有必要檢視和討論女性在佛法中的角色。

此舉並非表示女性在任何方面更優越或更重要，僅是反應出她們在大部份狀況下被忽視且不被賦予權力的情形。我相信在佛教中，接受女性——讓她們發揮自己的能量和天賦——會帶來男女平衡，而非變成另一種主導或更進一步的二元論。我們或許會發現另一種具有甚深意義，能夠互相利益的夥伴關係。儘管女性在佛法中遭受抵制和論斷，不過，探索佛法中女性角色的運動日益增長，而看到佛教中出現了快樂、強大的女性，讓我深感喜悅。

我們在一九九三年創立了度母壇城，就創建一個尊重和探索佛教女性面孔的場所而言，我們朝此方向邁出了一步。該道場以學習密法與大圓滿傳承爲主，並創建一個平等重視男女的夥伴社群，同時也致力於將佛法引入家庭，以及在修持中教導並納入兒童，而這項工作對我特別具有療癒的意義，因爲我的孩子在小時候沒有這種機會。

我們在度母壇城的第一項重大計畫，緣起於一九九五年五月曼達拉娃閉關第一天的清晨。阿育康卓的上師，也就是伏藏師聶拉．白瑪．鄧燈出現在我的夢中，並要求我們在度母壇城建造一座佛塔，作爲他的傳承所依物。

這場夢境中，有個聲音重複說了三次，非常堅定地要求：「妳一定要這樣做，不要忘記！」同時我被這句話喚醒了，並告訴大家我們必須建造這座佛塔。

夢裡顯示了佛塔應該建造的位置和大小。而那個地方，我們從未想過可以建造佛塔，然而隔天當我們前往的時候，才發現在風水上那是一塊吉祥之地：它向東敞開，南面有水，北面則有山丘環繞的一小片草地作爲保護。

聶拉白瑪鄧燈（一八一六年至一八七二年）是一位大伏藏師，同時也是南開諾布仁波切傳承祖師阿宗竹巴和持明蔣秋多傑的上師。當他來到生命的盡頭，在交付弟子遺教和建言後，告訴弟子們將他的帳篷門口縫起來，七日後再回來。

第八天，當弟子們回來時，在帳篷裡只發現了毛髮、指甲和他的袍子。他成就了虹光身。當弟子們向上師祈求時，他以虹光出現在他們面前。聶拉白瑪鄧燈生前做了大量的斷食修持，他一生大部分的時間都仰賴含有礦物與花精的米飯爲食，或只依靠礦物精華維生。在他生命的最後幾年，他斷絕任何的固體食物。事實上，當南開諾布仁波切在阿育康卓一百一十三歲的時候遇到她時，她將所有白瑪鄧燈的伏藏法，包括他的長壽法都傳給了仁波切。蔣秋多傑享壽一百三十七歲，阿育康卓則活到一百一十六歲。度母壇城的佛塔於一九九九年完工，並於九月九日上午九點由南開諾布仁波切進行開光儀式。

二千年六月，我到「靈石靜心中心」參加一場西方佛教教師的會議，與會成員男女比例大約各半。毫無疑問，西方佛教與東方佛教最顯著的差異之一，就是女性的參與。當我與達賴喇嘛尊者一起坐在研討會上時，我說女性能夠與達賴喇嘛尊者共同參與研討會，顯示佛教內部正在發生深度的變化，至少在西方是如此。

那場研討會主要在探討，什麼樣的方式對於在西方宣揚佛法具有成效，我表示，起初我只希望自己的女人身分不會成爲尋道上的障礙，但現在我覺得身爲女性，在佛法修持和領導上實爲一份禮物。我還提到，之前我認爲西方的教學方法與我們所熱愛和尊重的東方傳統之間，不應該存在任何的拉鋸。但現在我覺得，若沒有這場拉鋸，就不對了。我們是橫跨在世代間的橋樑，跨越兩大洲之間。在強調將這些眞理帶到西方的善巧方法之同時，我們也務必盡最大的努力維護傳統與傳承。承認並整合深層女性能量進入西方佛法修行的結構中，正是善巧方法之一，有時也會帶來拉鋸。

那麼，當我來到螺旋石陣的盡頭，必須抽一張代表未來的牌卡，又發生了什麼呢？我從朋友凱倫·沃格爾和薇琪·諾布爾共同創作的〈和平之母塔羅牌〉中抽取一張牌。我抽到的是「星星」牌，〈和平之母塔羅牌〉牌卡說明書對這張牌的解讀是：

星星代表暴風雨後的平靜……，沉浸在地球母親神奇的礦泉中，沐浴在星光下，女祭司敞開心扉接受來自女神的療癒力量，使她的擔憂消失了……，星星意味著救贖是有可能發生的。就好像西藏的白度母……，西藏的度母祈願文據信可以賦予所有成就，消除所有恐懼……。

禮敬吾等之母度母尊：大悲心！
禮敬吾等之母度母尊：千手與千眼！
禮敬吾等之母度母尊：醫者之王母！
禮敬吾等之母度母尊：如藥般治病！
禮敬吾等之母度母尊：如地般堅固！
禮敬吾等之母度母尊：如水般清涼！
禮敬吾等之母度母尊：如火般成熟！
禮敬吾等之母度母尊：如風般傳播！
禮敬吾等之母度母尊：如空般周遍！

能夠收到與度母有關的神諭卡，讓我覺得眞的很棒！「星星」這張牌也提到住在我們附近的納瓦霍人所使用的「美麗之道」。美麗之道教你專注於你面前、身後和周遭的美。這樣的思想與大圓滿法教並無不同，大圓滿之道著重於萬物本具的圓滿。

這一場由孩子們和神諭爲我準備的螺旋生日儀式，引領我想要暫時離開組織和教學的工作，至少用一年的時間在度母壇城閉關，與壇城核心的五道光融合，運用「美麗之道」，沐浴在星光下，藉由閉關而與這片神聖土地進行深度的交流。這塊神聖土地，比我在地球上待過的任何地方都還更加讓我深受感動。能夠在這樣的地方獨自閉關修行，由孩子、丈夫和僧團朋友的愛來護持，著實是一份禮物。

我的下一步是進行內在的深度之旅，或許這也反映了女性在歷史上的關鍵時刻，且必須為了走到對的位置而進行深度之旅與紮根。在我的故事更新完結之時，這篇漫談的回溯文讓我想起了邱陽創巴在《一切成就之成就法》中所寫的一句話：「此壇城未曾經過安排，卻始終維持完整。」[24]

願一切吉祥！

慈誠・艾莉昂　二〇〇〇年七月二十五日

書於科羅拉多州帕戈薩溫泉鎮，度母壇城

更多關於度母壇城的資訊

官方網站：www.taramandala.org

電子郵件：info@taramandala.org

24 邱陽創巴仁波切《一切成就之成就法》。

度母壇城活動剪影

左起：謝饒、傑尊卡確旺姆仁波切、寇斯坦佐、阿宗白洛仁波切、大衛、慈誠艾莉昂、阿洛卡、久美次仁仁波切，二〇〇三年攝於度母壇城中心。

二〇〇三年夏天於度母壇城中心，佛塔的西面及後方的帳篷與蒙古包。

度母化身，傑尊卡確旺姆仁波切。
（卡羅・霍伊攝）

傑尊卡確旺姆仁波切正在修持斷法，
二千年於度母壇城中心。
（艾瑞克・德魯拍攝）

傑尊卡確旺姆是度母的化身，幾世以來都是阿宗白洛仁波切的姐妹。
最近一次的轉世為阿宗竹巴的女兒企美旺姆。照片中與作者合影。

第二部

導讀

翻譯說明

翻譯這些文本的主要目的，在於傳達傳記中的意義和故事節奏，而非逐字翻譯。我們首先請在尼泊爾和印度的藏人為這些文本進行初步翻譯，並且安排一位能夠釋疑的上師從旁指導。在我回到義大利後，我和南開諾布仁波切一起檢查了所有的內容，以確保沒有任何錯誤。

翻譯的過程中，藏文的音譯一直是個問題，因為單字經常不是按照其發音所寫下。因此我決定在正文中以讀音表示，並在書末的詞彙表中列出對應的正確轉寫。

所有的文本，主要都是由藏人完成翻譯，並有一位上師在場協助釐清困難的段落。若對單字或措辭的含義有疑問，我會以自己更加有限的知識提供協助。瑪吉拉準的文本，是由彭措多覺在才旺久美喇嘛的指導下由藏譯英；朗薩雯波的傳記，是由格列南嘉和菲比哈柏在格堅欽哲的指導下翻譯；準千日瑪和瑪吉昂覺的傳記，是由婷蕾確準在格堅欽哲的領導下翻譯；覺姆曼嫫的文本，是由彭措多覺在拉魯喇嘛的指導下翻譯；阿育康卓的傳記，則是由南開諾布自藏文翻譯成義大利文，再由貝瑞西蒙斯從義大利文翻譯成英文。所有的傳記，只要有機會，再由我參考書面原文予以編輯、註釋並檢查所有的譯稿。

如果沒有他人的生活故事當參考，很難想像我們的生活會變成怎麼樣。我們從嬰兒時期，就開始透過模仿來學習。孩子如果沒有他人作爲榜樣，就無法正常成長。隨著孩子的成長過程，他們也會開始向周遭的人詢問自己的成長故事。

我的孩子們對於我童年中最平凡無奇的故事，都感到無盡的樂趣。這種聽不膩的興趣，來自於人們根深柢固地需要有些參照點。他們可以從我的故事中撿拾到一些重要訊息，幫助他們了解自己的人生，並隨著年齡增長而幫助他們自己做決定。

所有的文化都有各自形式的傳記，無論是祖先英雄的故事、親戚朋友的故事，或是文化和宗教人物的正式傳記。然而，我們的文化卻很少提供女性尋道過程的人生故事：

> 女性的故事尚未被講述。沒有故事就沒有經驗的表述。沒有故事，女人在做人生重要決定的時候就會迷失方向。她無法學著去珍視自己的掙扎，學著去歌頌自己的優點，也無法學著去理解自己的痛苦。沒有故事，她就會跟那些與自己、與世界有關的更深層體驗，那些被稱作修行或宗教的體驗疏離。她會被禁錮在沉默中。[1]

藉由此書，我在回應個人需求和周遭人們所表達的需求時，試著開始透過這些女性故事來填補如此的缺口，她們不僅是尋道者，也已證得極深的領悟而能夠饒益他人。

這些故事都來自遙遠的西藏高原，是女性步上修行藏傳佛法之道的故事，而這些修行充滿了神秘與善巧的法門，與我們多數人成長環境裡的猶太教或基督教框架相去甚遠。然而，在這些故事中，還是有些基本主題完全超越文化的藩籬，其內容對西方人非常受用且具啟發性。

例如，上述女性必須面對女性在修道過程中，因文化與宗教所致的偏見。這些與我們遭遇的偏見非常類似。卡洛．克里斯特在她的書《深潛與浮出：女性作家的靈性追求》中描述了此類情況：

從「體驗空虛」開始。女性於自己的生命中，在自我憎恨、自我否定或身為受害者當中，體驗空虛；在和男人的關係裡體驗空虛；在形塑她們的人生意義裡體驗空虛。由於體驗空虛，女人拒絕傳統的解決之道並懷疑生命的意義，因此讓她們有機會重新定義具有更深邃力量與意義的源頭。體驗空虛經常是覺醒的前兆，這種覺醒類似一種蛻變的體驗，個人的力量於此當中得以開顯。女性對偉大的力量覺醒，會讓她在世界中建立新的自我意識及新的價值觀。透過對新力量的覺醒，女性得以克服自我否定、自我憎恨，並拒絕成為一名受害者。[2]

如此「靈魂的暗夜」或沉入黑暗的經歷，就是當朗薩雯波被丈夫毆打致死時所體驗到的；也是當覺姆曼嫫失去意識，進入領受灌頂的洞穴中所體驗到的；也是當準千日瑪違抗母親「女生不可以修持佛法！」的命令，並花費多年的時間閉關禪修，僅依靠水和岩石的精華維生時所體驗到的。

然而，女性不是只能依靠負面經歷來追求修行之道。還有許多紀錄顯示，即使是在那些透過男性

1 卡洛．克里斯特《深潛與浮出：女性作家的靈性追求》，第一頁。

2 同前，第十三頁。

對宇宙眞諦的理解來定位和定義的宗教中，女性也持續走在法道上，她們天生具有對修行的渴望及能力。這些女性透過閱讀男性聖者的傳記，將得來的啟發應用在自己身上，或者認同男性傳記中的女性角色，例如：基督教的聖母瑪麗，藏傳佛教的無我母和益喜措嘉，或是佛陀傳記中的摩訶波闍波提（大愛道）夫人、牧羊女蘇嘉塔以及其他幾位女性。

女性對修行的明顯愛好，也可見於基督教的傳統。在基督教的教堂中，我們往往很少看到男性實際在進行禱告，然而就是因爲這個情形太常見了，以至於大多數人幾乎都沒有察覺到，教堂都是一屋子的女性在尋求與上帝結合。例如，在義大利，通常都是女性去做禱告，然而男性則是用言語與金錢護持教堂。

儘管耆那教認爲女性的修行能力較低，且女性無法獲得解脫，因而禁止女性進入最高階層，然而耆那教卻開創了佛陀建立女尼僧團的先例，且尼眾的數量是男性僧人的兩倍。[3]

女性追求修行深度的韌性，也體現在佛教中。儘管女尼在許多佛教國家仍是二等地位，故而所獲的布施供養和尊敬比僧人少；然而，她們堅持出家的職志，努力在既有的體制內爲解脫奮鬥。

關鍵是，在父權體制下生存的女性，不斷證明她們的修行需求和能力與男性相當，甚至更爲強大；然而，一直以來，她們所認同的宗教體系卻是由男性所創造，並旨在滿足男性的需求。儘管女性找到了規避這種情況的方法，她們還是缺乏能夠與她們自己的理解與體悟產生共鳴的女性修行者故事。儘管有人會說，面對心靈的發展，顯然是超越男女之別的。但我們仍需了解，我們的體驗有很大程度受制於我們所聽到的故事，因爲我們會試著將自己的體驗和他人的故事聯繫，從而根據合適的內容來調整自己的感知：

> 一直以來，女性都活在尚未全然發展的體驗和男性故事所塑造的體驗之間的縫隙中。真正說起來，女性從未經歷過屬於自己的體驗。故事和體驗是相互印證的關係。故事塑造體驗；體驗也塑造故事。[4]

如今，我們有許多關於女性追求修行的書籍和傳記，這是來自於認可女性的經歷。女性已經開始擺脫男人教導她們如何感知自身體驗的方式。女性開始能夠眞正在提升意識的團體和對話中相互交流，因爲，在過去的二十年中，僵化的社會關係大致瓦解。

當女性聽到其他女性描述自己的人生時，會經歷受到認可的震驚。現在，我們已經從沉默中釋放出來，正準備要好好探索各種體驗，而這些體驗在過去，要嘛被父權體制的價値觀所貶低，要嘛則因缺乏故事和眞誠的交流而從未被有意識地體驗或提及。女性修行發展的領域至此已完全敞開，我們有許多人紛紛往內在探尋並彼此交流，以發掘眞正的修行之道。

這的確讓人非常雀躍，但同時，我們也在苦苦尋找可以讓自己心有戚戚焉的人名與故事。其中有一點讓我清楚體會到，這段探尋的過程是共通的，可以透過交流和對話來提供。而本書的女性故事，

---

3 伊莎琳・布魯・霍納《原始佛教的女性》，第一百零一至一百零二頁。

4 卡洛・克里斯特與茱蒂絲・普拉斯科共同編輯之《女性心靈崛起：宗教中的女權主義讀本》，第二百二十八至二百二十九頁。

可以爲我們的探索提供燃料。這些在父權體制下努力的女性，她們的決心和力量，可以幫助我們清楚表達自己的掙扎，看到我們所擁有的一些選擇和可能性。我們可以從心理及哲學層面上評估這些法教，以及其對女性是否具有效益。

雖然我支持在宗教思想中神聖陰性和女性影響力的再現，我並非提倡女性應該成爲宗教經驗的決定性因素，而是呼籲應該重新評估並尊重女性所認爲的神聖價值以及女性的修行體驗：

> 當人類的精神與肉體調和而成為新人類後，女性必須成為新人類的發言人……。女性不應該相信男性以競爭為出發點的行為準則，認為自身的勝利建立在對方的屈服上。與男性不同的是，女性自古以來就培養了群體化的人格，能夠參與他人的成功，而不會認為那會威脅到自己的成功。[5]

佛教的第一條教義是，一切經歷都帶有痛苦的色彩——生、死與無常是造成此情況最顯見的罪魁禍首。雖然很明顯地，所有的經歷都帶有痛苦的因子，但除了尋求消滅這個痛苦外，還有其他方法可以接近它。

斯塔霍克對佛教和巫術間的差異做了鮮明的對比：

> 巫術並不像佛教第一真諦那樣主張「一切生命皆是苦」。相反的，巫術認為生命是美好的。據說佛陀在看見老、病、死後，獲得了上述洞見。在巫術中，老年是生命週期中自然而寶貴的一部分，是擁有最多智慧和領悟的時期。疾病，當然會導致痛苦，但疾病並非必定要受

苦：巫術修練總是與治療術、藥草學、助產術有關。死亡也不可怕：死亡只是肉體消亡並讓靈魂為了重生做好準備。生命當然會有痛苦——但它是學習的一部分。就像切腹自殺並非經痛的最佳治療方法那樣，逃離生死之輪並非最佳解藥。當痛苦來自於社會秩序或人類不公不義的結果，巫術鼓勵我們透過積極的作為來緩解它；但如果痛苦屬於自然生滅循環的一部分，那麼透過理解與接受，透過願意交替託付給黑暗與光明，痛苦就會得到緩解。[6]

這段話似乎在表示：佛陀希望擺脫黑暗和痛苦，只想體驗光明和極樂——涅槃。佛教非常強調超越，出離世間，超越光明和黑暗的交替存在，來到最理想的狀態。女性的宗教往往能包容這種二元性並將之視爲神聖。然而，當這種二元性出現在男性的宗教時，我們通常會發現男性多半與天空、修行和超脫有關，而女性則多半與世間凡俗和陰暗複雜連結在一起。

《女性的靈性崛起》中描述了這種方法：

二元思想反對靈魂、靈性、理性以及對身體、肉體、物質、自然與內在的超脫……。當文化的創造者——男性，直指女性的缺失並宣稱自己有權統治這些女性時，經典的二元論也會變成拿來壓迫女性的論述。[7]

5 卡洛·克里斯特與茱蒂絲·普拉斯科共同編輯之《女性心靈崛起：宗教中的女權主義讀本》，第五十一頁。
6 斯塔霍克《螺旋舞》，第二十七至二十八頁。
7 卡洛·克里斯特與茱蒂絲·普拉斯科編輯之《女性心靈崛起：宗教中的女權主義讀本》，第五頁。

與擁有男性父神的有神論宗教相比，佛教可能不那麼重男輕女。佛法教導我們必須修練自心以達到解脫的境界。佛陀雖然是這個過程的嚮導，但我們所尋求的並非與佛陀的結合。話雖如此，佛教中一直存在著相當類似於一般社會對女性觀點的想法，並認爲修行最理想的形式是以男性的身體修行。佛陀在《佛說轉女身經》中說得很清楚：

女性的過患——貪、瞋、痴等其他煩惱——比男性來得大……。妳們（女子）應該抱持這樣的意圖……。我這麼做，是為了從這個不潔的女人身中解脫，希望將來能夠獲得一個美好、清新的男人身。[8]

佛陀的姨母摩訶波闍波提夫人，在佛陀年幼失去母親後便照顧著他。她來到佛陀面前，要求讓女性加入佛教僧團，但佛陀拒絕了她。

於是她和其他一群女子削去頭髮，一路跟隨佛陀前往另一個城鎮，在僧人阿難的求情下，佛陀終於勉爲其難地接納女性進入僧團，條件是要她們多守八條戒律（編註：八敬法）。例如，戒律中的第一條是，「受具百歲應禮迎新受具比丘」。[9]

佛陀說，接納女性進入僧團，創建比丘尼僧團，將使得正法住世減少五百年。佛教學者一直在探討佛陀的這些陳述中，哪些是佛陀本人親口所說，哪些是出自佛陀的出家弟子（很顯然其中有些是厭女者），他們在佛陀圓寂數百年後，追隨佛陀並且寫下自認爲佛陀所曾說過的話。

伊莎琳．布魯．霍納在其學術著作《原始佛教的女性》中，對佛教與女性之間的關係進行了廣泛的研究。根據她對婦女進入僧團這個主題的研究，佛陀當時的文化制約和印度的社會制度，明確認定婦女的主要任務是生育孩子和作爲家庭的管家，而佛陀卻堅信女人和男人一樣具有開悟的能力，因此他在這兩者之間左右爲難。儘管在佛教前面，已經有耆那教尼眾的先例，但女性離開家庭去過宗教生活的想法，仍然被當時的人們認爲將破壞社會安定。佛教讓尼眾服從僧侶，很可能是一種妥協，此舉讓女性在不完全違抗當時印度社會風俗的前提下，步上佛陀所揭示的修行之道。

摩訶波闍波提夫人和其他追隨她的人堅持要求加入僧團的舉動，說明了女性強烈渴望要追隨修行之道，以及佛教所提供的一種積極選擇。佛教爲女性提供了一種不需要受奴役的選擇。儘管她們仍受制於男性，但她們不再是父親和丈夫的私人財產。佛教的女尼生活，也爲未婚和喪偶的女性提供了一種正向選擇，而這兩類女子在印度社會中的地位很低。

由於女尼擁有相對不受束縛的地位，故而仍需承受來自男性的質疑，因此，在佛教故事中，佛教在家婦女的形象往往比女尼好了許多。因爲在印度教社會制度下，信仰佛教的在家婦

---

8 黛安．保羅《佛教中的女性》，第三百零八頁。【譯註】語出漢譯《佛說轉女身經》：「女人身過者，所謂欲、瞋、癡心并餘煩惱重於男……應作是念：『如我今者以新花果，施與尊重清淨福田，願離穢故女人之身，更得新好男子之身』。」

9 南西．艾爾．福克〈消失的比丘尼〉，刊登於福克與葛洛斯共同編輯之《未說的世界：非西方文化女性之宗教生活》，第二百一十五頁。

女仍處在正確合宜的位置上，然而女尼雖被接受，其所處的位置卻很矛盾，其中還有許多持著保留的意見，包括接受她們將導致僧團提早消失的聲明。南西．艾爾．福克在她刊登於《未說的世界：非西方文化女性之宗教生活》期刊中的論文〈消失的比丘尼〉中，對這種矛盾立場及其結果進行了絕妙的分析。[10]

在這種背景下，佛教女尼始終不得不為解脫而奮鬥，在佛教界裡總是處在不安的位階。出於這個原因，她們認為克服自己身為女人的方式，便是透過虔誠持守戒律，並尋求達到男女之別已無關緊要的了悟境界。

佛陀為了保護尼眾不受僧人剝削，聲明女尼不應該受僧人使喚去做縫紉、染衣或織布等差事。僧人也不能將布施給尼眾的物品佔為己有。著名比丘善吉祥的母親，用以下詩句描述自己出家為尼後的自由：

女人啊！完全自由了！我真是自由，
徹底擺脫了廚房的苦差事！
埋首鍋碗瓢盆，汙穢不潔的我，
我殘暴丈夫的地位，
甚至不如其所坐著與穿梭的遮篷。
如今斷除過去一切貪欲與仇恨，
安住於大樹蔭下，自在禪思，

啊！如此怡然！[11]

當佛法於西元七世紀傳入西藏後，這種模稜兩可的思想被一起帶了進來，我們可以透過一些流行於西藏民間的傳說來了解這種心態。女性將這種價值觀內化了，例如從以下這首收錄於《密勒日巴大師歌集》中，一位女子所唱出的歌詞內容，我們便可略知一二：

宿世罪業，得此卑劣（女性）身。
世間違緣，未悟自己與佛乃相等。
缺乏精進，鮮少思惟佛陀之法教。
雖欲修持，偷懶怠惰任時光虛度。
若生富貴，女人此命由人不自由。
若生貧苦，女人終生伴侶難尋得。
丈夫面前，時而不時說要尋自殺；
恩重父母，撇下不管棄之於腦後；
志氣雖高，意志薄弱甚難堅持矣。[12]

10 西．艾爾．福克〈消失的比丘尼〉，刊登於福克與葛洛斯共同編輯之《未說的世界：非西方文化女性之宗教生活》，第二百一十五頁。

11 《長老尼偈——早期佛教之禮讚》，卡洛琳．奧古斯塔．瑞斯．戴維斯英譯，第二百五十頁，倫敦，一九六四。

【譯註】參考漢譯《長老尼偈》二偈集：「善脫尼！善脫尼脫杵，不爲打穀業，我夫作傘者，無有慚恥心，我釜時常空。我斷貪瞋時，我行來樹下，我言實快樂，安息靜禪思。」

12 張澄基英譯《密勒日巴大師歌集》上冊，第一百四十二頁。

從這些西藏女性的故事來看，我們不得不承認佛教見地對她們影響之大，但西藏修行傳統並非只有佛教。

藏傳佛教融合了多種宗教思想，包括西藏原始信仰苯教、印度佛教的各個宗派，以及一些來自中國的影響。來自印度的基本佛教教義稱爲「顯經」與「密宗」。「顯經」強調，透過調伏自心來徹底解決人類的痛苦，例如：包括控制會產生痛苦的情緒與貪欲。顯經法教的最終結果在於滅除痛苦。在經部思想中，不論男女都致力於透過遵從一定的行爲準則來消除猖獗、固著的貪欲；由於經部是由僧人所主導，因此經常會在經典中看見貶低女性的內容，對於試圖降伏內在貪欲的男性而言，這些女性顯然是誘惑。

當佛教到了八世紀下半葉變成西藏的國教後，藏人同時接受了顯經與盛傳在孟加拉與印度西北部的密宗思想。

佛教的密宗起源或可上溯至印度文化中的前雅利安階層，該階層有很強烈的母系及性慾傳統。佛教與印度密宗對陰性本質的看法有很明顯的差異。在印度密宗的圖像中，偉大母親或稱「夏克提」，代表動態與創造的能量，經常可以看到夏克提或坐或舞而橫躺在象徵靜態陽性能量的「濕婆」上。這種兩極的概念也存在於藏傳佛教的密宗思想裡，只是陰陽的屬性互換了。西藏體制將活躍、動態的層面歸於陽性（善巧法門），陰性則與空性及甚深智慧（般若慧）有關。之所以如此設定的原因，有可能源於印度佛教密宗進入西藏的當時，西藏社會深受父系體制所主導，因此將陰陽屬性顛倒以適應西藏風土民俗。這點可以透過檢視本土苯教神靈來確認，但因爲苯教在西藏已深受佛教的影響，因此要找到純然苯教的圖騰來證明此論述，也變得有困難了。

甚至如今，藏人對陽性與陰性的區分，也不如剛開始傳入時那麼顯而易見。雖然代表陰陽融合的主要形象是由一位男性擁抱一位背對觀者、身形較小的女性，但也有其他例如空行母的女性形象，經常以忿怒相顯現而在男性人物上舞蹈；寂靜相的不動女性形象，則有度母和般若波羅蜜多佛母等。阿格哈南達・巴拉蒂在其著作《密教信仰》中，針對密教思想裡陰陽對立的問題做了引人入勝的分析。他認爲在西藏傳統中，有著吸收多種力量的融合體：

我認為金剛乘佛教創造或吸收了兩種類型的本尊，主要都是女性：一者是來自印度陰性的「能量」，真正的「夏克提」，在西藏金剛乘中保留其純粹的動態功能（例如：金剛亥母）。另一者是體現神學上真正金剛乘概念的女神，亦即靜態的「母」（藏音：雍，宇宙之母），她也代表了智慧（般若慧），為神格化的寂靜般若波羅蜜多佛母。[13]

因此在西藏密教裡，女性形象似乎主要分爲三類：一、以站立或跳舞之姿出現的動態空行母，通常現忿怒相；二、以坐姿出現的女性形象，代表印度佛教的哲學思想，例如般若波羅蜜多佛母；三、以陰陽雙運（藏音：亞雍，yab yum）中的女性形象出現，面前擁抱一尊身形較大的男像。動態空行母和代表哲理的女性形象，很可能是從印度全盤引入的，雙身佛形象則似乎主要源於西藏和尼泊爾。

不論來源如何，我們從西藏圖像中可以知道，動態的女性空行母以及靜態的女性兩者都存在於西

---

13 阿格哈南達・巴拉蒂《密教信仰》，第二百零二頁。

藏。我們可以假設動態的女性形象是吸收了印度宗教中前雅利安時期的母系思想，而靜態的女性形象則源於後印度時期，以及西藏本土與尼泊爾本土的思想，而後者的影響來自於印度和西藏中父系文化的基礎。以上這些，雖然至今都僅止於推測，但重要的是藏傳佛教中女性形象的多樣性。

綜合以上所有因素，我們可以知道隨著佛教教義和西藏密宗教義結合後，相較於在原始佛教中，女性扮演了一個更爲重要的角色。女性本尊也會以具重要性的立姿單尊樣貌存在，包括具忿怒開啟力量的空行母，以及在本質上爲柔和力量的度母或般若波羅蜜多佛母等。

在密教修行中，男性也可以把自己觀想爲女性本尊，反之亦然。

儘管在密教中傳播了各種各樣的女性形象，但是西方文化卻僅將女性區分爲娼妓和消極崇拜其男性後代的聖母。密教裡出現的女性形象，既狂喜又聰慧，既忿怒又寂靜，多麼地令人耳目一新。我們可以敏銳而有洞察力，甚至可以憤怒，但仍歡慶著自己的女兒身。我們可以活化自己的一切，增強我們的陰性和陽性能量，調整這些能量，而非如同我們在父權宗教體制中被教導的那樣否認或壓抑它們。

不同於有甜美微笑形象的聖母，赤裸、憤怒、跳舞的空行母會對心靈產生不同效果。然而，藏人也沒有忘記從印度吸收慈愛、悲憫的女性本尊。其中一位最受藏人崇拜的女性本尊就是度母，她的一隻腳微微向前張開，隨時準備下座幫助有需要的人。如果女性不被允許將陰性的所有面向融入自身時，就會變得扭曲，並和自己的能量疏離：

由於受到限制，女性的歡樂被貶低為純粹的輕佻；女性歡樂的情慾被羞辱為淫蕩或被情緒化、母性化；女性的活力被責任與服從所侷限。這樣的貶抑，製造了父權底下失去根基的女兒們，她們的女性力量與激情被分裂了，她們的夢想與理想遠在高不可攀的天堂裡，她們以悖於天地女神所象徵的本能模式勉強地生活著，因而產生了充滿沮喪的憤怒情緒。[14]

西藏最古老的禪修宗派大圓滿法教（瑪哈阿底），也非常尊重女性。大圓滿法教的思想認爲，每個人從根本而言就已然是證悟的。透過一位具格上師的傳授，直接從我們的能量著手，重新喚醒光明與視相，使本初的覺醒向外彰顯。

這些法教來自鄔金國，那是遠古時期位於印度西北部的一片土地，以「空行母剎土」聞名。空行母是神秘的女性，會出現在夢境或淨相中，或甚至以人身的方式出現。大圓滿的另一種形式，來自於在佛教前的古老苯教傳統，起源於位在西藏西部和印度間的岡仁波齊峰附近的象雄王國。那兒是苯教傳統的源頭，苯教後來受到佛教徒的懷疑，就像美國原住民印第安法教被基督徒貶抑一樣。然而，最近一些學者研究，例如南開諾布仁波切揭示了一個強大的苯教大圓滿傳統。在大圓滿傳統中的空行母，女性精神力量是法教中絕對不可或缺的一部分，這些法教通常一開始是以神秘的暗碼寫下，該暗碼稱作「空行母文字」或「暮光（密意）之語」。這些法教是由空行母傳授、封印和守護，如果未能與空行母具有深層的連結，就無法解讀這些文字。

14 席薇亞·佩雷拉《下沉而至女神：女性的一種啟蒙方式》，第二十頁。

根據南開諾布仁波切的說法，大圓滿傳統的人間第一位祖師噶拉多傑[15]將這個法教傳給了蓮花生大士，而蓮花生大士將它帶到了西藏，甚至繼而表示，大多數修行此法而能達到大圓滿法教究竟境界、身體化光或成就虹光身者，都為女性修行者。虹光身是在臨終時顯現的，肉身完全消失，只剩下毛髮和指甲，以及由大種精華組成的光身。那些處於非常廣大心境的人可以感知到這種身體。南開諾布仁波切解釋說，成就虹光身者多以女性為主的原因，是女性天生喜歡使用能量和視相，而大圓滿修行之所以能引領行者證得虹光身，與直接運用能量、視相有關，而非倚靠邏輯和智識研究。

大圓滿行者的團體往往是沒有階級的，人們彼此合作而非競爭，幾個家庭團體或男女隱士鬆散地聚集在一起，不具特定的「組織」，在沒有強行加諸的階級制度下互相幫助與支持。

西藏寺院主要以經部佛教為基礎，儘管有時候也會修持密法和大圓滿，但這兩者的修行者大多以遠離寺院生活的人為主，他們選擇在高山僻靜處以瑜伽行者或居無定所的遊方修士自處。在這樣的情況下，女性行者蓬勃發展。舉例而言，我無法在藏傳佛教最具寺院體制的格魯教派中，發現任何女性聖者的故事。我曾向這個教派的一位上師徵詢，女人是否和男人一樣具有證悟能力？他向我保證，他們有一樣的能力。但當我問及他所屬傳承中偉大女性的故事時，他卻一無所知。我問他，如果男女都具有一樣的心和證悟能力，怎麼可能會沒有女性聖者的故事呢？然後他坦白地說，男女之間確實存在細微的差別。他說女人的情緒「稍微不穩定些」。他說這是他自己與兩方共事所得到的觀察結果。然而，事實上，這個評論背後包含了數百年來男性僧人對女性修行能力的評斷。很顯然的，這個「稍微」的差異，正是他所屬教派裡完全缺乏女性聖者故事的原因，而在他的教派中有數千名比丘尼。目前，在世界各地傳法的上師，必須不斷地面對性別歧視的問題，因此讓他們也開始改變想法，使女性也能成為教師或寺院執事。儘管如此，即使是在西方，佛教組織仍是由男性主導。

正因為知道尼院缺乏完整的修行指導，也沒有多餘的時間進行禪修練習，許多認眞求道的西藏女性，選擇過著隱士或雲遊瑜伽女的生活。十二世紀斷法傳承的女性創始人瑪吉拉準，就鼓勵禪修者採取居住在洞窟或墳場的遊方生活。女性在這種情況下非常自由：她們可以和其他朝聖者建立友伴關係，也可以在任何她們認為有利禪修的地方停留很長的時間，並透過化緣來維生。我們在本書的女性故事中，可以看見許多這種生活方式的例子。

有趣的是，同樣在十二世紀，於地球的另一端，基督教婦女出於同樣的原因也做出同樣的選擇。埃莉諾．麥克勞林在她的文章〈基督教的過去能否帶給女性未來？〉中指出：「在中世紀的基督教裡，社會所認定的最高宗教和道德價值觀，典型的範例不是所有文職的官僚機構，而是宗教人士和人們稱為『聖者』的人，這些聖者不分男女，都扮演著平等且活躍的角色。」[16]

儘管有些女性成為不分男女弟子的著名上師，但西藏絕大多數的女性，即使成就卓著，也鮮少於男性階級制度中獲得認可。有名的女性雖少，但偉大的女修士則或許很多。

15 參見伊娃．達給《西藏密教之興起》，第十六至二十七頁，有關噶拉多傑（極喜金剛）的修行聖傳。

16 埃莉諾．麥克勞林〈基督教的過去是否能為女性帶來未來？〉，刊登於卡洛．克里斯特與茱蒂絲．普拉斯科編輯之《女性心靈崛起》，第一百零三頁。

例如，阿育康卓就不是一位特別有名的上師，她的傳記之所以會出現在這裡，是因爲她的弟子南開諾布仁波切正好向她詢問她的生平。一般藏人從未聽說過她，但無庸置疑地，她的確是一名偉大的瑜伽女。

許多偉大的男女修行者一生也從未獲得特別的頭銜，但女性通常不會被授與上師的頭銜，原因可能是雙重的。首先，如我上面所述，在以經部爲主的佛教組織中，女性在修行上不如男性受到高度尊重，她們不能教導僧人且理當持續受到僧人的監督。其次，也可能是因爲女性對證悟的表現與男性不同，意思是，女性可能比較滿足於「本然而在」，男人則可能比較渴望「去做什麼」。因此，一個達到高度了證的男性，可能會把他的能量用在建造寺院和閉關中心、開設圖書館和創建學校；反之，女性可能比較會專注於在更微妙的層面來爲他人服務，透過能量工作，而非實際「去做」任何會引起人們注意到她的事情，儘管這也可能是在父權體制壓抑下所產生的結果。

雖然西藏的許多婦女確實在夾縫中找到修行的機會，但她們之所以會這樣做，是因爲其文化中所具的混雜訊息。一方面，她們因爲宗教和文化上否定女身作爲修行載體的平等性而受到限制；另一方面，她們又因被視爲具有智慧本質與空行母的能量而受到護持。相較於男性和僧人，她們必須以前者沒有使用的方式來證明自己。對西方女性而言，身處在父權社會中，我們同樣受制於沒有多少眞正的女性修行者作爲榜樣。我們必須設法從與自己疏離的狀態中復原，並借用這些非常少量的資源來清楚表達自己的經驗，透過這些資源獲得啟發，並在這當中認識自己。

即使是在男女修行者較爲平等的密宗傳統裡，還是偏重男性觀點，正如艾力克斯・韋曼在《佛教密宗》中談到《時輪金剛續》時所指出的：

當男性瑜伽行者證得「勝妙時」（Great Time），其潛藏的陰性就會顯現；當女性瑜伽行者證得「勝妙時」，其潛藏的陽性就會顯現。……據目前所知，幾乎所有的佛經都是由男性所寫。因此，這些經典都在談論如何獲得般若、空性、覺醒和光明的狀態，所以也才會出現有一大部名為《般若波羅蜜多經》的經函，並將般若波羅蜜多擬人化為「諸佛之母」。[17]

女性應該要知道，哪些修持眞正對我們有效，哪些修持適合我們的能量和生活情境。我們要自行觀察眞正對自己有效的方法。也許女性可以開始撰寫和研究方便法門。女性往往會很自然地對開放式禪修、直覺認知與悲心產生歸屬感，但在世俗情況中，卻很難找到解決具體問題的明確方法，並採取果斷有效的行動。因此，也許女性應該立即利用她們天生對禪修的喜愛，透過大圓滿傳承等修行加以融合，同時發展自身的善巧方法。如此一來，佛教密宗中的女性就可以擁有一條強大且平衡的修行之道，這條道路最終將引領她們邁向成佛，使得有一天，男性和女性之間的相對藩籬終於瓦解。

我發現有許多佛教徒急著跳到此一男女無別的勝義見地，但是這些人忘記了，勝義諦和世俗諦兩者都要加以考量才行。往往那些最根深柢固地堅持應該超越男女相對概念的人，才是最輕視和最低估女性修行者的人。

17 艾力克斯・韋曼《佛教密宗》，第八十三頁。

此外，女性還需要一條從生物學角度出發的修行之道。除非我們選擇不生小孩，否則我們大量的時間和精力都會花在懷孕和撫養孩子身上。孩童無法用理智溝通，當孩子需要東西時，我們必須放下手邊的一切工作，立刻過去處理——如果不這樣做，情況遲早會變得更加嚴重或不可收拾。

當孩子還小的時候，母親的時間在晝夜之間總是片片斷斷，無法連續。我曾經試圖用各種不同方式來處理這種情況，以便在尿布、噪音、需要精巧處理的事情中也能做到種種形塑心情與思緒的修行。其中有一種可能性，是採用「時間到」的方法，意思是爲個人安排閉關的時間，花幾個星期或一個週末，甚至一個小時的時間。在這段期間，我試圖重新拾起內在的穩定線，並進入將買菜清單和電話拋在腦後的深層禪定。這種方法也可以包括不帶孩子共同聞法（我剛開始曾試著帶他們一起去，結果發現這樣只會干擾自己和別人）。這種方法就像是在暴風雨中創建一座寧靜的島嶼，我認爲這確實有必要。

有人可能會認爲女性的修行之道，不需要遠離自己的生活節奏才能修行。理論上，我同意這一點，我也希望看到更多法教，教導女性如何積極處理伴侶關係與撫養孩子的議題。如此將母職視爲對自私自利的持續抨擊，對於以拯救一切有情眾生而非個人爲首務的菩薩戒，不斷做出堪受敬佩的試練，乃是在爲修道的進展奠定基礎。

精神和醫療方面的本領、家的神聖感與將烹調食物當作非凡行爲的神聖感、平等看待尿布和一束玫瑰花等，都是爲人母者可以使用的潛在修行方法。方法是無窮無盡的，但我從未聽過任何一位男性上師討論這些可能性。這很自然，因爲這些經歷不會落在男人身上，因此，我認爲心靈覺醒的女性應該肩負起將個人生活和法教連結起來的責任。

身爲人母的這條道路，應該被賦予其應有的價值，亦即作爲一條神聖而強大的修行之道。每當我聽到有男人說他的妻子、母親或別人「沒做什麼事」時，我都會感到相當氣憤。當我加以反駁時，他們就會說：「當然，我是說在外面沒做什麼事，她們只有煮飯、打掃、買菜、營造家裡氣氛、提供情感支持等。」這句話，正是父權價值體系的最佳寫照，這種價值觀會認爲秘書有在「做事」，而妻子沒有。當然，如此的價值觀也滲入了修行之道，母性作爲一種救世之道所具的巨大修行潛力，尚未得到足夠的重視和支持。寫完這本書時，有人對我說這是多麼偉大的成就，我一定付出了大量的心血。我的回答是，相較於我對一個孩子所付出的時間、心血與精力，完成這本書實在簡單多了。

無論如何，我仍在尋找可以將修行具體應用到日常生活中的做法。我認爲這對女性致力於修行是不可或缺的。目前，我所使用的方法是，獨處的時候，進行日常禪坐。當孩子在身邊時，如果他們也想要一起修持的話，就會共同做些日課；偶爾抽空去閉關；並盡量將寧靜時刻所獲得的平等心、幽默感和開放感，應用到生活中的其他時候。

我必須承認，在孩子們都長大後，我的確渴望「拋開一切，放手去修持」。但後來我發現，這樣做其實並沒有掌握要點。所以此刻，我努力將修行融入生活之中。我認爲，除非一個人的修行已然十分高階，爲了達到更深的修行境界，才需要做大量的獨自閉關或半獨處修行。我們在接下來的傳記中，可以看到其中所有的女性都選擇了這種生活型態。但我仍然認爲，女性智慧還有許多尚未開發的部分，是隱藏在所謂的世俗生活之中，而這些部分將能大大豐富我們對修行的看法。這些資源之所以尚未開發，原因可能是在過去的數千年以來，那些定義修行道路的人始終是男性，他們將修行與自然以及和自然有關的一切，包括出生、死亡、孩子等等分開來談論。

身為女性，我們必須努力尋找適合女性的修行方式，這些修行方式必須承認身為女性的事實，且有助於開展此一事實，而非為了在修道上能被接受而否認自己的天性，成為一個無性別的個體。如果我們能這樣做，肯定會為他人帶來更多的利益，而非只是模仿男人，遵循男人為男人所建立的傳統。

雖然我相信在究竟層面上，心的真實本性是不分性別的，但在世俗層面上，我認為實現開悟的方法必須因人而定。個人之間的差異必須受到欣賞，甚至讚揚。就相對的角度而言，女性和男性是不同的，但如何詮釋這些差異，以及用積極態度或消極態度看待這些差異，則是屬於文化和宗教制約的問題。

為了讓女性能夠找到可行的解脫之路，我們需要來自其他女性的啟發，這些女性成功地忠於自己的能量，不因自己的性別而受限，憑藉著這種完整性，證得了完全解脫。

希望這些來自眞實女性而非神話人物或神靈的傳記，能夠滿足這方面的需求。從一開始我就覺得這個領域有如眞空似的，缺少任何資訊，現在由我來發掘這些故事以塡補這個空白。這些故事確實滿足了我內心的渴望，我很高興它們能夠讓更多的人知道，不僅為了我們這一代的利益，也為了讓我們的孩子和後代子孫能夠倚賴這些故事長大，使他們在需要的時候能夠從中獲得啟發。

我已經向我的女兒們講述了朗薩雯波和其他人的故事，她們全都瞪大了雙眼，屏氣凝神地聽得津津有味。

藏傳佛法中的陰性本質

藏傳佛教所指的陰性本質有許多複雜的面向，我將不在此妄下結論。但我想就本書傳記中所出現的面向稍加討論。

任何有關女性的討論都必須從「大佛母」的概念開始。在瑪吉拉準的傳記中曾多次提到這個女性面向。她可以被稱爲「大佛母」（藏音：雍千嫫）、「諸佛之母」、「諸如來之胎」或「般若波羅蜜多」，是根本之基的本初陰性。它之所以被定義爲陰性，是因爲它具有誕生的能力。

創巴仁波切如此解釋「大佛母」：

> 所有現象上的覺受，無論歡愉或痛苦、出生或死亡、明智與否、好壞與否，都需要有個源頭作為基礎。這個根基在佛法中叫做母性本質。般若波羅蜜多被稱為諸佛佛母。……作為宇宙結構的原則，它是無所不含的根本基礎，既非陽性也非陰性。你可以說它是雌雄同體，但由於它具有孕育或潛藏的特質，因此它被視為陰性。[18]

---

18 邱陽創巴仁波切《彌勒佛》第四期，第二十三至二十四頁。

斯塔霍克在她談論巫術的書中，提到一個非常類似卻又不盡相同的準則：

女神之初是萬物、處女，意味著她自己是完整。雖然她被稱為女神，但也可被稱為上帝——這時「性」的概念尚未形成。……然而存在基礎的女性本質正受到強調——因為即將發生的創造過程是個誕生的過程；世界是經由誕生出來的，而非製造出來的，也非受到命令而存在的。[19]

「大佛母」和基督教上帝不同，因爲大佛母並不打算創造一個世界並制定法規。一切都是任運自發，並非刻意而爲。上帝將自己分離出來創造一個世界，但女性只是自發地生育。

在佛教密宗中，「大佛母」以一個倒三角形的圖象來代表，藏語稱爲「確炯」，意思是「法之源頭」（法源），宇宙之頸或諸般生源之門。它是個立體的三角形，外面爲白色，裡面爲紅色，但它不是物質的東西。創巴仁波切在解釋噶舉傳承的《金剛亥母無上續法》時如此解釋到：

「法源」自空性而生，具有三種特性：無生、無住、無滅。本質上，它是有邊界、框架的究竟虛空，這代表從虛空的空性中俱時生起智慧與迷亂的特質。法源有時被稱為空性的通道，或是宇宙之頸……它的形狀是三角形的——上寬下尖——象徵虛空的各個面向都能同時被容納，包括微觀世界與宏觀世界，最微小的以及最廣大的情況。[20]

畢達哥拉斯學派認爲三角形是神聖的，不僅因爲其形狀完美，還因爲它是普世代表生育的原型。「大佛母」在瑪吉拉準的傳記中被描述爲「萬法的空性狀態，我們稱之爲創造萬物的母親」。佛教哲學認爲所有的「法」（生成一切經驗的基本因子或事物）都不具自存的本質。任何的人或事物，都是由組成它的各個部分所聚集而成，缺乏自己的體性或靈魂，因此不存在一個「我」或「自我」。這種本質上的空性是存有的主要母體，因此被稱爲「創造之母」。它是充滿在一切事物中、削弱自我的本初虛空。「空」是虛空的表徵。「大佛母」的本質是孕育萬象世界的虛空。這個空性化生現象的過程一直在進行中。這不是個「很久、很久以前」的問題，而是個持續不斷的基本過程。因此，這個無所不在的虛空與邊界，是一切形與色的本源，是大佛母，而象徵她的符號是一個倒三角形，名爲「法源」。

般若波羅蜜多也是屬於陰性的。據說它是「諸如來之胎」或稱「諸佛之母」。般若波羅蜜多是一種因鬆綁自我而出現的敏銳感知特質。禪修能讓心的迷惑執取放慢速度，而彰顯心的本然光明明性，也就是般若。這種甚深了知的能力，就是諸佛的源頭，故名「諸佛之胎」。

大佛母沒有陽性的對應者，她（它）是本初虛空與空性。印度教和佛教密宗分別給予陽性和陰性完全相反的特質認定，事實上，陰和陽沒有絕對的特質。藏人將動態能量歸類爲陽性，但月亮能量也被認爲是陽性，而陰性則是與太陽有關的智慧。

---

19 斯塔霍克《螺旋舞》，第二十四頁。

20 邱陽創巴仁波切《金剛之道與絲路》（The Diamond Path and The Silk Route）目錄，黛博拉·克林堡·斯萊特編輯，洛杉磯，南加州大學藝術委員會，第二百三十六頁。

因此，我們從上面提到瑪吉拉準傳記中的段落可以看到，本初陰（原始的陰性）如何透過光明的維度移動，最終進入女身。這類的人被稱爲瑜伽女或空行母，但瑪吉拉準必須先找到自己在大佛母中的根源，才能在覺受上超越那些認爲她弱勢、愚昧，以及在修行能力上低於男人的文化偏見。而這種歸屬於賢善傳承的感受，透過大佛母、度母而示現給瑪吉拉準，也能爲女性帶來一種歸屬於修行遺教與啟發的感受。

從這個角度而言，我們女性並非某宗教創立者不願接納的邪惡誘惑者或不受歡迎的出離者，更不是或許哪天就能捨棄凡塵俗事的無知家庭主婦；相反的，我們可以與神聖女性的傳承此本初母體連結，而其中充滿悲心，於能量受阻處展現憤怒與破壞性，狂喜與嬉戲，同時了解實相的眞實自性。若想更清楚地了解這份遺教，也就是示現給瑪吉拉準的另類世系宗譜，我們就必須更深入地了解空行母，因爲它是在所有這些陰性面向中舞動的空行母能量。

空行母本質

空行母在藏語裡稱作「康卓」，字面意思爲「天空的行者」，或穿梭在空中的人。空行母可能是藏傳佛教中最重要的女性形象，並且多次出現在這些故事中。因此，我們一定要試著了解她的重要性與各種形象。

普遍來說，空行母代表的是瑜伽行者爲了獲得證悟所必須修持的一種持續變動的能量流。她有可能以人或女性本尊的形象出現，有可能以寂靜相出現，也有可能以忿怒相出現，又或者以能量的形式出現在萬象世界中。

密宗行者為了與這種充滿動態活力的陰性本質連結，會進行特定的修持。這些修持分成三個階段，在第一個階段中，空行母被迎請到來，並將其觀想成空行母形象的本尊。例如，空行母被觀想出現在修行者的前方，隨後這個外在的本尊形象融入密宗行者中，並開始持誦空行母的心咒。以上是非常概略地描述空行母的「外」修持。

等到行者非常熟悉外修持的階段，就可以開始「內」修持。在這個階段，空行母是透過開啟微細的脈（藏音：雜）、氣（藏音：隆）與明點（藏音：提列）來修持。

第三個階段是「密」的修持，此時，行者的境界將與空行母本質的能量直接接觸。

在密宗裡，有個看待空行母化現的主要角度，是將它看成五種顏色的智慧能量，也就是五大元素的微細光明相。在密教裡，證悟的表現分為五個面向，稱作「五佛部」，每一佛部皆代表著粗重貪愛或煩惱的轉化，而密宗法道的精髓便在於將這五大煩惱轉化為智慧。

若要了解這五大空行母的智慧，我們就必須回到一開始那個最早出現分歧的地方，也就是那個區別「自己」與「他人」的分歧點。該處就是「自我」產生的原點。因為自我，我們將一切都視為二元的；因為自我，才會有個地方稱為「這裡」，才會有「我」、「我的」，接著就會有另一個地方稱為「那裡」，也就是「他們」、「他們的」。這個介於內部與外部空間的隔閡，製造了一連串的糾結。我們慣用於追求安樂的方法是，這個自我試圖藉由讓一切都變成「我的」來校正那個分歧點，但諷刺的是，當自我越是想要控制情況，那道隔閡就越是堅固。在對抗的過程中，當自我完全喪失對分歧點的掌控時，痛苦於焉而生。

當這個二元分別初步形成後，自我開始形成一個中央指揮中心，派遣感受小弟去判斷外面的環境有什麼是安全無虞的，有什麼可以幫助自我壯大自己、擴展領域，有什麼會對自己產生威脅，有什麼是無趣或有點煩人。這個感受小弟向指揮中心報告後，指揮中心根據所接收到的訊息，產生三大類的反應：貪（對那些可以擴大自我領域的東西產生喜歡之情）、瞋（對那些具有威脅性的東西所產生的反應）、痴（對那些於自我沒什麼用處的東西所產生的反應）。

我們從這三個根本的毒開始進一步衍生，使我們落入有分別概念的心，然後再爲每個感受安立其名，使這三毒變得更加複雜。最後，我們圍繞著自我而創建出一個幻想世界來。根據這些反應發展出故事情節，一個接一個地連鎖產生。這就是佛教徒所說的業力連鎖效應。整件事變得非常複雜，導致自我一直忙碌，並受到各種從基本二元對立發展來的大小情節所逗弄。這種執著於自我需要控制其領土並保護自己免於威脅的幻想，是一切痛苦和煩惱的基礎。然而，由於這個過程已經持續了一輩子，大小情節的厚重有時變得令人難以承受。禪修能放慢這種反應模式的速度，讓事情緩和下來，讓整個過程變得稍微明朗一些。

由於個別的能量不同，人們理解分歧點的方式也有所不同。當自我的瘋狂掙扎得到放鬆時，個人的基本能量就會以智慧的形式獲得彰顯。智慧顯現的方式會根據個人的本性而有所變化，因此才會有五種佛部這樣的概念產生。當然，不是每個人都剛好對應到某一部族，不少人是幾個佛部家族混合在一起。

這五佛部族分別是：金剛部、佛部、寶部、蓮花部、事業部。這五部是展現在一切現象體驗中的基本能量。

金剛部的人如果尚未進化的話，他們對環境的調查與表達會極為精準，他們擔心不能控制局勢，如果有任何意料之外的事情發生，他們的反應就是憤怒，不是爆發出來就是生悶氣。金剛部的人是智力型和概念型的，總是喜歡將一切系統化。然而當這變得神經質時，就會演變成種種（應當）如何運作的複雜系統，而與當前的情況幾乎沒有關係。當這個憤怒、喜歡控制的腦袋轉化爲原本的狀態，就會成爲「大圓鏡智」（如鏡子般之智慧），與它相關的元素是水大、藍色或白色、不動佛和界自在母。

佛部的人與空大元素有關。在神經質的狀況下會變得遲鈍、厚重。俚語「放空、恍神」完美形容當佛部的人智性進入沉睡時的狀態。這些人連洗碗或打理自己都嫌麻煩，每件事情好像都很費力氣。與佛部相關的智慧是「法界體性智」（涵攝一切之虛空的智慧），當這種遲鈍被淨化時，就會轉化爲廣大、有如虛空的天空，此人也會變得淡定、開放與溫暖。佛部的主尊是大日如來與慧眼佛母。

寶部與地大元素、南方、黃色與秋天有關。若未進化的話，其能量將充斥在每一個角落，因爲它永遠都不夠。有貪心、控制慾強的傾向，總是想成爲鎂光燈的焦點。寶部的人需要累積食物與財產，其負面特質是驕傲，希望每個人都認爲自己很重要。當這樣的能量被淨化成智慧後，就會轉變爲「平等性智」（增長一切的智慧）。寶部的人放下對自我的執著後，他們的廣大能讓一切都豐富，使美妙事物應運而生，周遭環境也能被滋養。此部的主尊爲寶生佛和瑪瑪姬佛母。

蓮花部的人熱衷於誘惑，而非獲取和寶部之人有關的物質。他們對人際關係有興趣，想要累積美好的感受。他們想要吸引他人並擁有他人。習氣包括虎頭蛇尾，做事情三心兩意。計畫開始了，但當表面的吸引力消失後，他們就會放棄。愉悅很重要，痛苦絕對不行。當這種被自我緊抓不放的能量鬆綁後，就會轉變爲「妙觀察智」，一切事物都能以般若慧看得一清二楚。審美變得開明，並透過這種將一切事物之關聯看得一清二楚的能量，將能創造出偉大的藝術作品。蓮花部與西方、春天、紅色、火大元素，以及阿彌陀佛與白衣佛母相關。

事業部的人非常活躍，總是在做一些事情。事業部的空行母經常被描繪爲以側臉示人，因爲她過於忙碌，所以沒空用正臉看你。這樣的速度來自於風大元素，因此有時可能會非常激進與衝動。他們有疑神疑鬼的傾向，總是擔心自己會有什麼閃失，因此通常瘋狂地安排一切人事物，確認事情在掌控中。這樣的能量如果轉化成智慧，就會變成「成所作智」（成辦一切的智慧），能利益諸多眾生的證悟事業也從此開展。事業部與冬天、北方、嫉妒，以及不空成就佛與三昧耶佛母相關。

歷史上有些特定女子據說是這些空行母的化身，她們有著可供辨識的標誌。因爲智慧是能量本有的一部分，而非線性模式的獨立事物，證悟的面向可能隨時擺脫自我的監視，因此，任何人都有可能立地成佛或成爲空行母。在二元論的幽閉恐怖遊戲中，我們可以找到很小的間隙，而明性便於其中閃現。正因如此，一個「尚未開悟」的凡俗女子或情境，也有可能在剎那間化現成爲空行母。

世界並非如我們所想的那樣堅實，只要我們對間隙越是保持開放，就越有可能讓更多的智慧閃現，並體驗到更多空行母能量的遊舞。爲了放開自我的執取，主要的方法是透過禪修的練習。所有密宗觀想與持咒的方法，都是在幫助釋放智慧的能量，這份能量在二元固著的堅實幻想下受到遏制。

在密宗修持中，透過有意識地向空行母祈求，我們漸漸能培養出對能量本身的敏感度。當我們看著空行母的圖像時，要謹記在心的是，我們透過了解她的表徵符號來辨別她，實際上就是在認出自己的能量。我們之所以要借用密宗女神，是因爲我們還停留在二元對立的境界中。密教透過借力使力，或者用誇張的方法，創造出一個外在形象，具足修行者想要獲得的一切特質。在讚頌、禮拜這個外在神尊後，神尊融入修行者中——然後，所有密法在最後都會做的就是觀想神尊與自己一起化入虛空中，並安住在這樣的境界中一會兒，然後，行者再次觀想自己成爲本尊，並以此態度進行日常生活中的一切活動。

密宗空行母的種類非常多，有的面容寂靜，有的面容憤怒。在西藏諸多本尊的行列中，每位空行母都擁有不一樣的特質，修行者根據上師的指示，在特定時間開啟該部分的能量。

從大佛母湧生的能量孕育了空行母。根據無上續部，其中一位主要空行母爲金剛亥母，金剛瑜伽母的一種身相。她從宇宙之頸、三角形的法源中湧現，充滿著不可遏抑的大樂，而那是一種無所依緣的能量。肚臍下方有個立體的三角法源，並以單腳站立。密宗行者在修持此法時，將自己觀想爲金剛亥母相，以開啟自身內在的能量，使得內外有別的感受消融，進入一種能量遍在之虛空的感受，而此虛空即是本智與一種熾盛超然的貪與樂。

爲了讓大家了解這位可說最常運用到的空行母之相關象徵圖像，以下就金剛瑜伽母以金剛亥母相出現時身上的一些嚴飾進行討論。藏傳佛教有許多宗派與傳承，各個宗派對這些圖像都有各自的說法。我僅挑選其中一些空行母嚴飾所象徵的含義做說明。針對這些含義，除了就西藏如何定義這些圖像，也囊括其他文化中對類似符碼的相應解讀，來做綜合說明。

在金剛亥母的壇城中，她身色爲紅，四周圍繞著四尊空行母，分別是藍色金剛空行母、黃色寶部空行母、紅色蓮花空行母與綠色事業空行母，金剛亥母則來自佛部。所有的眷屬空行母都與其相貌相同，只不過手上的鉞刀有代表各自佛部的嚴飾。

金剛亥母的意思是「金剛母豬」，因爲在她的人頭的那一側長出一個野豬的頭。這位女性本尊與豬或雌豬相連的象徵，有著非常重要的含義。參見歷史上其他宗教對豬所代表的含義，或許可以給我們一些頭緒。愛蓮娜·霍爾指出：

金剛亥母

豬代表狄蜜特女神的生育力。懷孕的母豬會被埋葬在神秘的坑洞，牠們被稱作大地的子宮之獸，……接近希臘文和拉丁文中的母親身分「豬」這個字，並且是神聖的；祭祀期間不能吃豬。然而當人們不再崇敬陰性的母親功能以及掌管腐朽、……生機的女神後，豬肉就變成不潔的，豬隻也變成「噁心骯髒的」……。在母神之界裡，……女神則都是全身淨白、渾圓豐潤，像母親般的母豬（例如：伊絲塔、伊西斯與狄蜜特等女神）。[21]

這些古代女神如同密教空行母，都被描繪為裸露、赤身的形象。女性的身體在古代宗教中，被視為神聖、具有啟發性的，直到女人本身被視為具褻瀆性之後，女性的身體才被認為是羞恥的。

豬可被視為象徵我們身上不雅野蠻的部分，象徵我們的動物本能。美索不達米亞的伊絲塔女神有兩張臉：「她既是新生綠芽的灌溉者，也是像豬一樣的破壞者。對伊絲塔女神的關注，代表認知到意圖與行動的矛盾……，意思是說，當一個人持續受到過於強烈的日光照射而暫時蒙蔽雙眼時，可以傾聽內在的聲音或去尋求夢想的神諭。」[22]

「金剛亥母」可以視為代表我們內在的獸性與人性、無知與理性、黑暗與光明、無意識與有意識的結合。這些面向都有其神聖的特質，兩者都必須存在才能獲得這位女性本尊的力量。

空行母的形象通常伴隨著三個主要法器：帶彎鉤的金剛鉞刀（梵文：kartika，嘎提卡）、卡章嘎和盛血的顱器（梵文：kapala，嘎巴拉）。

帶彎鉤的金剛鉞刀握在她的右手，高舉起來，好像要揮舞一樣。刀柄是一個半截的金剛杵，四股的尖頭圍繞著中央尖頭，並在頂端收合。「金剛」象徵著陽性能量，意思為「閃電」、「鑽石」、「永不壞滅」或「方便法門」。既然此金剛杵作為刀柄，空行母就必須要手持刀柄才能揮舞鉞刀，這代表著她一定要掌握此閃電力量才能切斷東西。刀刃的外觀呈現眉月形，尾端有個彎鉤，這種形狀的刀在傳統上是印度屠夫所使用的刀，起源於印度的密教屍陀林，原本用來剝除屍體的皮膚與切割屍體。

鉞刀由刀柄與刀刃這兩個部分組成。刀刃的刀鋒象徵她敏銳的洞察力。新月形的刀刃則代表月亮。當我在愛蓮娜·霍爾的《月亮與處女》一書中讀到關於克里特島邁諾斯文明中雙刃斧的形狀時，便十分訝異於兩者的相似性。這把雙刃斧是邁諾斯母神手上所持的聖器，曾被認為是「宙斯雙眼發出的閃電、落在大地上的雷電」[23]，女神與新月的關聯很廣泛。一般來說，在月亮週期中，新月代表萬物生長與變化的潛力。月亮不斷改變其月相，以銀白色的光輝映照著大地。空行母右手持的新月，是巫術中處女神或仙女的上弦新月符號。

在藏傳佛教的傳統意象中，彎鉤代表悲心之鉤，能將眾生從輪迴勾召出來。空行母手上所拿這把帶有彎鉤的新月鉞刀，結合金剛杵的刀柄，能將世人從痛苦中勾拉而出，並粉碎以自我為中心的小我，以金剛杵的不壞明晰力為引導，邁向佛果。

21 愛蓮娜·霍爾《月亮與處女》，第八十一至八十二頁。
22 同前，第十四頁。
23 同前，第九頁。

金剛亥母左手拿著一只顱器，裡面盛滿血液或白色甘露。血液可被視為形體（色法）或現象上的體驗，顱器則可被視為周遭環境或本初虛空。

女巫的大釜也有類似顱器的原型概念：

女人的工作是轉化：從無到有，為無形的能量賦予有形的形體，協助她完成這項工作的工具是三腳支架和大釜，她所使用的元素是血液和牛奶——這兩種液體都在她體內生成，皆可產出效用。在這個階段，她既是容器，也是被乘載的物質。她不僅轉化物質，自己也受到轉化。她是形體的製造歷程，也是該歷程（所展現）的形體。[24]

在凱爾特文化中，關德溫女神也有一個大釜：

她的大釜具有重生和啟迪的力量。在早期的凱爾特神話中，女神的大釜能使戰士死而復生。……凱爾特人稱冥界為青春之地，打開青春之地大門的秘密就藏在大釜中。長生不死的秘密在於將死亡視為生命循環中不可或缺的部分。……每當我們無所畏懼地暢飲「生命之酒」時，我們就不斷地更新與重生。[25]

在西藏傳統中，白色代表生命力，紅色代表作為業之基礎的心識。

第三個會出現在空行母身相的配件，是一根卡章嘎，頂端為三股的叉子，三股叉下方與木桿相連的地方，有個十字金剛杵和三顆被砍下來的人頭，最上面的第一顆人頭是個乾枯的顱骨，接著是個被砍下數日的人頭，最下面則是剛被砍下的新鮮頭顱。卡章嘎斜倚在空行母的左臂彎裡，長度從她的頭一直延伸到她的腳。她通常採跳舞姿態，因此一隻腳是抬起的，另一隻腳則踩踏在一具屍體上，這具屍體代表已經被克服的一切罪業。

卡章嘎頂端的三股叉象徵了貪、瞋、痴三毒的轉化。三顆顱骨則象徵著「三身」，乾枯的顱骨代表「法身」，法身無形無色，包含一切萬物的潛能。其次為「報身」，用一顆被砍下來數週的頭顱為代表。報身以光的形式出現，是元素淨化後的本質顯現。西藏的眾多本尊都是以這種形式出現，但只有十分進階的瑜伽士可以得見並進入其範疇。疊在這兩顆頭顱最下方而剛砍下來的血淋淋頭顱，代表的是「化身」。化身的意思是以人身化現的證悟能量，例如：蓮花生大士或佛陀。化身是唯一能被普通人看見的身相。轉世的西藏上師被藏人稱作「祖古」，在藏文中意指化身，此外佛陀也被視為是化身。

如果思考卡章嘎這支頂端有著三叉的天杖可以拿來做什麼，它有可能是：作為支撐物、當作長矛，以及拿來壓制東西的木樁。空行母手持著卡章嘎，是要告訴我們，她已經將陽性本質融入自己，隨時可以取用。手上架著這支三叉天杖，代表她擁有獨立的力量，因為她已經將陽性本質與自己的本質結合在一起。同樣，如果男性本尊手持卡章嘎，情況也是如此。觀想自己為這些本尊的密宗行者，了解為了成為完整，我們一定要體現並欣賞自己的陽性與陰性本質。

---

24 愛蓮娜．霍爾《月亮與處女》，第一百六十九頁。

25 斯塔霍克《螺旋舞》，第八十三至八十四頁。

我認為手中架著卡章嘎，展現跳舞姿態的空行母形象，特別有力。她架著卡章嘎，並沒有抓住它。她把這個東西視為必須放在身邊隨時能取用的東西，但同時她也認知到它是獨立於她的東西。

對於發生在公元前三千年古蘇美文明神話《伊南娜下冥界》中，埃列什基伽勒的木樁與卡章嘎的相似性令我感到驚訝。埃列什基伽勒是冥界的女神，當伊南娜下到冥界目睹埃列什基伽勒丈夫死亡時，埃列什基伽勒殺死了伊南娜，並將伊南娜掛在她的樁釘上。席薇亞．佩雷拉在她的著作《下沉而至女神》中討論到木樁的含義：

> 木樁以非人格的方式暗示女性內在的陽性能量。木樁能讓東西堅固，能釘入物質中，幫助那個東西在那個時刻具體展現和奠定其精神。因此，木樁具有支持性，像一根可以在生命的變遷中緊緊抓住的樁釘。木樁也像是暗黑女神被殺的丈夫，古伽蘭娜的肢體。埃列什基伽勒的木樁以女性的陽性力量填補了女性所有接受性的空虛。……這樣女人就不僅僅是依附於男人或孩子，而是可以作為一個完整且獨立的個體自己存在。[26]

關於卡章嘎，有兩點必須說明。第一，憤怒空行母拿著卡章嘎的形象，對西方女性來說，可以說是一個極具啟發性的形象。因為我們的文化中並沒有這樣的女性形象。我們的文化顯然不鼓勵女性認領自己的陰性力量。在我們的文化中，當女性感到堅定自信或憤怒時，並不被鼓勵用正面的態度看待自己。她們被教導要溫順，永遠不具威脅性。

第二，空行母的卡章嘎象徵她將陽性能量融入自己而獲得力量，並藉此平衡內在的極端能量。相較於要由王子喚醒的睡美人，她已然覺醒且翩翩起舞。她可以從完整和豐盛的角度付出與接受。透過這個方式，她就能免於各種未經明辨、不夠明智而導致受苦與受虐的親密關係。

堅定自信的女性也能作爲地球的守護者。當父權體制撕裂與毒害地球時，暗黑女神的能量被視爲令人討厭的新興暴發戶。從婦女推動生態保護和廢除武器的抗議活動中，我們可以看到這股憤怒空行母的力量。

在《密勒日巴大師歌集》中，密勒日巴遇到一些空行母，她們由於一名牧羊人燃燒大火所發出的惡臭濃煙而受到灼傷與激怒，因而製造一場瘟疫。空行母們對密勒日巴說：

根據因果定律的對等關係原則，當我們從疾病中復原時，人們也會復原。一切世間空行母所具的共同誓言為：只要我們其中一位染病或不安樂，我們全都會惱怒，而天人與鬼神都會站在我們這邊，讓世界陷入混亂。[27]

如果我們將空行母視爲微細的能量流，那麼當某個人的行爲擾亂了地球的能量時，空行母的能量也會被擾亂，繼而衍生疾病、飢荒與戰爭。

---

26 席薇亞·佩雷拉《下沉而至女神》，第三十九至四十頁。

27 張澄基英譯之《密勒日巴大師歌集》，第三百三十六頁。【譯註】空行母根據其證悟空性與否，可簡單分爲出世間空行母和世間空行母，出世間空行母爲勝義層次的智慧空行母，世間空行母則爲世間供贊護法類的女性神祇。

密宗行者除了於座上觀修空行母，在日常生活中也必須學習如何汲取與運用空行母的任運顯現。在這些傳記及絕大多數西藏偉大聖者的故事中，都可以看到空行母在關鍵時刻現身。這些交會經常為修行者僵硬的觀念，帶來犀利、深刻的挑戰。她們可能會以人類空行母的形象出現，或者經由夢境、幻相來傳達訊息，並在傳達訊息後便消失無蹤。這些交會往往具有紮根、實用、洞悉的特點，既一針見血又怒不可遏。這就是暗黑女神的本初原始能量。一位持守清淨禁慾戒律的僧人，每每必須先接受他內在的這個面向，才能繼續在密宗道上修持。而正是基於這個原因，憤怒空行母才會與血汗肉有關。

在著名高種姓學者無畏生護[28]的故事中就有說到，曾有一名年輕少女出現在他的寺院庭院，朝著他走去，並直接將一塊血淋淋的肉塞到他懷裡，還說是為他宰殺的。他嚇了一跳，回說：「我是戒律清淨的僧人，這顯然是為我準備的肉，我怎麼能吃呢？」就在這麼說的當下，少女就消失了。

佛教密宗迫使我們超越自己的一切侷限，像是不吃為自己所宰殺的肉（編註：三淨肉）。在密教中，所有的習氣，即使是「黃金好習慣」也要能捨離，這樣我們才能不帶任何分別概念地體驗實相。

密宗的盛宴儀式「薈供」正是基於這個原因，總會包含獻上肉與酒。不論在任何情況下，我們都不應受到善惡的概念所制約。即使是在看似不道德的情況下，密宗行者不僅可以，也必須直接把惡業轉化，而非採取逃避的方法。無畏生護並未認出這位少女其實是前來測試其了證程度的空行母，因而錯失了一次修行進展的機會。之後，當她再次現身在他面前時，是以醜陋老太婆的形象出現。由於無畏生護在這段期間曾請示他的上師，於是那一次便認出了她，並向她懺悔先前的疏失。這對他的修行來說是個轉捩點，他從此變成一名具有成就的瑜伽士，而非嚴守戒律的僧人。

藉由直接與空行母接觸，有助於行者開啟直覺的能力並生起洞見；如果這些能量未被激發，修行就會流於平淡乏味並停留在智識層面。空行母也會創造一種連結感以及不按牌理出牌的嬉鬧氣息，有時可能因而令人害怕，正如創巴仁波切說的：

頑皮的少女無所不在。她愛你。也恨你。沒有她，你的人生將百般無聊。但她卻又不斷地捉弄你。你若想要擺脫她，她便緊緊抓住你。想要擺脫她，就得擺脫你自己的身體——對，她就是那麼地靠近。在密宗文獻中，她被指稱為空行母本質。空行母是淘氣的，她拿你的生命作賭注。[29]

空行母透過生活體驗，而非透過複雜的哲學辯論來直接傳遞訊息。也是因爲如此，空行母與直接從身、語、意能量下功夫的密宗法教有關，而非與偏重智識的顯宗法教有關。

當修行者面臨從智識層面的方式轉變到以覺受爲主的方式時，空行母經常會在此時作第一次的現身。這種情況，可見於薩惹哈和那若巴的傳記。

著名的僧人學者薩惹哈離開所屬的學院，前往尋找密宗上師。他在途中，看見一名年輕女子在市集裡製造箭矢。他被她迷住了，於是趨近並詢問對方是否爲專門的製箭師，她回答：「我親愛的年輕人，佛陀所示的義理可以透過象徵與行動了知，而非透過文字與書籍習得。」[30]薩惹哈一聽，明白了箭

---

28 參見雷金納德．雷〈佛教密宗之女性成就者〉，刊登於福克與葛洛斯共同編輯之《未說的世界》，第二百三十七頁。
29 邱陽創巴仁波切《彌勒佛》第四期，第二十五頁。
30 赫伯特．岡特翻譯之《薩惹哈王室道歌》，第五頁。

矢所代表的象徵含義，於是便拜她爲師。此舉激怒了宗教界，因爲他之前始終是一名清淨的婆羅門種姓，所以國王、王后與人民質疑他的了證，因此他著名的悟道歌，即是他對這些質疑所做出的回應。

有一天，薩惹哈請女製箭師爲他準備白蘿蔔咖哩。在她做飯的同時，他進入甚深禪定（三摩地）中長達十二年。當他出定時，他立即向她要白蘿蔔咖哩，於是她回答：「你入定十二年都沒中斷，現在要白蘿蔔咖哩，好像它還在似的。再說，現在這個時節也沒有白蘿蔔。」接著，他答說要到山裡打坐，她便回應：「單純把身體抽離世間，不算眞正的出離。眞正的出離，在於你的心能摒棄毫無意義的痴心妄想。如果你入定十二年都還不能忘記對白蘿蔔咖哩的慾望，那麼到山裡打坐又有什麼意義呢？」[31]

有關空行母的機敏多變，最佳的例子可以參考印度著名佛法導師那若巴的生平故事。

那若巴是享譽聲望之那爛陀大學中最偉大的學者。一天，當他在閱讀一本有關因明學的書時，一道影子落在書頁上。他轉過身來，看見一位面容枯槁、極爲醜陋的老太婆。她問他是否看懂書中的文字或義理，他回答說他兩者都懂。接著她突然大發雷霆、大聲喝斥，說他只看得懂文字，不懂含義。她建議他去找她那位了解含義的兄長，然後就消失在彩虹中。他基於這次與空行母的接觸經驗，決定要到佛學院以外的地方尋找眞實的了證。

空行母以老太婆現身，是因爲她即爲自初始以來便超越分別概念的本智。她的醜陋，是因爲那若巴一直以來壓抑並排斥自己的本智。這位本智的使者以醜陋的外表現身，是因爲那若巴一直在自欺，認爲自己眞的明白，但事實上他始終在建立一座充滿智識卻對特定事物保有迂腐守舊態度的虛妄堡壘。

儘管他爲了尋找上師而眞的驟然離開佛學院，並成爲一名清貧的托缽僧，但他的慣性思惟模式卻改變得相當緩慢。他的上師帝洛巴並沒有馬上現身，而是等到他尋找多年後才出現。帝洛巴堅持他應該克服自身的偏見，而漸漸認識「心之鏡——空行母的秘密家園」[32]。上師展現了一些情境，而那若巴卻從表面及分別概念的方式去看待，而非以象徵、直觀的方式去著手，因此這點證明他對空行母缺乏了解，進而造成他極大的痛苦。例如，在他啟程尋找上師後，就在途中遇到一位身染痲瘋病的婦人橫躺在他面前的道路中間。如果他當時持續奉行他所讀到有關悲心的法教，早就應停下來幫助她，但是他卻沒有駐足協助，反而從她身上跳躍過去。就在那時，婦人顯現在空中的一輪彩虹日暈中，說道：

勝義之中諸法皆同等，
離於念頭習氣與限制，
若你仍受上述所箝制，
豈能指望可尋得上師？[33]

---

31 雷金納德·雷〈佛教密宗之女性成就者〉，刊登於福克與葛洛斯共同編輯之《未說的世界》，第二百三十六頁。

32 赫伯特·岡特翻譯之《那若巴的生平與法教》，第四十一、四十七、五十一、五十三、六十二、六十七、六十九、七十二、七十五、七十七、七十九、八十、八十三頁。

33 赫伯特·岡特翻譯之《那若巴的生平與法教》，第三十頁。

那若巴因為無法與超越二元、用象徵性語言表述的空行母建立連結，他表現得就好像有個實有的「我」在行動。他視一切外在事物都與自己分離，落入二元陷阱中，而不是將自心視為一面不帶二元善惡成見而可映現一切的明鏡。空行母的住所就是我們的第一念，也就是尚未將感知事物執以為實之前的第一念：我們讓感知進來，不對一切感知加諸任何的標籤分門別類。

空行母本質是活躍流動的，空行母就是能量本身。與她們的正面接觸會帶來清新、充滿魔法的感受。她是能幫助你打開直觀理解力與甚深覺察的引導者，但如果你變得過於貪著或偏執的話，那麼這股能量會突然轉變，並給你製造麻煩。這可能會很痛苦。當能量受阻時，我們因為自己的執著而感到疼痛，這就是忿怒空行母。她的怒氣迫使我們放下這份執著，進入她的秘密家園。

所有的密宗行者都必須好好認識他們自己體內的能量和周遭世界的能量。因為空行母是各種形式的能量，禪修諸如金剛亥母或五智空行母的金剛母形象，是建立這種覺察的一個方法，但就如同我們在本書中隨後會看到的故事，以及前述的那若巴、薩惹哈和無畏生護尊者的故事，這些空行母也會出現在夢或淨相中，或甚至以人類的形象出現。空行母是修行上的助產士，身體內的陰性本質，幫助密宗行者透過斬斷分別概念並直接運用能量，產生空行母所所體現的智慧。

空行母的語言

在我們以理性、科學觀點主導的文化中，我們傾向以非常有限的方式來思考語言。但是神秘主義者和瘋子一直堅持，認爲還有其他種類的語言。這些語言無法被理性的左腦所理解或詮釋。西藏上師們提到一種叫做「空行母秘密文字與符號」的語言，此外，還有密宗名相所說的暗語，叫做「密意之語、暮光之語」，以及密勒日巴稱之爲「空行母氣息」以口耳相傳爲特色的噶舉傳承教法。

空行母語言是由非固定譯義的字母或符號所組成。只有觸及空行母能量場的極少數人能夠理解這種語言的含義。它是一種具高度象徵性的密碼，非常簡要，以至於可能六、七大函的法教，只需幾個文字就可以代表。偉大的空行母益喜措嘉，便藉由空行母密碼來收錄並隱藏許多文本。有時，一整部法教被濃縮成一個符號，隱藏在土地、岩石、樹木或水流中。

爲了探討空行母語言，我們就必須先探討伏藏傳統。伏藏是一種「隱藏起來的珍寶」，它被隱藏起來，等待後來由「伏藏師」發現。「伏藏師」是能找到並解讀伏藏法本的人。法本通常是以空行母語言寫成，只有獲得授記要發掘該伏藏法的伏藏師才能解讀該法本。伏藏的內容各不相同，但它總是剛好適合於它被發掘和揭露的那個時間點。

最著名的伏藏法是八世紀後期和九世紀初，由蓮花生大士和益喜措嘉所埋藏的伏藏。通常益喜措嘉會以她非凡的記憶，記下蓮花生大士的法教，並將它們藏在「金剛岩、神秘湖泊和不變的寶篋中」[34]。這些地方被稱爲「伏藏所」，它們受到「伏藏護法」的守護，以免被不適當的人所發現。

34 伊娃．達給《西藏密教之興起》，第八十八頁。

這整個埋藏伏藏再等待取出的過程，目的是爲了將蓮花生大士本人清淨無垢的法教直接傳授給後代，而非留下扭曲的版本或隨著時間而改變或淡化。蓮花生大士被許多藏人視爲第二佛。事實上，他改變了藏人的信仰，但是他並沒有否定當地的原始信仰，而是將神變、神秘、密教、大圓滿法和苯教融合在一起，爲我們如今所知的藏傳佛教奠定了基礎。儘管有些藏人，特別是那些「改革後的」格魯派追隨者，否認伏藏傳統的有效性，但大多數的藏人對蓮花生大士（他們稱之爲「咕嚕仁波切」）和伏藏法教都懷有最高的敬意。

蓮花生大士的一些弟子也會透過將伏藏埋藏在大地中來保存法教。這種伏藏被稱爲「地伏藏」。另外還有一種伏藏稱作「意伏藏」，它是從「鳥類、樹木、各種光和虛空中」[35]接收到的。這種伏藏不像地伏藏那樣是從實際物質中取得，而是透過神啟的方式發掘。例如，伏藏師會凝視著天空，接著空中會顯現出符號或幾個文字。如果伏藏師與空行母能量有適當的連結，他便可用普通人能理解的語言，寫下這幾個文字或符號所代表的法義。我們在阿育康卓的傳記中，就可以看到有好幾個法本是以「意伏藏」出現的。

伏藏法除了隱藏在各種元素中，例如「火伏藏」、「風伏藏」等等，還有一種伏藏法叫做「再伏藏」。這種伏藏是先由一位伏藏師發掘後，卻發現開啟的時機不對，於是將它們送回給空行母，等待日後再次開啟。在覺姆曼嫫的故事中，我們就會看見一個類似的例子。雖然她早在西元一二六〇年於蓮師的洞穴就獲得了《空行秘密總集》的伏藏法，但她當時並沒有將此法透露給其他人知道，直到這個伏藏法後來再度由蔣揚・欽哲・旺波（一八二〇年至一八九二年）所發掘，並收錄在他的伏藏法集，也就是著名的《大寶伏藏》中，於是此伏藏法便成爲一個再伏藏。欽哲旺波是阿育康卓的主要上師，阿育康卓從他那裡領受這部密宗的口傳後，便將此法傳授給後世的人們。

因此，我們從這些資訊中可以知道「暮光之語」是眞正的暗語，唯有獲得智慧空行母加持的人才能理解。翻譯這種語言不是依靠字典和文法書，而是透過從虛空得來的「另一種了知」。這種了知遠離日光下以邏輯常規爲主導的理性世界，但又非來自潛意識的黑暗深淵。它來自暮光世界，在那裡，心能展現它另一種功能，而該功能不只是心的直覺力，因爲即使直覺強大的人也無法理解空行母的語言。那是一個由空行母所統領的境界，只有能夠融入空行母意象世界的人，才能理解空行母𠁼封印的語言。

空行母語言也可以是修行者用來達到本覺[36]境界的方法。例如，「金剛歌」就是用空行母語言寫成的。雖然很多人將「金剛歌」視爲咒語，但是它跟咒語不同之處在於，它不是用來獲得某種效果，而是讓處於迷惘狀態的修行者，藉由此金剛歌將內在能量與遍佈一切的整體能量之流相連。由於我們處在二元狀態，因而產生了如此的分離，所以這種修行的要點就是透過進入聲音維度來

---

35 伊娃．達給《西藏密教之興起》，第九十頁，以及該書第十一部份第六個傳記。

36 「本覺」是對本初「覺」的覺知，爲一個人體驗到明晰、「無念」和無我（空性）時所出現的覺知。它有時會被描述爲「赤裸」的狀態，因爲於這種「在」的境界裡，心遠離了妄念和潛意識的叨絮。修行者可以透過「金剛道歌」等各種修持，學著認出和培養這種境界。

消除二元的界限。「金剛歌」的聲音具有造成這種效果的力量。這有點像西方神秘主義者所說的「天體音樂」。聲音在聽者的體內振動，由此振動產生聲波，調整那個人的磁場，進而與宇宙天體的聲音合一。

值得注意的是，在瑪吉拉準的傳記中，空行母出現的時間幾乎每次都是在黃昏，而空行母的語言也被稱爲「暮光之語」。暮光是介於清醒和睡眠之間，有意識和無意識之間的時間，是正值轉換發生的時間，所以可能會有個缺口，那道自我總是採取保護自己的高牆，可能會產生一個裂縫，就有可能發生來自其他事物的重要交流。黎明時分，我們的心尚未受到意識的拘囿，但深層睡眠的厚重面紗也已經揭開。因此，如果我們能對「暮光之語」保持開放態度的話，就能經常在這些過渡點中找到空行母：

> 從闔眼到睜眼，從閉嘴到張嘴，每晚我們都要經歷一次這樣的旅程，然而，卻很少人去重視在隱沒與生起間所發生的事。……記憶讓啟蒙與個體化歷程（現代平行歷程）變成可能。為了讓心靈成長，必須將自己投入無意識的生命之流中，不要遺忘，不要減低；不要將在另一個世界的探秘之旅貶低或藐視為「單純幻想」……。這種想要表達在世俗實相表面之下所見所聞的迫切，需要一種「靈魂的語言」。[37]

伏藏傳統和空行母文字的存在，只能在西藏這類爲甚深修行發展提供環境的文化中演進。西藏的高海拔、廣袤空間、人煙稀少和機械設備的缺乏，爲禪修者提供了世界上任何地方都無法相比的寂靜和寬闊。西藏文化非常重視修行，王國領導人會參考夢境和神諭的指示，來自「暮光世界」的訊息也受到關注和重視。

下沉與重生

在本書的幾個故事中，可以發現強大而令人回味的「下沉」神話，它在許多文化中都有相似之處。故事結構通常都是從一個受到壓迫或失去意識的情況開始，由此引發了在黑暗中的危機和「死亡」或下沉、開啟，這樣的情境隨之而來的是復活或重生。這種在黑暗中獲得的體驗能夠照亮整個存在，而藉此體驗，使我們受到不可逆轉的改變並獲得力量。

類似的模式也發生在希臘女神波瑟芬尼和賽姬的神話、古蘇美文明的《伊南娜下冥界》、希臘的啟蒙儀式、薩滿的啟靈儀式以及諸如《睡美人》、《野薔薇》、《無手少女》、《七隻渡鴉》、《霍勒太太》和《芭芭雅嘎》等童話故事之中。此外，還有一些現代心理學家，諸如席薇亞・佩雷拉、瑪麗・馮・法蘭茲和愛蓮娜・霍爾，也都觀察到這個模式。其他一些缺乏人生樣板與導師的女性，唯有靠著女人之間的彼此滋養，而試圖在父權體制中促使心靈整合，她們也發現了這個模式。如果我們能正確理解下沉的秘意，如此的經歷就可對我們生起廣大的效用，因為它是通往普世啟蒙過程的鑰匙，如果我們想要發展和了解自己，就必須經歷這個過程。正因為這些體驗所觸及的層面是如此深邃，如果我們能將這些面向再次整合起來，那麼就能經歷有意識的重生，而非無意識地任由社會壓力和習俗來形塑自己。

37 愛蓮娜・霍爾《月亮與處女》，第二十七至二十八頁。

我們可以欣賞自己的黑暗期並從中成長，將它們視爲再次出發的跳板，而非毫無用處的人生插曲。我們可以學習什麼是被動地捲入黑暗之中，什麼又是自願地主動選擇進入幽暗未明的世界。進而，我們可以從中了解到自己需要什麼，又該請誰來協助自己消化、吸收在下沉過程中所獲得的智慧洞見，無論這個下沉是自願的還是被迫的。

在這本故事集中，朗薩雯波的傳記最鮮明地印證了這個下沉的秘意。這是一則關於死後又復活的故事，名爲「還魂人」的故事。

我將於此檢視朗薩雯波人生中的一些事件，並從死後復生的角度來看這些事件在修行上所代表的心理意義。

首先，許多童話故事中，於一段不孕期後，會生出一個超自然的孩子，之後女主角或男主角誕生了。就我們自己的人生而言，在重大轉變或創意作品出現之前，我們可能往往會經歷一段沉思、停滯和啟動重要計畫，或者沒有任何作爲的時期。在朗薩雯波的案例中，她的父母不求自利而密集禪修度母，如此的努力帶來了奇蹟般的結果。從這個例子中，我們可以理解到：即使在沒有預見物質收益的情況下，我們也必須朝著自認爲善好和正確的方向前進。

朗薩雯波的整個童年時期，都是「好女孩」的典型代表；她的父母對她非常滿意，「儘管她是女兒身」。這句話表明了藏人偏愛男嬰。我最近一次去尼泊爾時，一位被視爲「瑜伽女」的女士告訴我一位懷孕的朋友說，只要念誦蓮花生大士的祈請文十萬遍，就一定會生男孩，而老天保佑不會生女孩。

幼年的朗薩雯波在各方面都是那麼的「好」，她克服了生爲女兒身的這個「缺陷」，然而，她決定不要步入家庭，反而是想成爲一名瑜伽女，且不曾懷疑自己的未來。然而在進入青春期後，她的容貌開始綻放光芒，不由自主地吸引了許多追求者。終於，母親的保護傘還是被日朗邦主所破壞，他「像老鷹叼走小鳥般」，抓走朗薩做爲自己兒子的新娘。

這種主題在童話故事中相當常見：「最初受到保護的狀態，是一種心智整合的感受（回顧起來便是一種孩童所具的完整體驗），而這種一體感，在「偉大父親」和其使者的原型顯露後遭到打破。童話故事通常以國王之子（代表父親的王子）的出現來描述這樣的事件。」[38]

在朗薩雯波的故事中，即使面對邦主之子，她也不想與任何人結婚，但卻別無選擇。這個婚配對她父母來說是個很好的決定，而且也不敢拒絕。由於當時西藏是中世紀社會，當地邦主對平民有統治的權力，如果有人膽敢違抗邦主的命令，後果可能糟糕至極。在益喜措嘉的傳記中，我們就可以看到這點，當她拒絕嫁給當地邦主時，她說：「官員用一條鐵刺鞭子抽打我，直到我的後背血肉模糊。由於我無法忍受疼痛，只好起身跟著他們走。」[39]

無論是日朗邦主，還是想娶益喜措嘉爲妻的王子，他們對這些女子的內在品德絲毫不在乎；而對方都擁有藏人認爲是善業果報的曼妙容貌，以及出離世俗生活的心願等多重加持。邦主幾乎

38 愛蓮娜・霍爾《月亮與處女》，第一百三十五頁。

39 凱斯・道曼《天空舞者》，第十六頁。

不把朗薩當作人看，其實還會問她是否爲人類，抑或是天人、樂神或龍族的女兒。他將她視爲一件可以提高自己家族地位而值得擁有的美麗商品。

即使在二十世紀的現在（編註：作者寫作本書時爲二十世紀末），身爲女性，我們可能會因爲表達自己的靈性或是不願嫁人而遭受毆打威脅，又或者我們可能會發現自己陷入並持續身處在糟糕的關係中，因爲父權社會教導女人，她必須跟男人在一起才能證明自己。

對一位內心徬徨猶豫的年輕女子而言，如果面前出現一位男子來爲她定義自己的人生，或許是一種解脫。如果她落入這樣的陷阱，並在之後又試圖維護自己的個體性時，將會面臨很大的阻力，甚至可能是暴力。當女人的慾望與男人的需求開始不一致時，就會爆發情緒，而男人的阿尼瑪投射（男人將其無意識的陰性面投射到女人身上）也會崩潰。或者，她會選擇投降，繼續抑制自己的個體性，並按照男人的投射而活；如果她這樣做的話，可能要努力維持自己的內心生活，但她的內在世界與外在世界產生矛盾，以及爲了服務伴侶的心理需求而不得不囚禁自己，這些將不可避免地使她活在一種半夢遊的抑鬱狀態中。

對朗薩雯波而言，她所面臨的情緒爆發是被毒打致死。但在她「死亡」之前，當她遇到瑜伽士時，她已經意識到自己的處境是極其艱難的。瑜伽士指出她目前的生活毫無用處，當薩迦堅贊化現爲一名牽著猴子的英俊乞丐時，她再次意識到自己的處境是極其艱難的。他選擇化現爲乞丐與猴子，是挺有意思的象徵。之所以化成乞丐，是因爲朗薩的心靈貧困，並且正在「乞求」受到關注。但這名乞丐卻是英俊的，這不僅是要引發朗薩公公的懷疑，也在相應著朗薩對自己個體性的深切渴求之美。一位理當散發慈悲心的上師，卻像薩迦堅贊那樣，使得原本已然痛楚的局面加劇，這似乎有點古怪。但通常的情況是，上師會讓弟子受苦，以淨化對方的業力，加速修道的進展。朗薩的案例亦然，薩迦堅贊預見到她必須先經歷「起死回生」的過程，最終方能回來利益他人。

猴子象徵著受人捕捉並且被訓練來模仿。猴子因爲外表充滿魅力而被抓，經由痛苦的訓練以控制其天性，成爲自由人類的消遣娛樂之物。乞丐用猴子與鸚鵡等動物來比喻朗薩的處境。最終還告訴她，如果不給予豐厚供養的話，她就不如廟堂裡的畫作。這意味著，除非朗薩願意對眞正的自我做出重大的承諾，否則就只能繼續當個膚淺的女人，而不比一幅平面的畫作更有深度。

雖然朗薩表面上在履行賢妻良母的角色，內心深處卻渴望閉關、禪修，這個心願未竟的暗流，致使她與自己的覺受分離。因此，在她「死亡」時與丈夫的分離，實際上是放大了這份一直潛藏在表面下的解離感。

朗薩面對阿尼聶莫出於嫉妒的誣陷，選擇沉默，不爲自己辯護，但這樣反而在無意識中引起衝突，迫使她不得不走出令她停滯、沮喪、唯諾服從的人生階段。她將誇張的禮物餽贈給乞丐瑜伽士，則是更多抑制不住的本能行爲，進而導致她墮入陰間，也使得原先的局面終於解除。

許多女性在結婚生子後，都有類似這種「毫無出路」的無助感。她們奉獻了自己，並覺得自己如果不快樂的話就等同失敗。舊有的願望始終沒有獲得滿足，也破壞了現況。在這種情形下，即使她擁有「一切」應該讓她快樂的事物，她仍然焦躁不安和悲傷不已。

女性通常不了解，這種不滿其實來自她喪失了自己的力量，但她卻誤以爲這是個人的失敗或無能，因而持續在她所選擇的環境中，努力尋找能夠獲得滿足的方法，但結果通常會失敗，使得憂鬱之魔持續抬起其醜陋的顱顏。

朗薩受到所屬文化和母親的制約，不相信自己有能力成爲瑜伽女。我們可以從這段她母親所說的話得知：

「如果妳真的想修行佛法，那是非常困難的。如果妳有這種念頭，為什麼還生孩子？不要妄想修行，那是妳辦不到的。做你能力可及的事，當個家庭主婦。」

「妳就像一頭小綿羊，不想跟其他羊群待在一起而被剝削。因此如果妳被送去屠夫那裡，就不要感到遺憾！」

雖然阿尼聶莫以壞人的形象出現，不斷地爲朗薩製造麻煩，但實際上如果沒有阿尼聶莫把局勢帶到最高點，朗薩就有可能一輩子都在沉默的抑鬱中度過。阿尼聶莫引起了以宮廷生活爲代表的集體標準與朗薩的內在修行生活之間的對抗，這樣的對抗最終帶領朗薩脫離當時表裡不一的處境。

阿尼聶莫也代表受貶抑的陰性本質，她之所以會和朗薩對立，是因爲她沒有把朗薩視爲可以彼此分享的姐妹，反而把她當作敵人看待。由男權主導的局面往往會對女性產生這種影響。這些女性沒有選擇彼此認同，反而爲了爭奪掌權的男性而相互競爭。當女性被詆毀時，她們會變得扭曲且負面，變得不喜歡自己，並以負面眼光看待其他女性，用男性的角度貶低其他女性，以獲得壓制者的贊同。[40]

朗薩故事中所提到的兩個母題，我們也可以在西方童話故事中看到。在《無手少女》中，一位純潔的女孩，在惡魔的詭計下，受到丈夫誤解並被驅趕到森林中獨居。她被迫融入大自然中，想辦法與自己內在良性的阿尼姆斯連結，不再按照集體規則行事；她必須陷入深深的內向。此處的森林，也可以是沙漠，或汪洋中的孤島或山頂。[41]

在朗薩的案例中，她「下沉」到了地獄，透過陰間的體驗，使她回到陽世後，對自己有更深層的認識，不再壓抑對修行的渴望。這些渴望在她奇蹟般復活後得到認可。

在另一則名爲《七隻渡鴉》的童話故事中，女孩想辦法要讓她的哥哥們從渡鴉變回人身，方法是她必須不能笑，維持緘默整整六年，還要用春星花爲他們每人都編織一件襯衫。在這段時間內，她嫁給一位國王，過著雙重人生，一方面維持靜默，繼續做她的襯衫，並且履行妻子的義務。她的婆婆挑起事端，帶走她的小孩，並控訴她殺了孩子。馮．法蘭茲如此解析這個故事：

雖然她很能幹，也實現了正常的女性生活，但在表面的生活下還是有些事情在進行著，也就是所謂的二次歷程，並導致誤解的產生。有時繼母或婆婆會使國王與自己的妻子疏離，使她漸漸被逼到完全孤立的狀態，而她所做的英雄之舉則是繼續維持緘默；儘管生命受到威脅，這個局勢的壓力並未迫使她說出自己的秘密。暗自承受周遭人們對她的誤解，盡一切努力保守信仰的秘密。……將對話

40 艾瑞旭．諾伊曼《丘比德與賽姬：陰性心靈的發展》，第十二至二十五頁、第二十九至三十頁、第七十至七十七頁、第一百三十二至第一百三十四頁。

41 瑪麗．馮．法蘭茲《童話中的女性：從榮格觀點探索童話世界》，第八十四頁。

維持在自己內心，不讓顛覆的勢力將之公諸於世並予以破壞，這是個體化歷程中極為至關重要的戰場之一。[42]

朗薩用沉默來守護她的修行過程。通常，進行深層的內在歷程必須保守秘密，否則就有可能被那些以物質爲導向的人們所凍結或曲解，例如朗薩的丈夫和公公便是如此。

朗薩的「死亡」本身有重要的典型意義，因爲類似的主題也出現在薩滿文化、古希臘文明，以及本書覺姆曼嫫故事中的西藏灌頂儀式，甚至是本書其他一些女性的長期閉關。

這種模式基本上就是一種啟蒙。啟蒙代表主動進入黑暗，有意識地關閉日光世界，進入個人更深層的內在。

在古希臘宙斯神諭洞特洛福尼俄斯（Trophonios）的遺址，尋求神諭者必須俯身透過一個小洞進入穴窟中，並在三天後經由「治療師」或助手將他們拉出來。[43]

薩滿的啟蒙儀式非常類似「還魂」的經驗。中亞雅庫特族的薩滿巫師提到，「惡靈將新任薩滿巫師的靈魂帶到陰間，關在一個小房間內三年（低階的薩滿巫師只關一年）。巫師會在那裡經歷自己的啟蒙。惡靈將他的頭砍下來，放置在一旁（爲了讓他觀看自己身體被肢解的過程），接下來便開始將他的身體肢解成碎塊，稍後將碎塊分送給各種疾病的魂魄享用。唯有經過如此磨難的新巫師，才能獲得治癒的能力。在這樣的儀式後，他身上的骨頭會重新長出肉來，有些個案也會被賦予新的血液。」[44]

根據一份文獻，在西藏，多數還魂人在進入陰間前都會身染重病。「在旅程開始前，還魂人會先出現恐怖的景象與幻覺，感覺自己身處可怕的暴風雨和龍捲風中，耳邊聽到一種駭人的噪音，相信自己被猛烈的冰雹擊中，並打到骨碎頭破，感覺自己就像一個遭遇船難而沉至海底的人，或彷彿就像被高高拋到空中。他相信自己已經死亡，因為現實世界從他眼前消失，隨之而現的是來生的世界。」[45]

還魂人和薩滿巫師一樣，從冥界歸來，獲得了起死回生的體驗和權威。並用此經驗來勸告世人，他們在這個世界所做的一切都將影響來生的果報。

在抑鬱中經歷的冥界之旅，也有這種功能。抑鬱症會導致自我的深淵和黑暗的死亡，如果使用得當——如果病人能渡過難關——就會像隱士所做的往內修行一樣，主動進入自己內在的基石，並帶著能夠利益他人的啟示回歸。如此的經驗可以成為一個跳板，讓人成長茁壯並脫胎換骨。重點是，那位回歸的人要能記得並運用下沉的經驗，否則這個經驗就毫無意義了。

阿育康卓、覺姆曼嫫、準千日瑪和瑪吉昂覺為了獲得更深的覺察，全都經歷過多年的主動閉關。阿育康卓實際進行了多年的黑關修持，藉由在漆黑環境中修持大圓滿法來開展內在光明。這些都屬於自願進入下沉的體驗。

42 瑪麗・馮・法蘭茲《童話中的女性：從榮格觀點探索童話世界》，第一百三十六頁。
43 愛蓮娜・霍爾《月亮與處女》，第二十五至二十七頁。
44 米爾恰・伊里亞德《薩滿教》，第三十六至三十七頁。
45 朱塞佩・圖齊《西藏宗教》，第一百九十八至一百九十九頁。

從低潮中走出來的西方女性，也常常會選擇獨居，她們直覺地知道獨居能引發自我對抗，而帶來更深的領悟。上述西方社會中的女性（世人認爲她們既可憐又不幸），可以藉由這些西藏瑜伽女的故事來獲得力量。

就像瑜伽女會尋求上師或善知識的指導一樣，或如希臘人需要「治療師」的幫忙以詮釋他們從神諭洞帶回來的記憶一樣，此類的西方女性也會求助於其他女性或心理治療師，協助她們從下沉的狀態中重生。

有關下沉的迷思，榮格分析師瑪麗·露薏絲·馮·法蘭茲，以自己所進行的治療性主控退行法爲例，描述了能呼應《無手少女》故事中的下沉體驗：

> 在中古世紀有許多隱士，在瑞士也有所謂的「森林道友」——有些人不想待在修道院中，喜歡獨自住在森林裡，一方面可以親近大自然，一方面可以追求絕佳的內在修行體驗。像這樣的森林道友，在人格上可能有很高的層次，有修行的宿命，不得不暫時放棄繁華的凡俗生活，與世隔絕，以尋求與上帝的內在連結。這種行為與極圈部落內的薩滿巫師或世界各地的巫醫所做的相去不遠，都是透過與外界隔離來尋求個人對宗教的直接體會。[46]

重生的人往往因爲經歷過內在的重新評估，所得的知識讓他們「與眾不同」，而對原本就認識他們的人產生威脅。朗薩的丈夫和親戚對她的果斷感覺受到威脅。覺姆曼嫫從蓮花生大士的禪修洞出來後，改變極大，人們因而稱她爲「曼嫫」（女魔），使她不得不離開家鄉。之後，她遇見能了解她所獲法義並引導她開展更深修行的咕嚕秋旺。

朗薩在還沒有「死亡」前，一直都很「溫順」，滿足周遭所有人的期待與標準。在她下沉後，她了悟到遵守這些標準並非眞正的善德，也不會引發任何的善果。溫順不一定是眞理，而且經由個人體驗，她獲得了追隨自心的勇氣與自信。

最終讓她掙脫順從的時間點，是在她返回人間後，回去探望父母時。很有意思的是，最後的引爆點發生在她織布時。織布在傳統上屬於女性的工作。女人織起家庭的一片天，她們用基因、血液和養分織出一個個呱呱墜地的孩子。朗薩坐在織布機上，唱起一首歌，講述自己是怎麼被織成一塊並非自己所選花色的布。她的母親聽了這首歌後非常不高興，突然勃然大怒。朗薩非但沒有像過去那樣被恫嚇住，為了將自己的內心渴望與外在處境結合起來，反而堅持自己會想辦法離開。在她的母親扣留她的兒子，將她趕出家門後，她鼓起勇氣，終於啟程去尋找她的上師。她必須面對失去兒子和前往未知的可怕旅程。她意識到失去兒子的悲傷，但明白這份空虛也能促使她一舉遠離一個長久以來不適合自己的環境。「擁有並了解肯定自己、相信自己的基石非常重要，因為它能使我們勇敢承擔風險並在世間發揮作用，不會因為害怕否定或害怕本身而陷入癱瘓。」[47]

46 瑪麗．馮．法蘭茲《童話中的女性：從榮格觀點探索童話世界》，第八十六頁。
47 克里斯．薩法第《邁向自主歸屬：戀愛關係危機中女性的依賴與自主問題》。

朗薩一生都展現出英雄特質，但此刻她的勇敢，著實令人讚嘆。她不僅要冒著遭受來自丈夫和公公嚴厲怒火的風險，還被自己的母親拋棄，連兒子也被帶走。然而，最後當她以上師和自己的修行力量，戰勝丈夫所派遣軍隊代表的物質力量時，終於證實她當時勇敢踏出的那一步是對的。她決定追隨內心渴望，最後令所有與她相關的人都能受惠。如果當初她沒有做出這個選擇，不僅是她，所有人都會在過程中向下沉淪。

如果我們因爲害怕在「幽冥」中會對自身有什麼新發現而逃避下墜，那麼就會錯失一種強大的轉化歷程。而此乃現代心理學家和古代神秘宗教一致認可的歷程。

修行聖傳

在西藏，記載聖者的修行傳記稱作「南塔」，意思是「徹底解脫」。「南塔」是專爲想要修行者所提供的紀錄，就像即將攀登高山的人，會參考過去曾攻頂者所留下的紀錄一樣。修行聖傳的作者主要關心的是，該傳記是否能爲有意追隨修行大師或「聖者」腳步的人，提供具有助益與啟發的內容。建構神話典範與傳播神聖法教的目的，比人物敘事或建立「討喜」的主角性格還要重要。主角的性格只有在與個人修行發展相關時，才會加以強調。[48]

閱讀這些故事時，我們必須記住，雖然有些修行聖傳的內容，對那些不屬於該宗教信仰的人來說，顯得夢幻、不實，但對屬於該信仰的人來說，卻被認爲是具傳承意義的。正如米爾恰・伊里亞德所說的：「基督徒的宗教體驗是基於模仿基督的典範而來。」[49]

修行聖傳基本上分為兩類。一類是記錄宗教創始人的傳記，也就是描述創立該宗教理念者的種種神通之舉。瑪吉拉準的故事就屬於這類傳記，她不僅不可思議，而且在受孕前就注定成為一位偉大的宗教領導人以及自己傳承的創始者。

第二類修行聖傳，是記錄那些實現其宗教群體視為典範的聖者故事。這類傳記著重於描述「求道」的過程而非結果。因為修行聖傳的作用，在於為邁向證悟過程中的求道者提供指導與啟發，因此關於聖者如何邁向開悟的內容，自然比描述其在獲得成就後所施行的事業細節來得更合適。

我們也可以把修行聖傳和一般社會人士的傳記──代表社會中普羅大眾的那些人的傳記相比，以便理解前者。人類學家所尋求的就是這類的編年史，他們想要了解的不是社會上的信仰典範，而是特定社會中普通人的生活。[50]

這些為尋求「解脫」的藏人而樹立榜樣的傳記，所看重的不是西方傳記中常見的物質名利雙收，而是個人的修行發展。修行聖傳、南塔或解脫故事，是唯一能夠表明藏人文化價值的傳記。本書所收集的傳記中，每位主人翁如何做決定的過程，在在都顯示了西藏文化的價值體

48 雷諾茲與卡普斯編輯之《傳記歷程：宗教歷史與心理學研究》，引言。
49 米爾恰・伊里亞德《神話、夢境與奧秘》，第三十頁。
50 關於這種類型傳記，請參考一位西藏貴族女性的傳記，收錄於仁欽・卓瑪・塔仁所寫的《西藏的女兒》。

系。這些決定經常透過夢境、淨相和直觀而獲得引導，例如，阿育康卓透過她在黎明時分，似夢似覺間所獲得的淨相，來決定人生後半段的閉關地點。她人生中所有的重要決定，都是經由淨相和夢境的指引。

本書所收錄的傳記還有一個值得注意的地方是，雖然它們都屬於修行聖傳，但每一部都屬於不同類型。基於這個原因，我在每個傳記前都加了一段簡短的導言，用來說明其歷史背景以及該傳記所屬的類型。

一、阿育康卓・多傑帕準（一八三九年至一九五四年）

導言

第一篇傳記是本書所收錄的傳記中年代最接近我們的，此傳記除了故事內容相當精彩外，還有幾個使它饒富興味且十分特別的原因。首先，從南開諾布仁波切描述這篇傳記如何產生的經過，我們便能非常清楚地了解修行聖傳（南塔）的形成歷程。我們可以發現阿育康卓所講述的內容，正是其他修行者需要了解的相關內容。

這個故事也代表了許多偉大瑜伽女的生活，她們終其一生都相對地默默無聞。本書所收錄的其他傳記，那些女性當時都已極富名聲。我們也可以看到瑪吉拉準的傳承如何從十一世紀以來，一代接著一代地相傳到現在仍完好無缺。阿育康卓在閉關前的大部分時間都過著斷法行者的生活，在各個聖地間遊歷並修持斷法。我們知道還有其他人也像她一樣：例如，和她一同雲遊數年的終生摯友白瑪央吉，在圓寂時證得了虹光身。從這個故事中，我們可以感受到西藏瑜伽女的自由與獨立。

大圓滿上師南開諾布仁波切。

概說

頂禮多傑帕準與金剛瑜伽母！

此傳記是阿育康卓空行母一生中的一滴甘露而已。我在寫作時，會努力憶持她就在我面前。我（南開諾布）[1]是她微不足道的弟子，以下是我如何遇見阿育康卓以及如何能寫下她生平故事的經過。

一九五一年，藏曆鐵兔年，當時我十四歲，正在薩迦佛學院[2]學習。我的老師堪繞・沃色曾向我傳授兩次薩迦傳承俄巴與察巴[3]的金剛瑜伽母完整法教。

有一天他對我說：「在距離你家鄉不遠處的達吉，住著一位女成就者，她是一名偉大的空行母，名叫『阿育康卓』。你應該去找她，向她請求金剛瑜伽母的灌頂。」

---

1 南開諾布仁波切：一九三七年出生於康區的藏傳佛教上師，被認證為阿宗竹巴和更慶寺祖古（傳承轉世上師）的轉世。他特別熟稔大圓滿法，也是苯教的專家。苯教為佛教進入西藏前的本土宗教。仁波切在義大利生活了超過二十年，目前在拿坡里大學教授藏語和蒙古語。【譯註】仁波切已於二〇一八年於義大利圓寂。

2 薩迦派：藏傳佛教四大教派之一。在第一個蒙古帝國創建期間，薩迦派贏得了成吉思汗的青睞，從而在西藏取得了政治優勢。薩迦派領袖八思巴授予成吉思汗喜金剛灌頂，以換取對西藏將近百年的主要治理權。目前薩迦派領袖為薩迦・班智達（薩迦天津）。【譯註】現任薩迦法王為第四十三任法王智慧金剛仁波切。

3 俄巴與察巴：薩迦派法教的兩個支派，「俄」與「察」分別代表他們各自的寺院。這兩個學派通常被包含在薩迦法教中。

那一年，因爲他知道我要去找阿育康卓，所以讓我提早一個月離開佛學院過秋假。於是我先回到家準備，並和我的母親益喜·確準及我的姊姊索南·彭宗一同前往。

我們啟程後，走了三天的路，終於抵達阿育康卓位在宗薩的住所。她住在一間位於河邊草地上的小石屋中，石屋的位置剛好在一間薩迦小寺東邊山峰的懸崖下。房子很小，沒有窗戶[4]。她有兩位助手，一位是名叫巴滇（具德）的老人，另一位是名叫桑姆（善女）的老尼，兩位也都是專精的瑜伽和禪定行者。

我們看到眼前的景象，都感到非常歡喜與讚嘆。當我們第一次進到康卓的屋子時，裡面只點著一盞酥油燈。她那時已經一百一十三歲了，但外表看起來並不怎麼蒼老。她的頭髮很長，直到她的膝蓋，髮尾是黑色的，根部爲白色的。她的雙手就像年輕女子的手一般。她身穿藏紅色的長袍，左肩披掛著一條禪修帶。我們拜會她的時候，向她提出請法的要求，但她一直表示自己不是什麼特別的人，沒有資格傳法。

我請她傳授金剛瑜伽母的法教，她說：「我只是一位平凡的老女人，怎麼能傳法給你們呢？」

我們越是讚揚她，她越是對我們謙恭。這令我感到相當沮喪，擔心她可能不會傳給我們任何法教。

當天晚上，我們在河邊紮營。隔天清晨，當我們在做早飯時，老阿尼（編註：藏傳佛教對尼師的稱呼）桑姆和她的姪女手裡拿著酥油、奶酪和優格來給我們。她說，這些是要給我母親和姊姊的早餐，並要我去見康卓。

我當下立刻前往。等我進到屋子裡的時候，我注意到屋子裡點起了更多的酥油燈。康卓用她的額頭輕碰了我的額頭，這是個很大的見面禮，並給了我一頓豐盛的優格和牛奶作為早餐。她告訴我，她那晚做了一場吉祥的夢境；夢中，她的上師蔣揚欽哲旺波[5]指示她，將他的意伏藏《空行秘密總集》[6]傳授給我。這並非我向她請求的法，但卻是她直接從其上師處所得到的法，也是她自己大量修持的法。我們在共進早餐的時候，她一邊翻查藏曆、一邊說道：「既然明天就是空行母日，我們就從明天開始。今天先去參拜薩迦寺，同時做準備。」

於是我們出發參拜了寺院，在那裡做了一些供養。寺院裡供奉著三世諸佛的佛像和一座有五臂高的鍍金青銅佛塔，佛塔是中空的，上面鑲嵌著許多珠寶。這座佛塔是根據康卓的指示所製作的。

隔天早上十一點鐘左右，我們開始了《空行秘密總集》的灌頂。從那天起，康卓每天早上

4 沒有窗戶的建築非常適合黑關的修持，這種修持方法是大圓滿法教竅訣部修持中非常重要的部分。阿育康卓專門從事這樣的修持。

5 蔣揚欽哲旺波（一八二〇年至一八九二年）是第五位伏藏王，據信為無垢友之化身。他博學多聞，遠超過宗派的界限，被譽為偉大的學者與修士。人們也稱之為大蔣揚欽哲。欽哲仁波切圓寂後，其傳承開枝散葉，發展出許多不同支流，但都尊其為本源。仁波切彙編了包括《空行秘密總集》在內的大圓滿伏藏文集《大寶伏藏》。

6 金剛亥母在蓮師的岩穴將此法傳給覺姆曼嫫（一二四八年至一二八三年）（參考伊娃·達給《西藏密教之興起》，第一百一十九頁。原本該法已然失傳，直到十九世紀，蔣揚欽哲旺波以意伏藏的方式再將其取出，才使得這個法教再次得以流傳。從此，這個法教便以其簡稱《空行密集》來指代。此法有一系列非常完整的金剛亥母法，有些人稱之為囊括息、增、懷、誅四種事業在內的母續。

都會傳授包括微細脈、氣修法在內的法教。下午，在從禪修中下座後，[7]她會針對《空行秘密總集》和瑪吉拉準的《斷法·執著自解脫》給予我們更多解釋。這是她年輕時修持多年的斷法。我們總共有五個人接受了這些教法，分別是：薩迦寺院的住持堪布扎嘉[8]、尼師央吉、我的母親與姊姊，還有我。她的屋子很小，沒有辦法容納所有人，因此央吉只能坐在門外。堪布則負責協助佛龕和壇城。

一個月後，她開始傳授《仰提》，此法是大圓滿法教最高階的竅訣部中最重要的法教，必須在黑關中修行。這個法教進行了五天，然後她開始教授《龍欽心髓》，直至該月的二十四日結束。隨後，在第七個月的初十，她開始傳授我所請的法——察巴傳承的金剛瑜伽母，並輔以完整的解釋。這個法與聶拉白瑪鄧燈的《遍虛空自解脫》法教有關。接下來一直到下個月的十號，她傳授了獅面空行母意伏藏的完整法教。最後她傳授了白度母長壽法。在這段期間裡，我們不僅領受了正式的法教宣講，她還額外抽出時間提供小參並給予個人建議。我和她在一起的時間並不長，大約兩個月多一點而已。在那段期間，她總共傳給我們八種法教，眞的是十分仁慈又和藹可親。我們非常感恩她如此慷慨無私地給予這麼殊勝的法教。

堪布是她的主要弟子之一，他告訴我們，他自己過去也偶爾會從她那裡領受法教，但這次她所給予我們的法教種類與範圍，確實很少見。她通常不會給予太多法教，也從未在這麼短的時間裡給予如此多的法教。他擔心這可能意味著她即將離開人世。巴滇老翁說，在我們到達前的幾個月，康卓做了一場夢，預示她應該很快就會傳授一些特定教法。於是，在我們到達前，他們就已經開始在準備了，

「因此，她會傳授這些法教給你們，肯定是有緣由的。」

有時在下午教學之後，康卓為了回應我的要求，會告訴我一些有關她的生平故事。我有個把一切東西都記錄下來的特殊習慣，而這對藏人來說並不尋常，所以我把她告訴我的一切都寫了下來。根據這些筆記，我建構了這篇傳記。

接下來的內容，都是她親口告訴我的，我是用提問的方式獲取這些內容的。

出生和童年

我出生於藏曆第十四勝生周的地豬年，西元一八三九年，冬天的空行母日。在我出生時，住在附近山上的具證長老[9]——多登·讓日（自覺長老）剛好在我們家，於是他為我取名為「德欽·康卓」，意思是「大樂空行母」。

7 藏語稱一座禪修為「屯」。通常一天會有四座禪修：清晨、上午、下午和晚上。

8 藏語的「堪布」相當於寺院的住持。【譯註】也可指稱授戒師或完成佛學院九年教育的學者。

9 藏文的「多登」用來形容瑜伽士的一種頭銜，他們的特徵是將蓬鬆雜亂的長髮捲起來，像頭巾一樣盤纏在頭頂上。有些多登也會受持比丘戒，但大多數的多登都不是出家人，雖然如此，但他們自律的程度卻遠遠超過許多出家人。他們通常身穿白色棉布衣，披著紅白相間的披肩。目前在印度的喜馬偕爾邦岡格拉谷、帕拉姆普爾和扎西炯都還住著一群這樣的瑜伽士。

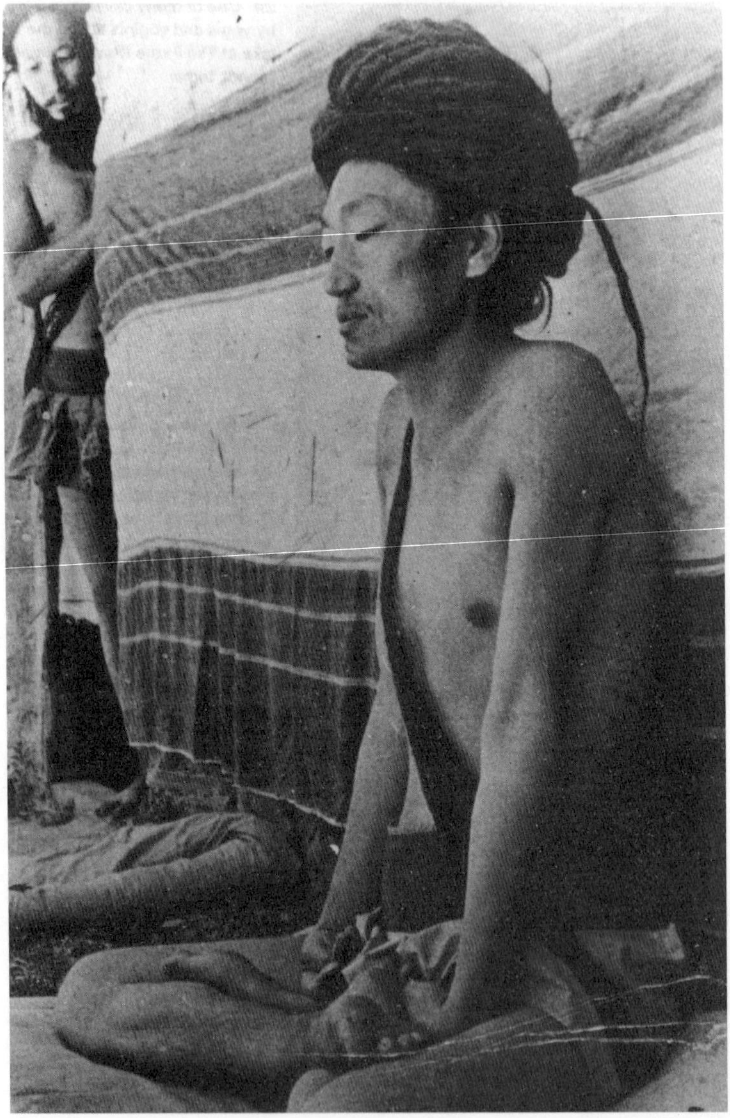

北印度札西炯的多登（瑜伽士），照片攝於一九七〇年。
這些瑜伽士修持那若六法，並像密勒日巴尊者一樣只穿薄薄的白色布衣，
象徵拙火修持方面的成就。（阿尼羅卓攝影）

有些人說，在我出生那天出現了一些吉兆。我出生在宗昌村達吉區的阿度・達汗氏，在古代，這是非常富有的氏族，但當我出生時，家裡既不算富有也不算窮得可憐。我的父親名叫丹眞・貢，大家都尊稱他爲「阿丹」。我的母親叫措吉，大家都叫她「阿措」，他們育有三名兒子、四名女兒。所有的兒子都從商去了，所有的女兒則在家幫忙游牧工作和照顧牲口。因爲我的年紀最小，身體又最差，所以被派去照顧幼小的牲口，身上穿的是最舊的衣服。這就是我出生和童年的故事。

親近上師與修習禪定的經歷

我的姑姑準吉是很認眞的修行者，她住在鄰近多登讓日所待洞窟的另一處岩穴裡。她從小就對禪修很感興趣，而我也深深被這些法教所吸引。在我七歲時，就自行決定要到扎卡央宗那裡，並在該處待到一八五六年我十八歲爲止。我在那裡當我姑姑的助手，爲她提水撿柴。同時，我也幫忙多登的另一名弟子袞桑・龍揚，後者則教導我和他的外甥仁千・南嘉閱讀與書寫藏文。後來，多登的弟子爲了替多登延壽，決定唸誦兩遍《甘珠爾》[10]經文，我也跟著一起讀

[10] 《甘珠爾》是一部總數高達一百零八函，收錄佛陀法教大全的經典總集。此經由仁欽桑布於西元九至十世紀，藏傳佛教的後弘期初步編譯完成，並由布敦（卒於一三六四年）完成最終版本。在《甘珠爾》之後的是《丹珠爾》，內容包含對佛陀教言之論述、註釋以及後人所作的教述。兩部都是藏傳佛教的經典。

誦，這使得我的藏文閱讀能力增強許多。我在十三歲的時候，領受了《龍薩金剛藏》[11]的灌頂與法教，以及有關此法的解說，因此我盡己所能地大量修持，雖然我不懂該法教的意義，但我有很強烈的信心。

有一天，一個名叫阿波．贊嘎的男子前來領受傳法，他屬於娘西那邊一個叫噶拉宗的望族，是我姑姑的朋友。我的父母也參與了傳法，但他們的心思沒有放在法教上，而是關心著我的未來。傳法結束後，我被迫與阿波贊嘎的兒子締結婚約。我不太懂這件事所代表的意義，但我知道這件事將會中斷我的修行。我的姑姑盡可能地阻擋此事的發生，但我的父母比較在意噶拉宗家族的財富。他們最多只同意讓婚事延個幾年。

在我十四歲的時候，我跟著姑姑和多登讓日去見蔣揚欽哲旺波、蔣貢康楚和秋吉林巴，這三位大師聚集在一起為一個特定的地方開光。前往宗措的路程大約七天，期間我們還拜見了許多其他的上師和大師，領受許多的教言。我對全然投入修持法教的渴望在這段期間裡提升了許多，特別是回程特地前往拜見司徒仁波切．白瑪寧杰時，我們在他那裡領受了白度母修法。之後，我們返回多登的閉關處，他和姑姑直接進入閉關。我則利用空閒時間開始《龍欽心髓》的前行修持[12]，袞桑龍揚是我的前行修持指導老師。

在我十六歲的時候，木虎年（一八五四年），我和姑姑一起去見蔣揚欽哲旺波。在我們抵達的時候，我們聽說他正在執行嚴格的閉關，但我們請人傳話，說我們是從多登讓日那裡來的。

由於他考慮到我們不辭辛苦地從那麼遠的地方前來，於是答應接見。當他接見我們的時候，他告訴我們，前一晚他做了個夢，夢裡顯示他應該要傳法給我們。他決定為我們傳授他的白度母意伏藏《蓮花心髓》。在灌頂儀式中，他賜予我灌頂法名「澤旺．巴準」。該次傳法為期超過一個月的時間，每當他結束一個段落，就會為我們說法。經過這次，我開始有點明白法教的意義，等我回到多登的閉關處時，我便著手進行白度母的閉關。

在我十九歲的時候，火蛇年（一八五七年），我的父母、兄弟姊妹們一致認為我應該要結婚了，於是，他們開始如火如荼地準備我的婚事。我的姑姑則非常憂心，她認為自己要為把我介紹給噶拉宗家族這件事負一點責任。大家不顧她的反對，執意進行婚事。她幫我跟大家求情，說應該讓我按照自己的意願去做自己想做的事，並且我的修行也不應該中斷。但我的父母堅持要舉辦婚事——不是為了我的幸福，而是為了他們自己的利益。

婚禮在接近仲夏時舉辦，充滿了歡樂的氣氛，連多登讓日也來到婚禮給予我們加持祝福，好像我們一定會快樂似的。

---

11 《龍薩金剛藏》：龍薩寧波的伏藏法。龍薩多傑寧波身為敦都多傑（一六一五年至一六七二年）的弟子，同時也是伏藏師，寫下此大圓滿竅訣部之法。其子，迦葉．索南．德讚及其後代子孫成為噶陀寺的法主。此外，他還寫下了《龍薩寧波．上師三身》伏藏法。

12 前行（藏文：ngon dro）包含大禮拜、金剛薩埵百字明咒的持誦與觀想、獻曼達，以及傳承祈請（上師瑜伽）這四個修持，各做十萬遍。前行是一系列非常需要付出體力與時間的修持，通常會在任何主要修持或閉關之前進行，並且修行者一生中幾乎都要完成過一次。

我和噶拉宗家族住在一起大約三年的時間，我的夫婿阿波旺度是個樂善好施的人。但後來我開始生病，並且情況越來越差，前後大約兩年的時間，實際生的是什麼病，卻無法診斷出來。有時症狀看起來像是風息不調[13]所引發的疾病，有時我會像癲癇發作一樣地抽搐，有時則像是氣血循環方面的問題。簡言之，大夫都愛莫能助，甚至無法辨別毛病出在哪兒。不論建議任何修法或服藥，效果都十分有限。我的狀況變得越來越差，幾乎瀕臨死亡，最後他們只得請多登讓日來看我。

他爲我傳了長壽灌頂，並爲我進行收魂儀式和許多其他修法。他跟我的姑姑都堅持認爲，眞正的病因是我被迫過著世俗的生活，並違背我的意願留在那個家裡。他們告訴我的夫婿和他的家人，必須讓我離開並隨自己的心意修行。隨後，他們說了有關我出生時的瑞兆以及和蔣揚欽哲旺波見面的事。終於，他們說服了我的夫家，讓夫家相信，這樁婚事阻礙了我的天性，以至於危害我的命根。

我的丈夫是一位非常善良的人，他同意，如果婚姻生活會危害我的生命，那就必須停止。我告訴他，如果他眞心愛我且理解我的話，就會聽從多登的建議，放手讓我去做我喜歡的事。我還告訴他，我很歡迎他來護持我的閉關，希望我們能成爲修行上的師兄妹。如果他同意的話，也許我的身體會好轉。

他答應了。天曉得是因爲他的諾言，還是多登的修法生效，沒多久，我的身體開始好轉。等我夠強壯後，他馬上就陪同我一起回到多登和姑姑的洞穴。我花了一年的時間才復原。期間我受到許多幫助，因爲他供養了附近一名尼師，請她來幫我處理生活上的必須事宜。他和他妹妹也會爲我帶來食物與補給品，就像我的功德主一樣。那年，我領受了咕嚕確旺[14]的伏藏法。

在這段時間，我做了一個夢，預示多登讓日將不久於人世。當我告訴他這個夢境時，他說：「我已經將自己從上師——莫祖．秋英多傑、明就．南開．多傑和仁增．白瑪．督巴．澤所領受的法教，全都傳授給妳了。」

我請求他傳授我幫他延壽的修法。我這麼做了，於是他多活了三年。在這段期間，我從他那裡領受了咕嚕．娘．惹巴[15]有關尼瑪扎巴的大圓滿法以及許多其他法教。之後，在經驗豐富的姑姑指導下，我開始進行大量的修持。鐵牛年（一八六五年），我二十七歲時，當時七十七歲的多登生病了。一天清晨，我們發現他已離開他的身體。他維持禪定姿勢[16]超過七天之久。我們

13 風息（氣）不調所引起的疾病，為體內五種氣其中之一發生紊亂所引起的，此五氣分別為：（一）持命氣，運行於頭頂，負責控制吞嚥、呼吸、讓五官和專注力清晰；（二）上行氣，運行於胸腔，掌管語言、氣色、體重、記憶和體力；（三）遍行氣，位於心臟區，負責支配肌肉功能、舉物、行走、伸展、嘴巴與雙眼等開闔動作；（四）伴火氣，位於腹部區，負責器官運作與新陳代謝等功能；（五）下泄氣：位於會陰區，負責腸子、精液、經血和子宮收縮。

14 咕嚕確旺（一二一二年至一二七三年）：咕嚕．確吉．旺楚為繼尼瑪沃色之後的第二位伏藏王，其傳記收錄在伊娃．達給的著作《西藏密教之興起》中，咕嚕確旺為覺姆曼嫫之上師。

15 咕嚕．娘．惹巴：古代的伏藏師，又名尼瑪沃色（一一二四年至一一九二年），是第一位伏藏王，被認為是有史以來最偉大的伏藏王。（參見伊娃．達給《西藏密教之興起》）

16 這段外在沒有任何生命跡象、身體卻維持禪定姿勢的期間，藏語稱為「圖當」。這段期間，行者處於深度禪定中，並在轉換到另一個色身前釋放出最後的能量。這段期間，非常重要的是必須讓行者不受干擾，同時也是弟子修習上師瑜伽，亦即與上師的心合一的良好時機。

做了許多供養，也有不少人前來看他。七天過後，我們發現他的身體已縮小到像八歲兒童般的大小。他仍維持在禪定姿勢中，大家則持續唸誦著祈願文。

當我們在搭建荼毘堆，準備將遺體火化時，大家都聽到一聲如雷鳴般的巨響。接著，一陣奇特的半雪半雨降落下來。遺體火化的時候，我們圍坐在火堆旁唸誦並修持《仰提》法教上師瑜伽的「一阿」修持，結行的部分要無別安住於該狀態很長一段時間。出定後，我們發現我姑姑的神識也離開她的身體了。當年她六十二歲。在大家都起身後，她並沒有起來，而是往生了。她的姿勢完美，並維持在那樣的坐姿超過三天。我們為她搭建一個帳篷，並在帳篷外圍成一圈，日夜不停地修法。

大家都說她是一位非常重要的瑜伽女。之前，從來沒有人這樣講過。三天後，我們在多登荼毘的地點為她火化。雖然大家都稱讚我的姑姑，但我卻感到無比的悲傷。在多登和我姑姑相繼離世後，儘管這是示現無常和輪迴之苦最好的一課，但我還是感到非常孤單。連續幾個晚上，許多人都聽到從火化堆傳來的聲音。我決定在我姑姑的洞穴裡進行三年閉關，在多登弟子的協助下，獲得了不錯的成果。[17]

到了地龍年，我三十歲的時候，袞桑龍揚、一直協助我的尼師和我一行三人開始四處遊歷，修持斷法。我們決定遵照多登讓日的指示，去拜見又名蔣秋林巴（菩提洲）的聶拉白瑪鄧燈。

我們沿途順道參拜了許多聖地和寺院，因此旅程花費了超過一個半月的時間。當我們抵達阿宗營的時候，我們前往面見阿宗竹巴和他的叔叔南開多傑。他們告訴我們，聶拉白瑪鄧燈不久就會抵達。因爲當時南開多傑正在爲阿宗竹巴和一群大約三十人的弟子傳授大圓滿界部[18]的法教，我們就加入他們，領受了法教。同時，年輕的阿宗竹巴也爲我們複習了先前所錯過的法教。

當年的六月初，聶拉白瑪鄧燈到了。他在傳授《大集會總集》（措欽都巴）[19]的時候，現場除了阿宗竹巴、南開多傑和我們以外，還有大約一千人也一起領受法教。另外，他還傳授了度母，以及臨終修持的根本頌《密意自解脫》[20]，最後是他自己的意伏藏《遍虛空自解脫》。南開多傑和阿宗竹巴則給予我們更多關於大圓滿精要法教的詳細解說。因此我們不只領受了灌頂，還接受了有關如何實修的詳解。

衮桑龍揚和一同前來的尼師，決定回到多登讓日的地方，我則決定和阿宗竹巴的一些弟子一同前往佐欽寺及協慶寺。同行之中有個人叫做拉旺貢布，他是一位非常有經驗的斷法修行

17 作爲長期閉關者的助手，其作用不容小覷，由於他們如同爲閉關者提供食物和水的命脈，因而結下穩固的業緣，並爲自己帶來許多的利益；他們不僅成爲閉關者能夠了證的主要因緣，也讓自己與法教建立了業緣。

18 界部：大圓滿法教三部中的其中一部，介於心部和竅訣部之間。這個修法必須使用禪修帶和禪杖，用手頂在下巴下方，就像在密勒日巴唐卡中看到的那樣，以便控制體內的氣的流動，並在穩定禪修狀態的過程中培養視相。行者藉由上述輔助工具，於清晨和傍晚凝視虛空來修持。沒有這些輔助工具，當然也可以修持界部，但它們是辨別界部修持的顯著外部特徵。界部的特徵是四個「身印」：（一）明；（二）無念；（三）樂；（四）雙運。

19 《措欽都巴》：一系列阿努瑜伽的法教。

20 《密意自解脫》：大圓滿傳承中，爲了往生後所修持的根本頌。

者[21]，我從他那裡學到很多。

當我們抵達佐欽寺的時候，冬天即將來臨，天氣日益寒冷。拉旺貢布教授我有關拙火和攝精的修持，幸好有他善巧的指引，我才能舒適地在那裡住下來，度過嚴寒的冬季[22]。我們在佐欽寺裡見到許多喇嘛上師，同時，我也在這冬天結識一位與我同年齡的尼師，她名叫白瑪央吉。後來我們成為很親近的朋友，共同結伴旅行多年。

在我們三十一歲的時候，一八六九年，拉旺貢布、白瑪央吉和我，連同佐欽寺的一位吉美堪布和堪布的十名弟子，一同啟程前往拜見宗薩欽哲仁波切。

途中，我們順道拜訪了德格更慶寺的印經院，那裡有用木刻版印製的《甘珠爾》。另外，我們也順道拜訪了幾個有意思的地方，並且以不急不徐的步調慢慢朝著宗薩仁波切的駐錫地前進。當我們抵達一個名為扎西拉孜（意：吉祥聖地）的地方時，才發現宗薩仁波切當時正在麥宿進行嚴格閉關，因此吉美堪布和他的弟子決定轉而朝拜噶陀白埡寺。

拉旺貢布、白瑪央吉和我則決定，不管能否見到宗薩蔣揚欽哲仁波切，都要去麥宿，如果見不到他，就在他的關房附近留下來閉關。我們一路托缽前往，等我們抵達那裡的時候，發現他實際上正在進行嚴格的退隱修行，並不接見任何人，連要請人傳個話都有困難。因此，我們在他關房下方的幾個大岩石處搭營，各自開始密集修持。

我們在那邊待了一個多月後，一個名叫索南旺波的僧人過來看我們在做什麼。我們告訴他自己是從哪裡來的，中間做了什麼，以及我們想見欽哲仁波切的願望，這個訊息才得以間接傳達給宗薩欽哲仁波切。

在那件事過後不久，有一天，同樣那位僧人又回來告訴我們，欽哲仁波切可以在當天早上坐禪結束後接見我們，讓我們感到非常興奮。當我們進到他的房間時，他用他給我的法名澤旺帕準叫我。由於他了解我們是認眞的修行人，因此決定利用坐禪的空檔傳授我們《空行秘密總集》，而我們深怕引起任何障礙，因此並未跟任何人提起關於這件事的隻字片語。

由於再過兩天就是覺姆曼嫫成就『虹光身』的紀念日，他認爲應該要從那天開始爲我們傳授法教。因此，我們利用兩天的時間外出乞食，一方面爲自己準備足夠的糧食，另一方面也當作必要時的薈供。

儘管我們從他身上領受了許多法教，但還是有大量的時間可以用來修持。結束後，我們和他一起回到宗薩寺，並和數百名僧尼、瑜伽士一起在其座下領受了長達三個多月的大圓滿

21 一名修持瑪吉拉準斷法而成就的行者。

22 瑜伽修持中有許多方法可以幫助行者安住在與世隔絕的環境中閉關。其中一種方法稱作「攝取精華術」，是一種從礦物質、水、樹液，甚至空氣中提取精華的方法，禪修者運用此法來維持生命而非仰賴粗質的五穀食物。此外，協助生起內熱的瑜伽修持功法「拙火」也很有幫助，如果行者擅長此法的話，就無須再擔心冬天如何保暖或取得衣物等問題。【譯註】類似道家的辟穀、休糧養生術，但不盡相同。

《四部心髓》[23]。在那段時間裡，我似乎對大圓滿有了一些領悟。

此外，他還為我們傳授教傳、巖傳、新譯派、舊譯派[24]等所有教派的法教，為期四個月。我們在領受法教的同時，也遇到了來自西藏各地的上師，並且從他們那裡接受了傳法。之後，我們覺得應該要認眞將法教付諸實修了。

我們在三十二歲的時候，一八七〇年，前往梁茹（現今新龍縣）拜見聶拉白瑪鄧燈，同行的還有宗薩欽哲仁波切一些從梁茹來的弟子。我們慢慢徒步前往，最後抵達納絨一處名叫噶口的小鎭。聶拉白瑪鄧燈在那裡給予我們《龍薩金剛藏》的灌頂，此外，我們還留下來領受了其餘的灌頂與法教，以及《黑文精髓金一句》的傳法。我們在那裡共停留了三個多月。

結束後，我們追隨聶拉白瑪鄧燈一同到尼龍一處名叫澤拉旺度的地方，他在那邊傳授《遍虛空自解脫》。在傳法結束時，他要白瑪央吉和我去見他。他在這次傳法期間賜予我朋友的法名為沃色帕吉（意思是：吉祥明光），賜予我的法名為多傑帕準（意思是：吉祥不壞金剛），並用這些法名來稱呼我們。在我們來到他面前之後，他說：「到墓地或聖地去修持吧！遵從瑪吉拉準的法門，克服希望與恐懼。如果妳們可以做到的話，就能獲得穩固的了證。旅途中，妳們會碰到兩位對妳們意義重大的瑜伽士，一位會在察瓦崗碰到，另一位則會在南藏的洛卡地區遇到。如果妳們能夠遇見他們兩位，絕對會對妳們的修行有所助益。現在就上路吧，按照我教妳們的法教去修持。

他送我們一人一個修持斷法用的大鞀鼓。在聽取他的一些建言與鼓勵後，我們認為沒有理由再耽擱下去，便像兩個女乞丐般上路了。身上所有的財產就只有鼓和手杖。

我們參拜了噶陀寺、白玉寺和許多聖地，遇見了許多上師。最後我們到達我小時候住過的多登讓日的洞穴。我離開這裡已有三年，再度回來之後，這裡確實給我們一種荒涼感。我們在那裡只找到一個名叫多登帕巴的老弟子、一名老尼，還有我原本就認識的年輕尼師蔣秋和袞桑龍揚。這次的歸返，讓我感到相當難過。當我們說要前往中藏的時候，袞桑龍揚說他想跟我們一起去，因此，我們在那裡停留了兩個禮拜。在他準備行李的時候，我們和多登的老弟子們一起修持了上師瑜伽，也進行薈供並修持護法。

一八七一年，我們三十三歲，鐵羊年三月初十那天，我們進行火供後便動身前往中藏。與我們同行的，還有二十多個原本就要去中藏的人，大夥兒一起走了差不多一個月左右，直到抵達察瓦崗。

我們到了察瓦崗後便放慢速度，以四處乞食的方式，開始我們的朝聖之旅。有一天，我們來到一處名爲古千塘（意思是：大帳篷）的高原，準備向一群在那裡紮營的牧民乞討食物。我們站在帳篷邊，開始唱起斷法。一名身材高大的年輕婦人走向我們，當她靠近時，我們發現她正在哭泣。

---

23 《四部心髓》：竅訣部中的四個系列，爲大圓滿法教之精髓，能引領至「頓超」的修持。

24 「教傳」：經由口耳相傳下來的法教。「巖傳」：即伏藏。「新譯派」：出現於西元九至十世紀，藏傳佛教的後弘期之後，亦即仁欽桑布和阿底峽尊者之後所教授之新的或改革後的密宗（參見圖齊《西藏宗教》註釋二十二）。「舊譯派」：西藏最古老的教派，根據的是來自蓮花生大士和噶拉多傑的大圓滿法教，爲了方便與新譯派有所區隔而稱舊譯派。

她對我們說：「感謝老天爺，修持斷法的人來了！拜託幫幫我！我的丈夫在前天遭到世仇報復而死了，現在還躺在帳篷裡。要在這個地區找到斷法的修士還眞不容易，拜託請幫我處理他的屍體。」

我們有點不知所措，因爲我們都不是爲亡者進行法事的專家，但她看來如此絕望，我們同意盡力而爲。

我們問她：「這附近有不錯的天葬台嗎？」

她回答：「往南走大約半天的路程，有一座大型的天葬台。如果覺得那裡太遠的話，還有其他幾個比較小的天葬台，離這裡比較近。」

我們決定去大型的天葬台，於是隔天一早，我們便請人揹著屍體前往。

快到天葬台的時候，我們便聽到鼓和鈴的聲音。當我們走近時，聽到唱誦斷法的美妙聲音。進入墳場後，我們看見一名斷法修士坐在天葬台的中央。他看起來非常年輕，皮膚黝黑，一頭纏結成塊的長髮[25]捲曲盤繞在頭頂上。他身穿藏紅色的袍子，嘴裡唱誦著斷法儀軌中的薈供段落。

在那一刻，我們想起聶拉白瑪鄧燈的預言，他說我們會在察瓦崗遇見能夠幫助我們的斷法修士。

當我們把屍體送到天葬台中央時，他停止了唱誦。

他問：「你們當中誰是多傑帕準？你們從哪裡來？在這裡做什麼？」

我說：「我是多傑帕準。他們是我的朋友沃色旺姆（之前的名字是白瑪央吉）和袞桑龍揚。我們是聶拉白瑪鄧燈的弟子，準備到中藏的各個墳場修持斷法，途中正好遇見這戶人家請我們為這個被殺害的男人進行法事，因此我們帶他來這裡。請問您是誰？」

他回答：「我是欽哲益西多傑的弟子，名字是森尼多傑（意思是：心性金剛），是工布那裡的人。我沒有固定的住所，已經在這裡修持兩、三日了。幾天前，我在半夢半醒間接收到一則訊息，表示有位名叫多傑帕準的人會到來。我從那時起就一直在等妳，所以才會問你們之中誰是多傑帕準。歡迎啊！但遭人殺害的屍體要供養給禿鷹，可不是這麼容易的事，如果你們不知道怎麼處理的話，或許我們可以一起做。」

我們十分開心，於是趕快著手準備法事。我們一起進行了七天的修持法事，亡者的家屬為我們帶來食物，多登森尼則傳授我們《斷法．執著自解脫》，於是我們變成四人的團體。

我們以不疾不徐的步調和乞食遊方的方式四處旅行，在各個特別的墳場停留數日進行修持，有時也會停留較長的時間。幾個月後，我們到達靠近阿薩姆的察隅，之後又前往扎日鄉機甲附近的帕姆拉康寺（金剛亥母殿）。我們在這個地區，前前後後總共待了一年三個月的時間，期間也到許多重要的地方修持。

接著在一八七二年，猴年六月，袞桑龍揚發了高燒，身體感到不適。我們請醫生來看，又為他進

25 纏結的長髮是苦行者留頭髮的一種古老方式，不需特別處理頭髮，僅將糾纏在一起的亂髮捲曲成數股約莫鉛筆寬度的髮辮。在西藏可經常看到那些瑜伽士（多登）蓄留這樣的髮辮，外型類似牙買加的拉斯塔法里成員或印度的苦行僧頭頂上的髮辮。如果頭髮很長，他們會把長髮像頭巾一樣盤在頭頂上。可見本書第三十五頁。

行很多修持，但他還是沒有好轉，在六月底離開了人世，那時他五十六歲。在我們爲他進行法事時，出現了許多有意思的徵兆，例如，天空中出現一道巨大的彩虹，連幾里以外的人都看得到，並在整個法事過程中一直如此。當地人都相信這是一位大成就者[26]圓寂的徵兆。他們對我們非常禮敬，我們則在那裡又待了三個月爲袞桑龍揚修法。

隨後，我們去了加玉，接著又到洛扎參觀該處所有的聖地。洛扎是瑪爾巴譯師的故鄉，也是密勒日巴尊者接受試煉的地方。[27]

藏曆十月初十，我們抵達白瑪林溝，在那裡做了一場薈供。白瑪林附近有一座大湖（朱措白瑪林湖），包括咕嚕確旺尊者在內的許多聖者、瑜伽士，都曾住在湖泊的周圍。那天晚上，我們決定各自在湖畔尋找不同地點修持。

白瑪央吉前往一處叫做羅那（意：屍湖畔）的地方，當她到達那裡時，她看見一位瑜伽士正在那裡修法。

他對她說：「三個月前，我在竹巴噶舉祖庭惹龍寺修持的時候，得到一則關於金剛翡翠燈女[28]的淨相，她交付給我一個約莫指頭長度的小紙捲。我馬上打開來看，上面寫著：十月初十，到一個名叫羅那的地方修持。」

她立即察覺到，這位瑜伽士就是聶拉白瑪鄧燈所曾預言我們會在藏南遇見的人。在晚課結束後，瑜伽士陪同她回到主寺，於是，我們又變成了四人團體。

這名瑜伽士的名字是噶吉旺秋，大家都叫他初璽噶旺仁波切。他是在敏珠林寺傳授大圓滿伏藏法的著名女性上師——敏珠林傑尊仁波切的弟子。他在白瑪林寺有許多追隨者，他的弟子請求他傳授斷法，因此我們也成了他的弟子，留下來聽取他的法教。

我們在那裡密集地修持，直到隔年的三月初十，期間我們總共做了十萬遍的斷法薈供，當地有許多功德主都前來護持我們。

我們原先計劃前往桑耶，但最後決定跟隨初璽噶旺到西藏西部朝拜岡仁波齊山。於是我們信步徐行地朝著羊卓前進，那裡有一座很大的湖泊，接著再到惹龍。我們在惹龍待了一個多月，初璽噶旺在這裡為一些弟子傳授敏珠林傳承的《無上甚深義》[29]。我們非常高興能夠領受如此精確的解說，也備受款待。

接著我們啟程前往江孜、日喀則、夏魯、薩迦等後藏的各個重要地點。然後，我們在這些地方做了許多淨化與斷法的修持，並在夏天時，來到了帕當巴桑傑曾經住過的地方——定日。在定日待了一段時間之後，我們到達一處名叫聶拉木的地方，繼而歷盡艱辛地進入了尼泊爾。

26 大成就者是（起源於印度的）佛教史上的了證者，通常會在人間繼續進行世俗工作，例如洗衣或賣酒，卻能透過這些工作獲得了證與神通。

27 進一步資訊可參考伊文茨《飲用山澗：西藏大瑜伽士密勒日巴》，庫蒂羅與貢噶合譯，一九七八。

28 或稱金剛玉燈女、多傑玉尊瑪：善於占卜的女護法神。

29 《無上甚深義》：大圓滿竅訣部中的法教，由伏藏師秋吉林巴（一八二九年至一八七〇年）於淨相中親見蓮花生大士後而寫下。（參見伊娃・達給《西藏密教之興起》）

然後，我們前往瑪拉蒂卡修持白度母長壽法和蔣揚欽哲旺波的《蓮花心髓》[30]。多登初璽請白瑪央吉和我為他進行口傳。既然我們持有這個法教，便盡力將此法傳給他。

接著我們前往加德滿都的滿願大塔[31]繞行，並到加德滿都谷內其他朝聖地點進行修持與薈供，為期大約一個多月。接著我們又做了一個月的斷法，這些都讓當地人為之著迷，我們開始收到許多邀請，使我們的盤纏多了一些。

位於加德滿都山谷，阿育康卓曾經朝聖過的著名瑜伽女像。

初璽噶旺仁波切表示，這樣的名聲對修持是一種障礙，屬於魔障，因此，我們便離開那裡而前往揚列雪[32]，參拜了帕平[33]附近的金剛瑜伽母廟[34]。這座寺院的下方，有另一座依傍在河畔的南方時母廟[35]，附近還有一間重要的印度教寺院。我們去了附近的墳場，那是個修持斷法的絕佳地點，但經過幾天幾夜的修持後，我們發現，干擾我們的是人，而非鬼魂。因此，我們回到揚列雪，停留在巖穴附近，多登森尼爲多登初璽口傳他所擁有的一個特別的普巴金剛法。在修持該法幾天後，我們決定離開尼泊爾。

---

30 《蓮花心髓》（藏文：白瑪寧體）：八大成就法之一，此法包含蓮花生大士親授的實用禪修教示。

31 滿願大塔：尼泊爾人稱之爲「博達納」（證悟者），藏文稱之「確滇賈絨卡秀」。該佛塔是在遠古時期由一名養雞婦和她四個兒子所建造的。據說當佛塔開光完成時，有一億尊佛融入佛塔中，且塔身中充滿了舍利。「凡向佛塔祈求者必得滿願，若是在此處對自己的本尊修持禪定，將於往生後投生阿彌陀佛淨土。本地乃倫竹策（任運丘）屍陀林，屬於八大屍陀林之一。」參見凱斯道曼所寫文章〈加德滿都谷佛教聖地導覽〉，刊登於《凱拉什峰：喜馬拉雅研究期刊》，第二百五十九至二百六十三頁。

32 揚列雪：此洞窟以及位於其上的阿蘇拉洞窟，都屬於蓮花生大士的聖地。「在記錄蓮師傳記的紀事文本中，並未明確提及他如何在揚列雪洞及阿蘇拉洞分別修行。但一般推斷他在揚列雪所修持的是大手印，在阿蘇拉則是《虛空藏》與《普巴金剛》。」（擷取自《佛教指南》，第二百五十一頁。）

33 帕平：位於揚列雪與南方時母廟附近的一個小鎮。該鎮名稱可能源自於舍沙龍王之稱號「九頭蛇王」——「帕納欽固」的簡稱，此外跟隨那若巴學習了九年的大瑜伽士龐亭巴，也是以其出生於此地而命名。

34 金剛瑜伽母廟：「這尊金剛瑜伽母的法相是淨覺（「智」）的體現，而且會開口說話。祂是龐亭巴及其他大師於心間所見的淨相。」（擷取自《佛教指南》，第二百五十四至二百五十五頁。）

35 南方時母廟（達克辛迦梨）：位於帕平附近一處陰森的屍陀林，是修持斷法的絕佳地點。此廟是加德滿都谷地最著名的血祭寺廟。

我們前往多波，經過普蘭，抵達穹窿，多登初璽曾在該處一個岩穴內待過。那是個優美的閉關洞窟，於是我們暫居下來，並在頭一年的正月，從初璽仁波切那裡領受了《空行心髓》[36]。我們所受的是非常繁複的完整版本，並在那裡待了超過三個月之久。按初璽仁波切的請求，我們盡己所能地將自己從蔣揚欽哲旺波那裡領受到的《空行密集》傳授給他。

當年的五月初，我們在初璽仁波切的帶領下前往岡仁波齊峰。我們在聖山附近的許多修行洞窟、聖地以及山上待了超過三年的時間，並且總是到處修持。

之後，初璽仁波切和白瑪央吉決定留在那裡，我則決定和多登森尼回到中藏。

火牛年的二月，我們彼此道別後便啟程緩步朝著芒域前進，一路在各個特別有意思的地方修持斷法，例如在多羅那他尊者[37]的故居覺囊山谷，以及許多有益於修持的地方駐足。

當年的四月，我們停留在達那和穰確，那裡住了一位大圓滿上師久美白瑪丹增[38]，他授予我們其專長的大圓滿心部[39]。我們在該處待了九個多月，領受包括灌頂與解說的完整十八部大圓滿法教。

我們後來遇到一些來自康區的朝聖者，他們告訴我們，聶拉白瑪鄧燈幾年前以虹光身[40]圓寂了，這使他成爲家喻戶曉的人物。我們聽到這個消息，既歡喜又悲傷。在我四十歲的時候，西元一八七八年，多登森尼和我啟程前往中藏。我們經過烏香，那裡有一尊著名的藍色金剛善護法神像，是大圓滿的護法神。我們走遍了該地，到處朝聖修法。在四月的時候，我們抵達拉薩城，朝拜了拉薩所有的聖地，也見到了許多有名的人物。接著我們參訪鄰近的色拉寺、哲蚌寺、扎葉巴聖地、甘丹寺、康薩爾、諧拉康。後來則去了羊日、直貢和德仲。一路上，我們總是在各地進行一些修法之後再離開。

接著我們回到拉薩，而我在那裡生了一場重病，將近兩個月的時間，不僅病情嚴重、高燒不退，還導致全身麻痺。大夫成功讓高燒退下來，但癱瘓的情況卻越來越嚴重。多登森尼爲我修持特別的斷法來淨化癱瘓的情況，經過兩個月後，我的情況終於好轉。我又花了一個月的時間，才讓身體開始可以移動並慢慢復原。在當年的十一月，我們決定前往桑耶慶祝新年，並在那裡做了許多天的仁增蒽巴[41]薈供。

---

36 《空行心髓》：蓮花生大士爲益喜措嘉和貝瑪薩公主傳授了此教法之灌頂，但卻將文本以伏藏的方式埋藏了起來，此教法先由空行母收回，直到伏藏師貝瑪雷哲匝（Pema Ledrel Tsal）發掘出這些教法，但由於他並未受命於伏藏傳承，因此無法解釋其內容。龍欽巴尊者（一三〇八年至一三六三年）在領受金剛亥母所化空行母給予的灌頂後，才將內容取出。因此，在蓮花生大士之後過了數百年，龍欽巴尊者成爲世間第一位傳授此教法的人。（參見伊娃·達給《西藏密教之興起》，第五十六頁。）

37 多羅那他尊者是喜饒堅贊（一二九二年至一三六一年）所創覺囊派中最重要的學者，其上師之師爲來自喀什米爾的一位濕婆教學者。格魯派將覺囊派視爲異端，因爲該教派主張「他空見」，亦即一切可被認知到的萬法都是不存在的，只有如來或究竟自性才是眞實存在的。（參見圖齊《西藏宗教》。）

38 久美白瑪丹增爲白玉寺之上師。

39 心部：以瑪哈阿底續部爲頂峰的大圓滿法教，其關乎［首先］使用特定專注點，進而不依觀想或呼吸等所緣對境而令心安穩。心部修持包括「寂止」和「勝觀」的法教。（參見圖齊《西藏宗教》。）

40 「虹光身」和「光明身」是指相同的現象。

41 仁增蒽巴：聶拉白瑪鄧燈的別稱。

在那年的正月，我們出發前往扎囊，朝拜蓮花生大士的聖地聶瑪隆岩洞及旺域，之後參訪銅山上的紅色碉樓（桑日縣卡瑪當寺），並停留在那裡的墳場。該處曾是瑪吉拉準的住所，我們因而修持了三個月的斷法。

之後，我們去到澤當和昌珠，從那裡再到蓮花生大士所加持的另一處聖地雅隆玻璃岩洞（雅隆雪扎，或稱：雅隆水晶洞）。之後，我們前往吉美林巴[42]過往的駐錫地次仁降寺。我們在那個地區前後總共停留了八個多月。

在我四十二歲的時候，一八八〇年二月，我們到達敏珠林寺。我們參拜了蘇喀爾、扎央宗和寧瑪派的多傑扎寺，還有烏香多寺、聶當和達龍，以及第五世噶瑪巴[43]的駐錫地楚布寺。我們在途中遇到許多上師，也得到許多教法。

一八八〇年四月，我們來到白玉寺、那爛陀拉和噶當派[44]的主寺之一納塘寺。然後我們走到了那曲[45]，往東藏前進。

七月，我們到達了多登森尼位於德揚卡日地區的閉關處貢布。在那邊的洞窟裡，還有一位瑜伽士、一位僧人和一些阿尼在修行。他們見到多登森尼時，都非常高興。我在那裡修行了一年多，讓我對《斷法・執著自解脫》有了更深入的理解。多登森尼則傳給我大圓滿極密的意伏藏《極密心滴》（揚桑突滴）。

一八八一年，鐵蛇年，我決定啟程回到家鄉，途中遇到一些正要前往漢地經營生意的商人，由於沿路會經過我的家鄉，於是我便和他們一起旅行。

當我們抵達我在結婚時曾經住過的地方時，我向商人們道別，並為他們未知的旅程做了一些祈請來保護他們，之後便朝著多登讓日的閉關中心前進。就在快要接近時，我向當地人打聽關於那個地方的消息，但多數人都從未聽過。有些人依稀記得幾年前曾有一位瑜伽士住在那裡，但他們說，他已經往生，其他的一些人如果不是離開就是已經不在人世了。

我還是決定前往那裡。該處已然成了廢墟。木門和窗台早被當地人拆下來作為他用，我幾乎認不出我姑姑和多登讓日的修行洞窟。

我留下來住了一晚。心中感到非常難過，也做了一些修持。第二天我下山到墳場，在那邊修持斷

42 吉美林巴（一七二九年至一七九八年）：大伏藏師，在很小的時候就開始擁有淨相。在見到龍欽巴尊者後，寫下著名的伏藏法《龍欽心髓》。此外，他還集結編纂了包括敏珠林傳統以及《寧瑪十萬續》在內的許多大圓滿法本。

43 噶瑪巴：自帝洛巴、那若巴、瑪爾巴譯師、密勒日巴及岡波巴傳承下來的噶瑪噶舉派之法王。此教派將深觀及苦修融入在寺院生活與義理學習中。

44 噶當派的起源可追溯到與瑪吉拉準（一〇五四年於聶當圓寂）同時期的阿底峽尊者和仁欽桑布。藏傳佛教後弘期旨在清淨密宗的異端，此教派之支持者特別修持一種名為「袞日」（普覺）的大日如來續法。他們在其他教派中享有盛譽，許多僧人皆被派往他們的寺院學習。此後這個教派便漸漸演變為宗喀巴（一三五七年至一四一九年）所建立的格魯派。

45 現今這裡有一座中國興建的核電廠。

法。隔天早上，我在半夢半醒之間獲得一個淨相——在宗扎那個地方有一塊卵形岩石，我從那個岩石進入一個洞穴，其後，在伸手不見五指的黑暗中，突然流瀉出七彩光芒，那道光芒不僅照亮了洞穴，還穿透了牆壁，使我可以看到外面。

醒來後，我認爲這是個吉兆（因爲我的確聽說過有這樣的地方），於是便動身前往宗扎。當我抵達時，找到了夢裡的那個地方，它位在宗扎附近，但卻是於我所在地點的河流對岸。當時是秋天，水位非常高，我決定在附近的一座山丘上紮營，等待有人過來幫忙或河水稍退之後再過河。

我夜以繼日地修行，到了第三個晚上，午夜過後，一件不可思議的事情發生了。當時我已入睡，夢中出現一座很長的橋，橋身是白色的，並且直達我非常想要抵達的對岸岩石附近。我心想「很好，我終於可以過河了。」於是，我就過河了，當我醒來時，我竟然眞的已經在河的對岸，但我不知道自己是怎麼到達的。

我把帳篷搭在我上岸的地方，並在那裡修持斷法一個多月。住在附近的牧民巴滇會爲我帶來一些乳酪和優格等食物。那裡時不時地會有人經過，但即使他們以前認識我，也都沒有認出我來。

秋末，牧民的牲口得了瘟疫。他們請我修法，我做了一些斷法和火供，瘟疫果然停止了，因此大家都開始說我是個大修行者。當他們開始讚頌我的時候，令我感到十分擔心，因爲我記得初璽仁波切說過，這是魔障。所以我進入了更嚴格的閉關。大約一個月後，我的前夫聽說我來了，便帶著他的第二任妻子和女兒來拜訪我，並爲我帶來許多物資。我們的關係非常融洽；我傳授法教給他，他詢問我是否可以爲我蓋一間房子。

我告訴他，我希望房子就蓋在這裡，並向他說明我希望房子要如何建造蓋。他們邀請我去他們家過冬，因爲那年的天氣非常寒冷，而且他的父母已經往生。我去了他們家，爲往生者的福德禪修了大約三個月。我的父親、兄弟姊妹，以及許多侄女、侄子都來看我，我則透過傳授他們法教，盡可能地幫助他們。

在我四十四歲的時候，水馬年三月（一八八二年），我的前夫和其他人開始建造我的小屋。與此同時，我決定去見我的上師欽哲仁波切。我在四月初十那天抵達上師的住處，領受了很多教法，他則爲我釐清了所有疑惑。

然後我動身前往阿宗營，面見阿宗竹巴・卓堆巴沃多傑，領受他的意伏藏和所有的心髓口傳。阿宗竹巴要求我留下來，並前往位於阿宗營附近，他曾經閉關過的彭措噶察（吉祥圓滿園）中閉關，我便照做了。

木猴年（一八八四年）二月，阿宗竹巴和他的弟子們要前往宗薩寺面見蔣揚欽哲旺波，我也和他們一起去了。基於阿宗竹巴的請求，欽哲仁波切爲我們傳授《密意通徹》（貢巴桑塔）。阿宗竹巴和欽哲旺波都要我回到達吉，也就是我在夢中過河後上岸的地方。

我隨即上路，中間只去見了蔣貢康楚仁波切，並領受那若巴的《那若六法》，並向同樣在那裡領受法教的其他人學習。初八，我回到了達吉，我的前夫和其他信眾都已完全按照我的指示，爲我建好了一間小屋。

於是我什麼都不缺了，便決定閉關。由於我姊姊的女兒在幾年前出家，她想做我的助手，因爲她也很努力修行，所以我接受了她的提議。

木鳥年（一八八五年）正月空行母日，我開始了爲期七年的閉關。一開始，我大部分時間都在黑暗中修行。起初，我有時會感到些許困難，便在黑關與白關間交替著修持，但大部分時間都在完全黑暗中度過。

到了我五十三歲的時候，鐵兔年（一八九一年）五月的蓮師日那天，當我在黑暗中修行時，獲得一個淨相。我看到一個非常清晰的光圈，裡面有許多空行母手捧著另一個光圈，裡面有著蔣揚欽哲旺波的身相。我確信這意味著他已受空行母之邀離開這充滿苦痛的世間。

儘管那時距離我預計完成的七年閉關期限還有七個月，但我認爲在他離開肉身前，先去見他更爲重要，因此我在幾天後離開小屋，並在姪女陪同下，直接前往宗薩寺。

我們順利地見到他，沒有任何障礙。他非常仁慈並爲我傳了許多法教，最重要的是，他回答我所提出的種種問題，使我的修持變得更清晰明確。我告訴他我看到他被帶走的淨相，同時請求他繼續長久住世。他說，凡有生必有死，他的離開不能延遲。他還告訴我，最好回到閉關房繼續進行黑關。

我非常悲傷地離開了他，回到我的小屋。在我五十四歲那年，水蛇年（一八九二年），我接到了他圓寂的消息。在那一刻，我決定將餘生都用來閉關，此後我便以黑關與白關交替著修行。當我五十六歲時，木馬年（一八九四年），我的母親和一直照顧著我的牧民巴滇之妻相繼往生。我爲她們修了幾個月的《根除輪迴》[46]法，之後巴滇便到小屋這裡幫我。

土狗年（一八九七年），我六十歲時，前夫阿波旺度往生了，我爲他和他的家人進行了很長一段時間的淨化法。

鐵鼠年（一九〇〇年）秋末，我的老友白瑪央吉突然出現。她帶來消息說，前一年，一八九九年三月，初璽仁波切沒有留下肉身，以虹光身圓寂了，享壽八十三歲。她還完整地告訴我，這一切是怎麼在岡仁波齊峰的洞窟裡發生的。

她和我一起在我的小屋裡待了一年，我們一起閉關。這對我來說是個很大的恩德，確實讓我的修行進展許多。

一年後，她前往初璽仁波切指示她前往的地方——位於西藏南部的卡瓦格博峰。後來，我聽說她在那裡住了很多年，收了不少弟子，並在鐵豬年（一九一一年）她七十四歲時證得了虹光身。

在她離世後，她的學生來向我請法，並爲我講述她的生平和圓寂的過程。接著在木虎年的夏末，多登森尼的一些弟子來找我，並告訴我，多登森尼特別要他們來找我；他們還告訴我，多登森尼沒有留在春波，而是前往安多朝聖，四處遊方修行。

46 《根除輪迴》爲觀世音菩薩的修法儀軌，專爲甫往生者修法所用。

多登森尼在接近生命的盡頭時，與弟子們前往中國的五台山。他在那裡傳了三年的法，收了許多弟子，包括漢人和藏人。他在八十五歲圓寂，當時出現許多吉祥的徵兆，骨灰中也有許多的舍利子。

我發現自己所有的朋友都已離開世間，這讓我深刻意識到無常，也激勵我要在剩餘的時間裡盡可能地修行。我教了多登森尼的弟子幾個月後，便讓他們到不同的地方去禪修。」

以上是阿育康卓親口告訴我的故事結尾。下面的內容是我所耳聞關於她圓寂的故事。

她告訴我這些故事後，又給了我許多睿智的忠告，接著我回到薩迦佛學院的上師那裡，並在該年完成了我的學業。

水龍年（一九五二年）八月，我前往伯父閉關的「大獅虛空巖」（僧千南扎），在那裡進行了一次獅面空行母的閉關和其他各種修行。

當我在那裡時，做了一場夢，夢見一座燦爛明亮的水晶佛塔，那座佛塔似乎正被推往西方，並慢慢地消失在虛空中。與此同時，我聽到一個聲音說：「這是多傑帕準的墳塚。」

那個聲音把我喚醒了，使我頓時覺得內心非常空虛，即使做了一些呼吸修持也沒有讓我感覺好些。我感覺自己內在失去了一些非常重要的東西。

幾天後，阿宗竹巴的兒子返回中藏途經該處，我便告訴他我所做的夢。他說，事實上，之前他曾順道前往探望她，過程中她提到一些與時間相關的話題，暗示自己即將不久於人世。他認爲，我的夢可能預示著她即將離開人世，所以我們進行了三天的《空行密集》修持，試圖延長她的生命。

水蛇年（一九五三年），當我接到她離開肉身的消息時，我正和伯父在山上領受《心髓》的教法。當時我做了一些祈願，因爲除此之外，我不知道還能做些什麼。

當年六月，我前往宗扎那座她圓寂的小屋，發現她的侍者巴滇也在同年離開人世。人們說巴滇圓寂時也出現了許多瑞相。

我遇到了堪布和曾經侍奉過她的尼師桑姆，桑姆告訴我她圓寂的故事：

圓寂的過程

水蛇年時，康卓對我們說：「現在我覺得自己眞的老了。我想，再一會兒我就要上路了！」當時她一百一十五歲。

我們乞求她不要離開，但她說：「不好的時期快來了，屆時一切都會改變，也會有可怕的事情發生，所以我最好現在就走。大約三週後我就不會在這裡，所以要開始準備葬禮了。」

她精準地指導我們該如何準備喪事，以及在葬禮期間如何行持。她有一尊重要的蓮花生大士佛像，派人送給了阿宗竹巴的兒子久仁波切；此外則留下一尊蔣揚欽哲的小擦擦（小泥塔），要給南開諾布；還有各種東西，要給堪布和其他弟子。

最後，她開放讓所有想見她的人都能見她。在最後的二十天裡，她不再進行固定的座上禪修，而將時間全部用來見客，爲任何想要前來諮詢的人提供教言和建議。

接近第二十五日的時候，我們在她固定下座的時間點，發現她在沒有任何病兆的情況下，已然離開了肉身。她維持在禪定姿勢兩個星期之久，當她完成了「死後禪定」[47]時，法體變得很小，我們爲它做了一些嚴飾，許許多多的人都前來瞻仰。

荼毘典禮是在二月十日進行。在她圓寂時，曾有許多奇妙的徵兆。當時正值隆冬，大地卻突然解凍，萬物開始萌芽綻放。肉身火化後出現了許多舍利，我們按照她之前的囑咐，將所有火化的餘物和她的衣物，全都放進她在薩迦寺所預備好的佛塔裡。

後記

我（南開諾布）得到了一尊蔣揚欽哲旺波的小擦擦、一函《獅面空行母意伏藏》的法本，以及她的著作、建言和證道歌。在她的弟子中，有錢有勢的人寥寥無幾，多數都是來自西藏各地的瑜伽士和瑜伽女修行者。關於她的故事還有很多，但我只寫下她親口告訴我的內容。這只是阿育康卓生平故事中的一小部分，專爲她的弟子和有興趣的人而撰。

註：本篇文章由南開諾布仁波切自藏文口譯為義大利文，並於一九八三年一月八日空行母日，由班尼西蒙斯於麻薩諸塞州康威市口譯為英文並錄音，再交由慈誠艾莉昂予以聽打、編輯與註釋，最後於一九八三年二月七日空行母日於義大利羅馬完成。

47【譯註】藏音：圖當（tukdam），網路上有各種譯詞，然經諮詢資深藏漢譯者後，決定遵循玄奘法師五種不翻之一的「多含故不翻」原則而不予意譯，稱之爲「死後禪定」。以下根據《西藏生死書》的解釋稍作描述：具有成就的修行者於外在氣息已斷、內在氣息尚存的期間，安住於自心本性的了悟當中，直至在法性中陰時與基光明結合而解脫的禪定稱之。

二、瑪吉拉準（一〇五五年至一一四五年）

導言

瑪吉拉準是西藏最著名、最受愛戴的女性密宗行者之一。據說她是八世紀將佛教帶入西藏的蓮花生大士之明妃——益喜措嘉的轉世化身。現存的瑪吉拉準傳記有很多版本，本書所收錄的是我所見過最長、最完整的版本。

在《益喜措嘉傳》[1]中曾記錄，蓮花生大士親自授記益喜措嘉將轉世成爲瑪吉拉準，蓮花生大士本人則投生爲帕當巴桑傑，而益喜措嘉的法侶——阿擦惹·薩雷則將投生爲瑪吉拉準的丈夫——托巴跋陀羅；至於益喜措嘉的助伴、蓮花生大士的次要明妃——扎西雪珍，則投生爲瑪吉拉準的獨生女等。所有在益喜措嘉生命中的重要人物，都會投生爲瑪吉拉準生命中的人物。

當然，我們沒辦法以科學方法證明這些連結，尤其對西方人來說，透過轉世傳承而非血脈來記載家譜，似乎是很奇怪的事。然而，諸多西藏聖者的傳記，開頭都是一段追溯到數百年前的轉世歷史。

瑪吉拉準的傳記就是以一名男子的傳記作爲開端，這令人相當不安，原來，這名男子實際上就是瑪吉的前世。這名男子在空行母的勸請下，從一名印度瑜伽士化現成一名西藏女子的身體，這個不平凡的轉換是一個異常超自然的現象。他並沒有死亡，只是將他的神識遷移到了西藏。到了故事的尾端，場景又回到南印度的洞窟裡，他五十多年來都沒有變化的身體上。

1 參見凱斯·道曼《天空舞者》，第八十六至八十七頁。

爲了理解這樣的故事，我們必須放下西方文化的框架，這個框架限制了我們對事情的想法。我們應該要了解，當修行發展到更高層次時，物質世界是可以經由意念操控的，而在意念的操控下，許多事情都變得有可能發生。

在這個故事中，我們看到人類可以翱翔天際、火化後的身體會產生如雕像般的物體，以及其他各種奇異現象。在親自見證過其中一些現象後，我希望讀者能暫時放下自己對於身心限制的想法，敞開心扉接受更多可能性。

在西方世界專注於科學發展的同時，位於西藏和印度的瑜伽士則著重於內心與身體的發展。隨著電視、電話、飛機等科技產品的普及，我們創造了屬於我們的奇蹟，這些產品對兩百年前的人而言，同樣有著神奇與不可思議的意義。與此同時，藏人則潛心在心靈實驗室中鑽研，或在高山關房與岩穴的僻靜處發展自己的靈性。如果衡量他們在這方面所投入的時間與專注，對於他們能獲得如此「奇蹟般」的成果，就不這麼讓人感到奇怪了。

瑪吉拉準在十一世紀的藏傳佛教復興運動中，扮演了不可或缺的角色。那段期間裡，西藏與印度在學術和瑜伽學派間有大量的交流，直到瑪吉拉準離世不久後，隨著佛教在印度漸漸衰微，類似的交流就停止了。當時有許多宗教朝聖者在西藏、印度和尼泊爾間進行朝聖，促進了當時的文化與修行發展，生活在那段時間的西藏，肯定非常振奮人心。

瑪吉拉準

爲了讓大家了解瑪吉拉準最著名的主要修持——能斷大手印法，我會先簡短地說明這個修持。《能斷教授》（斷法）的義理基礎來自於《大般若波羅蜜多經》。瑪吉拉準童年的時候，就完全沉浸在這部經典當中，因爲她在幼小時就成爲一名專業的讀經人。當時最受歡迎的經書便是這部經。所謂的專業讀經人，就是可用很快速度念誦經本的人，他們會被送到居士信徒家中念誦完整經書數次。

這麼做的原因有兩個：第一，聽聞經文會對被俗事纏身的在家人生起利益；第二，持誦如此的經文能累積福德。因爲佛教徒相信：每個行爲都會帶來果報，而善行能幫助善果的累積，因此大聲誦讀神聖的經典，將可以大量累積善業。對於當時的人來說，念誦經文的次數比了解含義還重要，因此讀經者的速度越快越好。如此一來，功德主便可用更少的時間累積更多的福德，也可用較少的供養或禮物給讀經人。

瑪吉拉準在相當年輕的時候就是速度極快的讀經人，因此她是一名評價很高的專業讀經人。她或許也透過爲上師讀誦經本來回報上師。直到索南扎巴喇嘛質疑她對經典義理不夠了解，並要求她重新閱讀經本後，她才對法教有了眞正的洞悉。這個經歷，加上與息苦派大師帕當巴桑傑的相遇，在帕當巴桑傑的引領下，她才對法教有了直觀上和智識上的眞正理解。

《大般若波羅蜜多經》是一部義理非常深奧的教典，爲了幫助大家了解斷法，我僅就這部經典的主要概念做說明。首先，以自我爲中心的迷亂心態會讓我們受苦，爲了減輕痛苦，我們開始禪修，因爲禪修能夠讓高速運轉的心趨緩下來。一旦自心漸漸平靜，就像靜止的濁水，泥巴會漸漸沉到水底，使水變得澄澈。當這種平靜的感受發生時，我們就會清楚了解事情如何在內心運作。這種理解正是「般若」，也就是甚深慧。

接著，根據佛法的教義，透過般若慧，我們開始看見，事實上，儘管我們認爲自己有個單獨、唯一的本質存在，也就是「自我」，但若仔細檢視，就會發現我們是由色身、感官知覺、意念等所組成的複合體，我們只是這些部分的總和。這樣的體悟即是對「空性」的理解，意指我們是沒有自性、「無我」的。如果我們是無我的，那麼就沒有理由以自我爲中心，因爲認爲有個單獨自我的這種概念是錯誤的。因此，我們可以心懷慈悲，也無須總是自我保護，或者把自己的慾望強行加諸於他人身上。

爲了強化與發展對無我的理解，並對一切有情眾生發起悲心，瑪吉拉準創建了斷法修持。在這個修持中，行者在完成各種前行修持後，開始進行斷法修持的精髓，也就是供養身體。斷法，藏音爲「決」，其字面上的意思是「切斷」，也就是斬斷對身體與自我的執著。

首先，修行者觀想自己的神識從頭上的頂門離開身體，轉化爲一位忿怒空行母。接著，這尊忿怒空行母手持新月形的金剛鉞刀，一刀將修行者的頭顱砍下，並將這個顱器放置在由三顆顱骨堆成的三腳架上，下方有火焰燃燒著。至於身體的剩餘部分則被切碎，放進廣大延伸的顱器中。隨後，所有屍塊化成血液，又轉爲甘露，餵養每個所能想到的眾生，滿足他們可能會有的各種欲求。當一切眾生都已飽食，心滿意足後，行者必須提醒自己，包括他自己這個供養者、整個供養過程，以及那些接受供養者，全部都是「空性」的，並盡力讓自己安住在那樣的理解當中。這個修持儀軌的最後，進一步以教導實相的眞實本性作爲結束，有些法本也會以祈願一切眾生最終都能獲得證悟來做結束。

透過這個過程，行者將能克服四魔。這些魔都跟自我有關。瑪吉拉準在重新閱讀《大般若波羅蜜多經》後，理解到魔眞正的本質其實是自我在作祟，進而寫下此斷法修持。

在說明修持此法所使用的法器前，我想先談一談四魔。以下根據南開諾布仁波切所給的口頭解釋來說明：

第一個魔叫做「阻礙感官的魔」（有礙魔）。當我們想到魔的時候，通常會聯想到一個攻擊我們的外在魔，但瑪吉拉準了悟到魔的眞實本質就是自我內心的投射。當我們以感官去看待或體驗事物時，這個魔便會出現，使我們的感官感知受到阻礙，以至於對外境產生繫縛。例如，當我們看見一個美麗的女人或男人時，在看見的當下，感知立即被想要佔有那個人的慾望所阻礙。如此一來，感知的過程停止了，我們開始想辦法去認識那個人。這是一個必須透過禪修來克服的過程。如果我們處於眞正的禪修狀態，感知將不會對外境產生繫縛或執著。

第二個魔是「不受掌控的魔」（無礙魔）。這是指不斷衍生的念頭。一旦念頭掌握了控制權，使心思從一個念頭飄蕩到另一個念頭，便會使我們的覺知因放逸而完全迷失。

第三個魔是「悅意魔」（歡喜魔）。當我們體驗到愉悅的事物，例如吃到美食，便會執著於那個美味，並且想要獲得更多，同時也想除去任何阻擋我們獲得愉悅的障礙。這並非指悅意本身是魔，而是我們對悅意的執著，將成爲讓內心維持清明的障礙。舉例而言，禪修者有時會做吉祥夢，這是修行有所進展的徵兆，但如果「悅意魔」生起，他就會非常執著於那個夢兆。又或者有人正處於一切都十分順利的時期，他感覺自己的身體狀況很好，因此想要一直保持那樣的狀態，但該情境終究會改變，進而讓人感到失望。

第四個魔是「自我魔」（傲慢魔）。這個自我是主宰我們如何看待世界的關鍵。它的注意力都放在區分「自」與「他」的原則上，導致覺知的阻礙，並造成自己與他人的許多痛苦。

根本而言，這四個魔都是念頭的作用，會阻礙無有執著的清明覺知狀態。這些念頭都來自於執著自我，以及缺乏般若慧，繼而對空性有錯誤的認識。斷法修持正是爲了驅除這些內在魔。

斷法運用四種聲法來輔助修持，這四種聲法分別爲：人聲、軺鼓聲、金剛鈴聲，以及用人類大腿骨做成的脛骨號聲。軺鼓的大小約莫爲手放在臀部時所形成的圓圈大小，外型類似於西伯利亞薩滿人及西藏本土宗教苯教祭司所使用的鼓。它是一個雙面鼓，象徵了陰與陽，兩側各有一條繩子繫著一顆小球。當修行者搖鼓時，這兩顆球會擊打對側的鼓面，象徵勝義諦與世俗諦的無二無別。此軺鼓會發出像進行曲般深沉韻律的節拍，搭配左手所持的金剛鈴，象徵陰性的本初虛空。

當修行者準備要將轉化過的肉供養給魔眾時，便吹響脛骨號，發出令人恐懼又怪異的低鳴聲，用以召喚魔眾。此法在修持過程中全部以唱誦的方式完成，曲調則因不同的傳承而有差異。每種曲調都有其淵源，是由修持斷法的行者（藏語稱「決巴」）在修持多年後所編寫。這些聲音與優美旋律結合起來的整體效果，是爲了製造出一段低沉渾厚、觸動人心的唱頌曲調。聲音是斷法修持不可或缺的元素，它會在身體裡創造出一種振動頻率。如果只是單純默讀法本，就不會有這樣的效果。

傳統上，修持斷法必須在陰森怖畏處進行，例如一棵孤立的大樹下（被認爲是魔的盤踞地）和墳場（如〈阿育康卓傳〉中所記載的）。斷法的修持要點，在於直接面對自己的恐懼，並透過了解魔的眞實本質來超越它們。藏人非常害怕魔，以至於許多人都很怕修持斷法，認爲那是非常秘密的修法。我曾認識一位尼師，她年輕時曾到一個洞窟裡修持斷法，看到一些讓她相當恐懼的東西，以至於她必須修九年的阿彌陀佛法（西方極樂世界的寂靜尊）才能康復。當我認識她時，她年紀已經很大了，卻仍然有些精神錯亂。

在專門爲斷法所設立的學校裡，學生們至少得花五年的時間學習。訓練結束後，學生們會被分組派出去修法，最後再單獨一人外出修法。當發生諸如霍亂等傳染病時，人們總是會找斷法行者來處理。他們負責處理屍體、剁碎骨頭並舉行葬禮，他們顯然不會受到感染。有時候，他們也會被請來驅魔。

斷法行者身上穿著糞掃衣[2]，吃著乞食而來的飯菜，住在大多數人不屑前往的地方。所有這些行儀都是以瑪吉拉準爲典範，因爲她便是過著這樣的生活，絲毫不在乎世俗對衣著和行爲的定義。斷法行者會單獨或結伴旅行，並且沿途找尋合適的地方修持斷法。阿育康卓就是追隨瑪吉拉準的法教，多年來皆以斷法行者的生活方式度過。

此傳記來自於彭波・僧久・給・南謝・確吉・東薩。

這個故事爲瑪吉拉準應弟子之要求親口所說，並由蔣貢・工珠・羅卓・泰耶於十九世紀應法主貢噶・蔣揚之要求編撰而成。雖然此傳記宣稱爲瑪吉拉準本人所寫，但很有可能是蔣貢工珠在大量研究古代文獻後，將所發現的幾部傳記集結起來的文本。

禮敬非人母[3]，智慧空行母！若要追隨瑪吉拉準之法教，你的色身將供養給他人。他法均教人保護色身，唯有瑪吉拉準要你供養自己的身軀。此傳記爲瑪吉拉準本人所寫，內容正確無謬。瑪吉拉準爲智慧空行母，三世諸佛之心意母，金剛佛部之空行母。

前世爲班智達 默朗・珠

爲利益有情眾生，一名男嬰誕生於印度王公帕旺・秋的家中。此孩童名爲默朗・珠（意思是：祈願成就），無須他人教導便會閱讀書寫。五歲前，凡是看過一眼的書都能過目不忘，大家都說他一定是佛的轉世化身。

---

2 遭人丟棄的破舊衣物。

3 這裡的「非人」是指超越凡夫的眾生，而非不具人性，也非次等人類，而是那些具有超能力的人。這裡的「母」不僅指生養兒女的母親，而是指能孕育智慧的無上母體。

十歲至十五歲時，他在毘提．跋陀羅．班智達（喜賢大學者）座下學習，領受沙彌戒[4]，被賜予出家法名「頓珠．桑波」[5]（意思是：義成．妙賢）。期間學習了文法（聲明）、邏輯（因明）、般若、戒經（律藏）[6]與俱舍（論藏）[7]。他的老師發現他是一個資質卓越的學生，於是傳授他《四續》[8]。最後他在這些密宗法教上成爲與老師一樣出色。

過了不久，毘提．跋陀羅對他說：「我無法再當你的老師了，因爲你已經超越了我。現在你必須前往蔣卻桑林寺（北銅寺），尋找一位有能力顯現勝樂金剛壇城的大成就者，名爲「咕嚕惹納」。他不僅學識淵博，更擁有無量的成就，他能引領你在密咒道上獲得成就，爲你釐清各種疑惑。然後你便可幫助有情眾生。」

於是他前往拜見咕嚕惹納。咕嚕惹納注意到這位少年利益他人的潛力，於是爲他顯現勝樂金剛的六十四尊壇城，授予他四種灌頂。之後，默朗．珠因修持所獲得的力量，能夠無礙地前往一切諸佛淨土。他跟隨咕嚕惹納學習了三年，釐清了顯密的一切疑惑，在生起次第與圓滿次第上尤其獲得了許多成就。

之後，咕嚕惹納說：「現在，到金剛座[9]去打敗外道，你是唯一能夠勝過他們的人。」

因此，他前往金剛座，並在辯經上打敗非佛教徒，使得最後總共有十萬名非佛教徒皈依而成爲佛教徒。他在那裡停留了四年，之後至尊度母現身，敦促他前往藏地利益藏人。度母指示他盡快完成禪定修持，將自身準備好，以便讓藏人改信佛教。

於是他開始往北方朝聖前進，有一晚，他睡在一座屍陀林裡[10]，屍陀林的空行母受到他的打擾，於是來到他的夢中說道：「難道你沒有別的地方可睡嗎？為何要睡在我的屍陀林裡？」

4 沙彌戒：包括戒殺、戒妄語、戒偷盜、戒飲酒、戒邪淫這五大戒律。

5 以賜予新的名字來象徵一個人身分的重大改變。名字的改變象徵進入一個重生的新階段。在西藏傳統中，每當弟子邁出重要的一步，例如受戒或領受重要灌頂時，上師會給予新的名字。

6 律藏：依佛陀言教所訂定的比丘及比丘尼行為準則。是由佛陀所制定的一系列規範，以引導寺院僧團邁向菩提。

7 論藏：佛陀法教的主體，為佛教的心理學、形而上學或宇宙起源論，也是闡述心性的法教。參見邱陽創巴仁波切《阿毘達磨略探》。

8 四續：事續、行續、瑜伽續、無上瑜伽續。第一，事續是透過外部儀式行為來進行淨化，例如獻供、持誦、淨化儀軌、沐浴、穿上乾淨白衣和吃著白色的素食等。第二，行續是外在行為與內在瑜伽的平衡。第三，瑜伽續目的在於樂空合一，更重視內在修行。第四，無上瑜伽續則提供一種方法，讓心獲得掌控。（參見圖齊《西藏宗教》）。

9 金剛座：指菩提迦耶，佛陀悟道成佛之地，位於印度比哈爾邦，靠近迦耶的小村。

10 墳場能引發臨終時期的恐懼，遇見空行母代表著轉變的契機，是常見的一個主題。空行母將激發行者因執取所產生的恐懼。為了使修行增上，行者必須處理這個恐懼，而這種境遇是由空行母現身所帶來的。在這種情況下，空行母通常會被行者所調伏，成為他的僕人。如果行者能夠成功處理這樣的境遇，該經驗將為修行帶來進步。默朗．珠所採取的方法不是正面與空行母對抗，而是維持在無我的禪定狀態。這種方法類似於《易經》中「夬卦」所描述的方法：「若是以硬碰硬的方式對抗邪惡勢力，那麼這個勢力也會想要用武力解決。如果我們一招一式與之對決，最終自己也會落敗，因為我們讓自己陷入仇恨與激動的情緒當中。因此，重點在於從自身做起，提防自己已知的過犯。如此一來，就不會有敵人，邪惡勢力的利刃也會變鈍。同理，我們也不應直接與自己的過犯作對，一旦我們與之拚搏，它們就會繼續佔上風。因此，對治惡，最好的方式是讓善增長。」（《易經》，威爾汗與貝恩斯譯，第一百六十七頁）。

接著便施展各種神變來干擾他，但他卻能在不受干擾的禪修狀態中保持安住。空行母為之驚嘆，便向他獻出自己的心命，誓言完成默朗．珠所交付的一切任務。

當第一道藍色曙光乍現時，無我母[11]化現的十五位天女來到他面前，並說：「瑜伽士，在前往藏地之前，你必須先前往南印度普陀洛山的岩穴。」言畢，便化入虹光中消失。

他心想，此刻我還年輕，應該好好禪修，於一法中獲得成就。但我要用什麼方法讓藏人改信佛教呢？

當時天色依然昏暗，偉大的女性化身大幻化母與十五位天女降臨而建議他：「到普陀洛山修持黑色半忿怒相的《大幻化母瑪哈瑪雅五尊空行母》。你必須盡快前往藏地，讓那裡的眾生皈依佛教。現在就馬上精進修持。」說完，她們又再次化入虹光而消失了。

天才剛亮，屍陀林的空行母就說：「我帶你去普陀洛山吧！我們以神足通[12]前去。」

他們很快便到達岩洞。默朗．珠開始修持《大幻化母瑪哈瑪雅五尊》。十四天之後，他獲得了世間悉地[13]。一個月之後，則獲得了心意成就，使他能夠親見五位女性天尊。她們賜予他秘密慧眼壇城的灌頂，並鼓勵他去調伏藏人，然後便消失在光芒中，此光則化入默朗．珠的身體裡。

又過了一個月，至尊度母現身，指示他前往西藏後，便融入他的心間。那個月的初三，怙主無量光佛給予他許多的建言與加持。初八，大悲觀世音菩薩現前，給予他許多未來的建議與加持。初十，蓮花空行母帶領著許多空行眷屬現身，考驗他對佛法的了解，他都能無所不知。於是，空行母為他開啟馬頭明王與金剛亥母的雙運壇城[14]。從壇城中，他得到應該前往西藏的指示。壇城所有空行母都表示，他必須前往西藏。

當月初十至十四日間，空行母們一一現身敦促他盡快動身前往藏地。十五日[15]天剛破曉，一位膚色深青、佩戴骨飾，手持卡章嘎與金剛鉞刀，面露忿怒相的空行母出現，盛怒地對他說：「現在必須答應前往西藏，否則我會殺了你，把你的神識收到我這裡來！」

言畢，她高舉起刀作勢要殺害默朗．珠，他的神識進到空行母內，於是他就這樣毫無障礙地到了西藏。當時他二十歲，經由此加持，使他的身體獲得不會腐壞的能量，讓他最終能夠利益他人。

---

11 無我母（藏文：達媚瑪）：喜金剛之明妃。切勿與瑪爾巴譯師的妻子達媚瑪混淆。

12 神足通：速度極快的跑步方式，雙腳沒有真正接觸到地面，透過瑜伽呼吸控制來完成。參考亞歷山德拉．大衛．尼爾夫人《西藏的魔法與神秘》，第一百四十六頁，或《密勒日巴大師歌集》中〈與帕當巴桑傑會面〉的篇章，第六百零六頁。

13 世間悉地包括穿牆入壁、點石成金、行水不沉、入火不燒、極寒時以拙火融雪、幾秒鐘內行至遙遠宇宙、飛行、遁地、他心通、預知未來等遠遠超乎常人能力的感官發展，其他還包括身體放光、日光下沒有影子以及隱形等所謂的神變。

14 馬頭明王（梵文：Hayagriva），金剛亥母（梵文：Vajra Varahi）。

15 西藏年份採陰曆計算。週期從二月的新月開始。每個月都是從初一新月為始，十五則為滿月。吉祥日會變動，但初十固定是蓮師日，二十五是空行母日，二十九是護法日，初八是度母與瑪哈嘎拉日。

受生與誕生

藏曆馬年五月十五日這天，在拉企．必力．工瓦萬戶區，瑪吉拉準的神識進入母親的胎宮。雙親來自該區的措美。父親是當地的貴族與地方官，名為「確吉．達瓦」，意思是「法月」。母親名為「布江」，意思是「極尊貴之夫人」。父母雙方都出身富裕家庭，生性賢善。不僅自己修持佛法，也敦促他人如此，對三寶懷有信心，也經常侍奉僧團。這名貴族及其妻子始終心念三寶，也經常鼓勵他人以佛法的觀點看待事情，他們就像領導著五百戶村民的菩薩一樣。

當此神識在十五日這天進入母親的子宮時，瑪吉拉準的母親夢見四位白色空行母，手裡各持著一個白色寶瓶，自其頭頂倒下淨水，隨後便感覺自己獲得淨化。之後又有七位身色紅、黃、綠等的空行母圍繞著她獻上曼達，嘴裡說著：「禮敬我們的母親，願母親吉祥。」

隨後，一位膚色深青、穿戴骨飾，手持金剛鉞刀，面露忿怒相的空行母，帶領四名手持金剛鉞刀和顱器的藍色空行眷屬，分別站立而圍繞在空行母的前、後、左、右。這五位空行母站在布江夫人面前的天空中，中央的空行母比其他空行母高出約一個前臂之長。

她舉起金剛鉞刀，對母親說：「現在我要把這顆無明的心給取出來！」

突然間，她拿起刀刺進母親心間[16]，取出心臟，放入站在她面前空行母手中所持的顱器中，然後她們共同享用了這顆心臟。之後，中央空行母尊拿起一個右旋法螺[17]並吹響了它。法螺的聲音響徹世間。在法螺中間是一個發光的白色種子字「阿」。[18]

她說：「現在我要用這個白法螺來代替妳的心。」

當空行母把法螺放入布江的身體裡時，布江感受到五色光束從這位空行母的心間射出，融入她的頭頂。四位空行母的身上也發出光芒，融入她的體內。接著，四位空行眷屬融入光中，再融入深藍色的中央空行母尊，隨後再融入充滿光明的空中。

整個夢境期間，母親都沒有感到恐懼。事實上，她完全沒有不安的感受，反而覺得有一種樂受。當她的心臟被取出來時，她覺得自己比以前更好；她沒沒有感到痛苦，內心充滿喜悅；她的身心都充滿法喜，神識非常清明。

即使在醒來後，她依然法喜充滿。第二天日出時，從附近來了一個名叫阿曼的女孩。

她說：「我做了一個非常吉祥的夢，想要告訴您。」

---

16 我們在這裡所見到的空行母本質，看似具有破壞性與攻擊性，但實際上卻是帶來更多利益；與其說它具有破壞性，不如說它是積極變革的。不論是在這裡或是晚一點發生在默朗·珠身上的情況，都是藉由外力，對接受者進行侵入性打擊。這樣的舉措或許就理智的觀點來看，對接受者是有害的，但我們在這裡，卻看到此舉為受者帶來更大的視野與樂受，並且讓母親能夠涵納來自瑪吉拉準更強大的空行母能量。

17 藏人認為右旋海螺是非常殊勝的，除了因為其稀有性外，佛教徒也經常以右旋（順時鐘）方向繞塔或轉山。

18 「阿」據說是代表本智的聲音。它是藏文的最後一個字母，梵文的第一個字母。白色的「阿」字代表了本初光明，萬物的本性為光明。

母親帶她到大佛堂，坐在那裡，女孩說：「我做了個吉祥夢，想要告訴您說。貴門世代興盛，如今福德又廣大如天。你們歷代祖先不只積了許多福德，智慧也很深厚。」

母親心想：我昨晚也做了一個不尋常的夢，到現在還覺得相當法喜，不知道這位小姑娘做了什麼夢呢？

她讓僕人準備一些美食佳餚，並讓阿曼告訴她做了什麼夢。

女孩開口道：「昨天清晨約莫黎明時分，我夢見這間房子比現在還要大上三倍，屋頂上有個金色的大月牙，其下有個三層寶傘在旋轉。它們都比普通所看到的尺寸還要大三倍。屋子的四面各掛有一面銀鏡，鏡子又大又圓，像明月一樣，銀鏡隨風飄蕩，反射出的光芒照亮了四周田野。從房子的四個方位走出四名年輕女孩，自稱是空行母。她們吹著白色法螺，聲音宏亮，似乎整個四大部洲[19]都能聽到。屋頂的四個角上都懸掛經幡[20]，隨風吹向各自的方向。屋簷下點著許多酥油燈，燈火通明，照亮一切。房子正前方的空中降下一道紅光，照耀著整座房子。我站在屋頂的高處，詢問一位空行母，她們在那裡做什麼。她說她們正在準備母親的房子。房子裡的佛堂傳來樂器聲。我想知道她們所說的母親是誰。當我心裡想著：我可以進去嗎？我馬上就有了進入房子的感覺。然後我就醒了，之後我又做了許多其他的好夢。」

這位母親已經有個十六歲大的女兒，名叫布美。布美說：「昨天晚上我也看到天空中出現一道白光進到母親體內，照亮了整間房子。隨後一名八歲大的女孩，手持金剛杵，出現在我面前說：『姊姊，妳好嗎？』我問她是從哪裡來的，她說印度。接著，我問她是誰，她說：『妳不認識我了嗎？我是度母。』我想確認這是不是眞的，於是我試著抓住她，但她跑到媽媽腿上，然後我就醒了。」

在這之後，又出現了許多瑞兆。母親此時已經四十八歲了，臉上卻沒有皺紋，懷孕後看起來更年輕了。大家都說她一定修得很好，獲得了加持，才讓她看起來很年輕。她看起來和布美一樣年輕。布江做了很多吉祥的夢，讓她感到身體輕安，心神怡然。晚上，她看到鄉村彷彿被照亮了，就像白天一樣。此外，她也能透析人們的心思，明白他們的痛苦。大家一致認爲她的夢肯定帶有非常特殊的意義。

兔月二十五日（羊年二月）那天，布江開始聽到子宮裡傳來「阿」和「哈、日、尼、薩」[21]的聲音。羊年龍月初三，她聽到子宮裡傳來一道聲音，那聲音說：「母親，請準備幾件新的白棉布衣，以熏香淨化後，灑上沒藥香氛。」

---

19 四大部洲圍繞著中央的須彌山，此山爲宇宙的中心。東方爲新月形的勝身洲；南方爲圓錐形尖端向下的瞻部洲（又譯爲南瞻部洲）；西方爲圓形的牛貨洲，北方爲方形的俱盧洲。中央山（須彌山或稱妙高山）四周環繞著七圈海洋與七圈金山，之後是四大部洲，我們所居住的世界是其中的瞻部洲。貫穿須彌山的中央生長著一棵樹，樹上佈滿了果實，樹頂開花，其上居住著天人與阿修羅，各自守護其所相應的部洲。

20 經幡（又稱風馬旗）是一長串由各色棉布組成的旗子，通常以橫向方式懸掛或將長經幡以直立方式懸掛在長竿上。咒語及祈願文以木刻板沾墨水印製，懸掛在需要祈福或保護的地方，例如聖地或宗教地點、泉源、山口或家中等，其意義在藉由風的力量將經文的加持與保護力傳送到各地。

21 哈、日、尼、薩：圍繞在金剛亥母四周空行母的種子字。

布江照辦後，在羊年三月的黎明，嬰兒出生了。屋內香氣煙霧自生，虹光、花雨、妙音從天而降。該地區的所有人全都同聲祈願並向家中神靈獻供[22]。

嬰兒一出生，就站在虹光中，擺出金剛瑜伽母的舞姿。

她問：「母親，您好嗎？」接著說：「阿」。

她的舌頭上有一個熾然的紅色種子字「啥」[23]，並且似乎在轉動；她的額頭上有一隻眼睛放出細細的彩虹色光[24]；她的頭頂上，從一個長如小指關節的「阿」字發出一道白光。

布美將嬰兒放在她膝上預備好的棉布衣裡，過了一會兒，「啥」字融入她的舌頭，然後他們試圖給嬰兒一些混合了粗糖的白酥油，但她吐了出來。

嬰兒接著將三個眼睛一同看向天空，片刻之後，她頭頂上的白光沒入身體，額頭上第三隻眼所散發出來的虹光也沒入了身體。

她將目光自天空移開，微微低下脖子，直視她的姊姊。過了一會兒，發出吮吸的聲音，待她吃了一些甜酥油後，轉身對母親微笑，之後便在她姊姊的膝上睡著了。

布江在生產過程中，絲毫沒有疼痛的感覺，且一直感覺舒適喜悅。第二天早上，嬰兒直喚布美的名字，然後對她媽媽說：「布美很高興有個三隻眼睛的漂亮妹妹。」

當她們聽說父親快要回來時，布美害怕他會不喜歡有三隻眼睛的寶寶，建議他們把嬰兒藏起來。

布美把她裹在棉衣裡，藏在門後。父親確吉達瓦聽說嬰兒誕生了，於是來到佛堂尋找小孩。

布美告訴他說：「母親生了一個三眼的醜女孩，我們把她丟棄了。」

父親說：「立刻將她帶過來。」

因此，布美把小孩抱過來交給父親。他仔細看了看嬰兒並說：「在她的第三隻眼睛裡，有個細如髮絲所寫成的極小白色『阿』字。她擁有一切空行母的形貌特徵[25]。她的手如網相連，指甲略透紅色，散發出有如珍珠母貝般的光芒，上面有『嗡、阿、吽』三字。把她留在家裡，不要帶她到大街上去，好好照顧她，不要對外宣揚。」

---

22 由於藏人認為自己可能持續受到鬼魂攻擊的威脅，因此他們有各式各樣的神祇與方法來保護自己。參見圖齊《西藏宗教》，第一百八十七至一百八十九頁。

23 金剛瑜伽母與觀世音菩薩之種子字。

24 第三眼能夠超越雙眼所見，亦即超越二元見。第三眼位於兩眼之間，前額的正中央，此眼與神通力及更廣大的見地有關。所有深奧的信仰傳統都承認有此中心點的存在，必須透過各種禪定修習才能打開。

25 空行母的形貌特徵被視為是秘密，不應公開，避免流於以庸俗眼光看待。然而，這些形貌特徵是女性身上真實的特徵，例如在特定部位出現痣。在《青史》（羅列赫翻譯，第二百二十至二百二十一頁）中就提到關於蓮花空行母的形貌特徵，我在這裡提出，讓大家對這類形貌特徵有些概念：「在她的肚臍上有長著三支根莖的紅蓮花印，在她的乳房中間有寶石念珠印，向下延伸至肚臍。在她的兩側肩膀各有一個卍字印，在她的雙耳後面有法螺或蓮花狀的旋印，在她的舌頭下有青蓮花色的寶劍，其上印有『當』字（象徵度母名號的第一個音節），在她的雙眉中間有日月旗印。」

童年與受教

他們將嬰兒養育得很好，使她迅速成長。在她三歲時，便會唸誦：「嗡嘛呢唄咩吽」、「嗡 達列都達列 都列 梭哈」、「至」和「嗡 揭諦揭諦 波羅揭諦 波羅僧揭諦 菩提薩婆訶」和「哈日尼薩」[26]等諸多咒語。

她喜歡到佛堂裡做大禮拜及供養。當她五歲時，母親開始教導她閱讀與書寫。所有內容只要示範過一次，她就能夠記得，因此她變得非常博學。母親爲她請來一位上師教導她佛法。到了她八歲的時候，一般成年專業讀經者僅能持誦《般若八千頌》半函經典的時間，她卻能完成二遍的持誦。

老師告訴她的父母，這位女孩絕非一般。事實上，她很可能是一位殊勝的空行母，能力已然超過他自己。

他還說：「她的般若慧如烈火般不可遏抑，我將賜她法名爲『謝饒．準美』，意思是『般若慧燈』。」母親叫她「準．澤瑪」。村民叫她「阿準」，也就是「阿字燈」。大家都聽說布江夫人所生的小女兒有神通，全都想要來看她。凡是見過她的人，都非常喜愛她，直說她一定是佛的化身。

隨後，她的姊姊布美，在阿敦格西的座下落髮爲尼，受賜法名爲「敦措．仁千．布」（意思是：十萬珍寶湖），學識也變得非常豐富。

君王接見

有一天，君王突然下令接見瑪吉一家人。大家都非常害怕，全家在一陣騷動後，一行共二十五人前去面見君王。君王聽說了有關這神奇孩子的故事，好好宴請了他們一頓，便找人帶他們來與自己會面。布江夫人在君王面前非常緊張，支支吾吾地幾乎無法回答他的問題。

君王身邊的人隨即說道：「這孩子有三隻眼睛，肯定不是普通人。」

君王問瑪吉是否會讀書寫字，她回答說會，於是便讓她在許多學者面前朗讀《般若攝頌》。朗誦完畢，他們問她是否明白其中含義，當她說自己明白時，大家都感到非常驚訝，說她一定是智慧空行母的化身。

君王仔細端詳這孩子，發現她額頭上有個「阿」字，再加上她身上的其他特徵，於是便問她叫什麼名字，她說：「他們叫我『仁千．準美』（意思是：大寶燃燈）或『準澤』、『阿準』（意思是：阿字燈）。」他回說：「如果將妳的名字『準美』（意思是：燃燈），和你出生地『拉』結合起來，將會非常吉祥。」在場的班智達、僧人、尼師和她的姊姊布美，都一致認同這是個很好的緣起，從此她就被稱作「拉準」——「拉地之燈」。

26 「嗡嘛呢唄咩吽」爲觀世音菩薩心咒，「嗡 達列 都達列 都列 梭哈」是聖救度母的心咒，「嗡 揭諦揭諦 波羅揭諦 波羅僧揭諦 菩提薩婆訶」是心經中的咒語。【譯註】「至」（tri）爲藏文種子字 ཏྲི。

來自四面八方的人都很喜愛她，對她有信心。君王將她的舊衣留下來[27]，賜給她漂亮的新衣，並給她的家人三匹馬、食物、三十捆羊毛布和許多日用品，並叮囑她的父母，避免讓她與作惡者有所接觸，否則她會被染污，若是能好好扶養她長大，她就能利益藏人。

持誦《般若經》

之後，瑪吉和母親、姊姊前往位於衛藏西南方，洛卡地區的昂秀措美（上下湖）。她們在那裡居住了五年，專心持誦佛陀親授的廣、中、略三部般若[28]。

瑪吉到了十歲時，一天能讀誦四大函經書，而母親也在此時離開人間，於是姊姊帶她去見阿敦格西，格西對她說：「妳的妹妹具有一切空行母的特徵，我想讓她讀一函經書。」

於是，她用磨碎四公斤糌粑的時間（約半小時）讀完一部《般若八千頌》。阿敦格西對此非常驚訝，因為即使是最厲害的學者，他們閱讀的速度都已是普通人的六倍，卻仍比她慢上許多。於是，他說自己要為她們解釋經典的含義。她們前後在那裡待了三年，阿敦格西教導她們六度波羅蜜、菩薩道的十地[29]和五道[30]。最後她對這些知識的了解比她的老師還更透徹。於是阿敦格西表示，他已經將自己所知的一切都傳授給她了，現在她應該去約茹地區的扎塘，一個叫做「扎」的地方，在那裡她會找到一位具有遍智[31]的上師，他也非常博學，帶領很多僧侶，她應該在他座下學習。

因此，在她十六歲的時，她和姊姊一起去見扎巴喇嘛，喇嘛問布美：「這就是那位擅長讀經的女孩嗎？」她回答：「是的，她就是。」於是喇嘛說：「現在我們讓她跟我的專業讀經人[32]較量看看。」那個人的閱讀速度是一般人的六倍，但是當他讀完四函經書時，瑪吉已經讀到第十二函了。喇嘛非常驚訝，說她比他的讀經人至少好上兩倍，她應該當他的讀經人。

布美後來對拉準說：「要不要一起證得神力，前往空行剎土[33]？」她回答說：「我現在不能去，我必須留下來幫助一切有情眾生。但是如果妳想去，妳可在禪修後先去那裡，等我完成利益有情

27 藏人相信衣服會吸取穿著者及所到處的波動能量，因此凡是聖者的衣服都受到高度崇敬。這也是爲什麼藏人到印度朝聖時，還是穿著厚重的羊毛外套與冬袍，因爲他們相信這些衣服會吸取當地的加持力，故而將平常在山上家裡所穿的衣服穿去印度朝聖。

28 教授「般若波羅蜜多」內涵的經文。

29 菩薩道的十個修行位階：（一）歡喜地；（二）離垢地；（三）發光地；（四）焰慧地；（五）難勝地；（六）現前地；（七）遠行地；（八）不動地；（九）善慧地；（十）法雲地。以上是菩薩在到達普光佛地前所需經過的十個次第位階。參考岡波巴《解脫莊嚴寶論》，第十九品。

30 五道：（一）資糧道；（二）加行道；（三）見道；（四）修道；（五）無學道。（參考岡波巴《解脫莊嚴寶論》，第二百三十二至二百三十八頁。）

31 遍智、遍知（藏文：ngo shes）。

32 專業讀經人：在佛教傳統中，在家人或寺院會邀請一位僧人或僧團到家中或寺院持誦特定的經文，次數爲一次或多次。目的在於幫助住戶銘記佛法要義，進而累積福德。

33 空行母剎土：涵納空行母能量之處，爲化身空行母往生後的歸所，以及出生的來處。

眾生的工作後，就會前去和妳會面。」於是，布美離開並自行禪修了三年，最後圓寂時沒有留下任何色身。[34]

遍知的扎巴喇嘛以其無所不知的淨相，了知瑪吉是一位可以幫助他人的弟子，於是將廣、中、略三種般若等講解傳授給她，並且非常詳盡地解釋了每個字的甚深含義。她因此獲得了證，也將其了證供養給上師，上師感到非常歡喜。

他說：「妳能將這些經文憶持在心，並在實修上通達熟稔。我沒有這樣的根器，這些對我來說非常困難。」然後就送她一頂外紅內白，四周有十瓣蓮花冠，後面有五色絲緞的錦帽，又給她一些新衣和新鞋。他用三個墊子堆疊起來做了一個法座[35]，上面鋪了一條新地毯，要她坐在上面。上師和大家共同讚頌她，尊稱她為「小帽尼師」。

他要求她留下四年，成為他寺院裡的讀經人，她同意了。雖然她穿戴著上好的衣著，但她不喜歡進城，而是喜歡和上師一起留在寺院裡。她對所有的僧人都很好，僧人們也對她具有信心。

灌頂

人們都在談論有一位名叫帕當巴桑傑的印度導師，正在四處尋找一位從普陀洛山來的印度班智達，他降生在西藏，名為「拉準」。他必須要找到這名女子，因為他已經獲得關於她的淨相。

那天晚上瑪吉做了一個夢，夢中有位白色空行母現身對她說：「有一位黑面印度上師來見妳了。」

拉準問：「這位薩杜[36]是誰？」

空行母回答：「他的名字是帕當巴。」

她醒來後，心想雖然這是一場夢，但也許是眞的。她才剛出門就遇到了帕當巴，於是立刻對他行跪拜禮，但他制止了她，還以自己的額頭碰了她的額頭[37]。

---

34 死亡時身體消失有兩種途徑：幻身及虹光身。根據布美的傳承，她很可能是成就幻身。在這種情況下，行者將光明（藏音：偉色）與氣融入勝義智中，若此人尚未離開有漏業身，則此身體將能演示種種利益他人的神通。最後在臨終時，將微細的智慧氣與光明結合起來成就金剛身。此時，由粗重元素所組成的業身將消失，屍體則會消失在所謂的「宇宙粒子」中。虹光身則是透過所謂的「大遷轉法」，要修成這樣的成就，必須先修持「立斷」再修持「頓超」。在頓超的第四及最終階段，由元素聚合而成的物質身體將受到精煉，並轉依爲個別元素的微細型態，也就是虹光，行者僅留下毛髮與指甲等屬於身體的不淨部分。然而，此人卻並未眞正死亡，而是轉化爲光身或虹化。這樣的身體是活躍的，且能被具有明晰淨相的人看見。虹光身只會出現在大圓滿行者（包括寧瑪派與苯教）身上，其他傳承則是顯現爲幻身。更進一步的解釋，請參考圖齊《西藏宗教》。

35 在西藏，一個人的地位取決於座墊的數量；越重要的人物，他的座位或寶座就越高。這就是爲什麼「高階」上師的寶座，就是字面意思上非常高的原因，那個高度有時甚至超過一個人的身高。三個坐墊的座位是極爲尊崇的表現。

36 薩杜（梵文：Sadhu）：梵文的苦行僧或瑜伽行者，指那些爲了步上法道而拋棄家庭生活者。苦行僧通常居無定所，身上穿著破布衫或番紅花色的長袍，或甚至赤身裸體。

37 額頭禮是一種以平等之姿互打招呼的方式，表達彼此的敬愛之情。

她說：「能在這裡見到你，眞是太好了。」
他回答說：「能夠看見妳生在西藏，才是更棒的事。」
她問：「我要怎麼做才能利益眾生？」
他回答：

懺悔一切妳所隱匿的過失！
親近一切妳所憎惡的事物！
凡是妳自認為難以協助的人，去幫他們！
凡是妳心中有所執著的事物，就都放下！
前往令妳恐懼的地方，例如墓地！
有情眾生如虛空無邊，
提起覺知！
找到妳自己內在的佛！
日後妳的法教將如空中豔陽般閃耀！

帕當巴在如此勸誡後便離開了，瑪吉拉準則回到寺裡繼續讀經。

有位名爲教．素．班禪．薩迦．炯的高僧，他有個兄弟叫索南扎巴，通達一切顯密法教，追隨他的僧人眾多。喇嘛獨自一人前往探視瑪吉，他對藏地缺乏眞正將佛法付諸實修者的事情深感憂心，許多人外表看起來雖是在修行佛法，但實際上卻是在想著世俗的事。

他對瑪吉說：「妳如此熟悉般若言辭，但妳了解它的真正含義嗎？」[38]

她回答說：「是的，我了解。」

他說：「那妳解釋給我聽。」

於是，她一一詳細說明了有關菩薩道的十地，以及進入菩薩道後的修行五道與禪定。

接著他說：「妳的確很聰明，但妳似乎沒有把法教變成妳的一部分。妳所說的都很正確，但最重要的是要體悟到：只要妳的心了無執取，就能找到當下的了然狀態。只要妳放下執著，超越一切分別念的境界就會生起。如此一來，大般若慧的烈焰將生起，征服我執無明的昏闇。法教之根在於審慎檢視自心的一切起心動念。要修這個！」[39]說完，上師就離開了。

她按照上師的建言，再次研讀那些經典。期間，她讀到一篇名為「魔事品」，講述魔本質的章節。她深受此法教的影響，進而獲得了穩固的體悟，讓她擺脫細瑣的二元見地並釋放自我珍視的魔。此時，

38 密法不斷強調對法教含義在智識上的理解與實修上的體驗之間的差異。（參考岡特翻譯之《那若巴的生平與法教》，第二十四至二十五頁，其中有一則故事跟這裡的橋段非常相似，唯挑戰者為空行母。）

39 這段話總結了斷法修行的基本哲理，其概念為只要我們停止執取，則那種原本就在的喜悅、清新之心，就會從五毒攀著中顯現出來。

般若的太陽在她內心昇起，讓她更堅定地體認到包括一切人、事、物的萬法皆無自性的實相，使她的內心連最細微的愛我執叨唸都已消失。[40]

由於心中已無任何執著，於外表所展現出來的徵象是，她不再穿著錦衣華服，而是連乞丐都不穿的布衫。由於內在已無對朋友的執著，於是一反過去僅與上師、出家眾往來的行爲，現在的她與身殘體弱的乞丐一起生活。由於內在遠離對舒適居所的貪戀，所展現出來的徵象是無處不安居；過去的她只住在寺院或閉關房裡，現在的她可以住在任何地方，甚至是痲瘋病人的房子裡。她以前只會去具有意義的地方，例如自家或上師的住所，如今她則能四處遨遊，這是她擺脫對處所貪戀的標誌[41]。過去的她只吃珍饈佳餚，現在的她除了肉以外，什麼都吃，這是她擺脫對食物執著的標誌。過去的她受人稱讚時會很高興，現在的她對稱讚無動於衷。此刻的她能毫無畏懼地感受痛苦與焦慮，甚至連須臾的不悅都沒有。苦、樂，親、疏，貪、瞋，對她而言都以事物的本然樣貌[42]，以「一味」感受著。

此時她還和扎巴喇嘛在一起，她曾答應跟隨他學習四年的時間，現在四年時間過去了，她向扎巴喇嘛請求灌頂。

但扎巴喇嘛說：「我沒有辦法給妳灌頂，妳最好去找索南喇嘛，因爲在前世妳發願能再見到他，現在障礙都已淨除。根據預言，妳將證得悉地。」

於是他請她帶著一大塊犛牛肉[43]和一匹藏紅色布上路，讓她供養給索南喇嘛。

她在出發之前，先回到自己的家鄉，她的哥哥薩迦堅贊交給她三十袋的青稞、一些肉和羊毛布匹作爲灌頂供養[44]。她將這些都供養給索南喇嘛，並告訴他，扎巴喇嘛派她來向他領受灌頂。

40 了悟無我（藏文：bdag med rtogs pa）：對於沒有恆常的靈魂以及我，有穩固的體悟。

41 這段文字說明了瑪吉拉準的追隨者，那些「斷法修士」的生活準則。他們是四處流浪的修行者，住在墳場等駭人之處。斷法行者不怕被世人普遍認爲「不好」的東西所污染，他們也不執著於世人所「想要」的東西。當西藏瘟疫猖獗的時候，他們經常被找來處理屍體，因爲他們不受到染污穢氣的影響。

42 法性界（藏文：chos nyid kyi dbyings）：這個詞的總意爲「如是法界」或「眞如界」，意指在如是（性）感知（諸法）的歷程中，刹那、刹那之虛空（界）。

43 由於西藏的海拔很高，生長季節較短，僅有少數的豆類及蔬菜能生長在那樣的環境，因此藏人的飲食一直非常仰賴肉類作爲蛋白質來源。佛陀也沒有嚴格開示必須茹素，而是說所有的肉都至少應經手三次才能食用，佛教徒不應食用任何專門爲其宰殺的動物，也不應鼓勵宰殺行爲。這裡所提到的密宗方法是，如果密宗行者帶著對實相眞實本質的覺知和般若慧而吃食動物的肉，可以使這個動物和瑜伽士建立連結，進而讓牠投生到更好的地方，如此將勝過這個動物未被宰殺而供養給瑜伽士或瑜伽女的情況。【譯註】三淨肉，需要具備三種條件：第一、眼不見殺，第二、耳不聞殺，第三、不爲己所殺。

44 灌頂供養是傳統上表達對上師感激之情的一種做法，沒有一定的金額限制，但有一種說法是，如果弟子提供極大的供養，就表示其認識到法教的無量價值。理論而言，此舉並非表示上師渴望那些財物供養，而是這樣的行爲對布施者有益。例如，當瑪爾巴將他辛苦賺來的黃金供養給那若巴時，那若巴說：「我不需要它。這裡的一切就是黃金了。」言畢，便用他的大腳趾觸碰地面，而將一切都轉化爲黃金。（參考岡特翻譯之《那若巴的生平與法教》，第一百零五頁。）

他看得出她具有利益他人的根器，於是同意爲她灌頂。她和四位來自帕當巴桑傑傳承的弟子一同領受了灌頂。他們接受了《四禪定灌頂》[45]以及《開啟虛空門．大加持灌頂》[46]。在他給予《大幻化網灌頂》[47]時，正值深夜，當他進行到智慧轉移階段時[48]，天上的星星漸漸隱沒。瑪吉將身體上提至離地面好幾英呎之處，開始跳起寂靜空行母的二十四幻舞[49]，並用梵語開示，接著她進入「於法性不起妄念．金剛喻定」[50]，直接穿越佛堂牆壁，飛到水塘上方一棵名爲「色洛」（黃雕）的樹上。水塘裡住著一隻可怕的龍族[51]，這隻龍怪非常嚇人，誰都不敢靠近池塘一步，但瑪吉卻在那裡進入甚深禪定之中。龍族既憤怒又有些膽怯，因此召集了魔眾大軍前來製造許多幻影，打算嚇跑她，但她非但沒有感到害怕，反而將自己的身體布施給牠們。牠們完全沒有辦法吞噬掉她，因爲她已經沒有任何自我[52]的存在。

龍族因而對瑪吉拉準產生敬信，爲她獻上心命，誓言保護其傳承中的每個人。

45 《入甚深法界四禪定灌頂》（藏文：Chos dbang sems la bskur ba ba'i zab pa'i ting nge 'dzin gyis dbang bzhi）：能引領行者入法界的四種禪定灌頂。法界是指感知（諸法）的歷程中，剎那、剎那之虛空（界）。

46 《開啟虛空門．大加持灌頂》（藏文：Nam mkha' sgo 'byed ba'i shin tu byin. rlabs che ba'i byin rlabs kyis dbang bshur）：字面含義爲「開啟入虛空門之灌頂，大加持之加持」。

47 《大幻化網灌頂》（藏文：sGyu 'phrul chen mo dbang）。

48 迎降智慧尊：迎請智慧尊降臨。

49 根據南開諾布教授的說法，這種情況有時的確會發生在灌頂時，因爲來自諸佛菩薩與上師的能量活化了領受灌頂者的內在能量。如此的舞蹈是證悟能量以寂靜形式流動的表現。

50 於法性不起妄念、（入）金剛喻定（藏文：Chos nyid la rtog pa med pa rdo rje lta bu'i ting nge 'dzin）。【譯註】參考法燈法師由藏文翻譯的《瑪吉拉尊傳》，此段爲：「意念無礙趨入法性中，具足等金剛的禪定覺受」。金剛喻定已經斷了最後的所知障，於此狀態下不會有分別妄念，所以兩者是同義詞。

51 我們可以把水中蛇形的龍族理解成瑪吉拉準內心無意識的顯現，做爲她自心的一部分，這個假設的基礎是，凡我們所見的一切外境都是自己的業與投射所顯化出來的，那麼這個與水中龍族的相會就非常有趣。龍族既害怕又憤怒的反應，就像無意識會對不受歡迎的打擾所做的反應一樣。無意識充滿了摧毀性的憤怒和害怕失去的恐懼，因此會攻擊突然入侵的意識。埃斯特．哈丁在《女性之奧秘》中描述了由魔怪看守的原型樹：「月亮樹經常會被描述爲受到動物或魔怪所守護或攻擊。……然而，蛇與月亮的關聯還有另一個原因。蛇住在黑暗的洞穴裡，冷血又難親近。基於這些原因，牠們一直被認爲與冥界和死者的陰影有關」（第六十三頁）。在榮格心理學中，樹是個體化的象徵，而瑪吉拉準飛到（超越）樹頂，從心理學上解釋，或許意味著此時她已完成了個體化的歷程。這段在樹上的直接傳授，對她而言是生命的轉捩點，代表她在修行上已臻於成熟。在此之前她一直在接受訓練，但在這之後她意識到自己將成爲一名上師，並且不會獨自一人，而是會遇到一位法侶並生下孩子。

52 魔（自我的投射）只能傷害有東西需要防衛的人，它們無法干擾沒有領域（即自我）可防衛的人。這是斷法的哲理基礎。

隨後，大幻化金剛母及其眷屬現身，在她面前虛空直接爲她傳授[53]四種灌頂。大幻化金剛母授記包括人及非人都將聽命於瑪吉拉準，讓瑪吉拉準引領他們入菩薩道。

之後，勝樂金剛空行母眾如海一般地雲集而來，給予她許多智慧建言。然後十方諸佛也現身，指示她應毫無畏懼地前往屍陀林、源泉地等處修持，並發願生起引領一切有情眾生獲得證悟的菩提心。

天亮前，至尊度母前來賜她百種灌頂，以心性淨化其無明。

度母對拉準說：「瑜伽女，爲了利益有情眾生，妳將和釋迦牟尼佛的化身，也就是先前來到藏地的托巴·跋陀羅，共同修持甚深般若慧與善巧方便[54]的雙運，並前往一百零八座屍陀林和源泉地修持。妳的法教將如烈日中天般熾盛，妳的弟子將證得不還果。」隨後又說了一些事情，並給予許多未來的建議，便消失於瑪吉的內在虛空之中。

黎明第一道曙光出現的時分，朋友們和索南喇嘛出門尋找先前半途離開灌頂儀式的瑪吉拉準。他們發現她在一棵樹上，全身赤裸，毫無業障，不帶一絲羞恥與不安[55]。她向上師頂禮，並說：「凡是誠心禮拜上師[56]者，業行染污盡皆得淨化。」

然後她又頂禮說：「上師乃離苦之皈依。」

她的朋友們表示，她錯過了灌頂，但上師回說：「你們都只得到了世俗的灌頂，但這個年輕女孩得到了勝義的法性灌頂。」

隔天早上，瑪吉向索南喇嘛獻上曼達並請求灌頂，她這樣說道：

外內壇城乃為四大洲與須彌山，

四大元素、六道眾生乃為無量珍寶與寶藏，

皈依聖寶、上師、本尊與空行，

外內壇城我供養，

祈請賜予汝加持。

53 這些本尊的存在並不倚賴我們的信念，因此，當一個人做好適當準備並敞開心扉時，便有可能不經上師而直接領受來自本尊的灌頂。

54 指瑜伽女與瑜伽士的結褵。甚深般若慧代表女性，善巧方便代表男性。

55 有時會藉由「瑜伽女或瑜伽士的實際赤裸」來表述心的赤裸狀態，其不受迷亂所覆而能自明自覺。這同時也表示瑜伽行者的心超越了世俗規範，進入任運智慧，其行爲已跳脫重複模式，因此有時這種狀態也會被稱爲「狂慧」，許多大成就者都有這樣的封號。然而，這種「狂」不應該與正在受苦、困惑又迷惘者所展現的瘋狂混爲一談，這種「狂」是內在明晰的一種表現：「赤裸之身代表了比社會習俗更深奧的實相眞諦。女巫基於幾種理由而崇敬裸體：這是爲了讓關係親近和摘下社交面具，因爲最容易透過這種方式來提升力量，況且人體本來就是神聖的。裸體是女巫忠於實相的標誌，此實相不摻雜任何意識形態或任何令人寬慰的幻覺。」（星鷹《螺旋舞》，第八十三頁）。瑪吉拉準在這裡，從一個天才小尼師轉變爲赤裸瑜伽女，已然超越了集體所必須履行責任的限制。

56 頂禮，無論是五體投地的大禮拜，還是只有頭、雙手、雙膝碰觸地板的小禮拜，都是表達虔敬和對治憍慢的方式。

為能領受秘密灌，
供養蘊身[57]內在自生任運之壇城，
作為清淨壇城基，
覆以八識[58]作供養。
基為珍寶與寶藏。
皈依聖寶、上師、本尊與空行，
內身壇城我供養，
祈請賜予汝加持。

為能領受語灌頂，
秘密法性壇城獻，
光明覺為清淨基。
其上覆以不滅了證作供養。
明空不二之樂為珍寶寶藏。
皈依聖寶、上師、本尊與空行，
秘密法性壇城獻，
祈請賜予汝加持！

在她做完此獻曼達後[59]，索南喇嘛賜予她四灌頂並詳盡解釋一切要義。瑪吉將所領受的一切法教完全吸收，融會貫通，並對上師生起極大的信心。

之後，她又從夏瑪巴上師處領受《彌勒五論》[60]。他教授給她菩提心[61]的全部次第，又教授她如何變音[62]。隨後又從邊敦上師處領受大圓滿的口訣，她均能付諸實修並熟稔。

之後，她從一位名叫雅亭巴的上師那邊，領受大手印[63]的直指教示、那若六法[64]、金剛瑜伽母法

---

57 「蘊」構成人身的聚合，字面含義為「積聚」，共有五種蘊：（一）色蘊；（二）受蘊；（三）想蘊；（四）行蘊；（五）識蘊。

58 八識：（一）含藏識，或稱阿賴耶識，為一切心行的發起者（儲藏處）；（二）末那識，有時又稱染污意，比阿賴耶識更活躍的潛意識；（三）其他六識，分別是五個感官心識，再加上覺知那五個感官的意識。

59 「獻曼達」是供養宇宙壇城的一種象徵儀式，可以透過供養象徵性的物體或僅透過想像來完成，在這裡，瑪吉拉準分別供養了外、內、密三種壇城。

60 《彌勒五論》（《慈氏五論》）為無著菩薩（唯識瑜伽行派）所寫。

61 菩提心，為了一切眾生而求取證悟的心，為大乘法教的基礎。

62 變音法：以聲音做為修持的一種方法。

63 大手印：為了讓心識漸趨成熟的弟子能夠了解心的眞實本性，上師會給予弟子心性的直接指引或示範，可能是一記棒喝、一個微笑、一句話、展示一個物體或手勢等等，藉由這樣的方式來幫助弟子了解心性。

64 那洛六法是印度瑜伽士那若巴尊者的修行法門，對於噶舉派尤為重要。此法經由其藏地弟子瑪爾巴傳入西藏。此六法分別為：（一）拙火，能大幅提高體溫的一種瑜伽法，使修行者能在冬天不倚靠衣物或熱源的情況下，生活在高海拔地區。（二）幻身；（三）睡夢瑜伽；（四）光明；（五）遷識，將神識遷轉至其他生命體；（六）中陰，死後的瑜伽法。

與時輪金剛壇城[65]，以及所有大手印道歌[66]。而後，又領受了內密三乘[67]的法教，並將之憶持在心。

之後，她回到扎巴喇嘛處，仔細研讀《彌勒五論》。扎巴喇嘛建議她前往中藏，於是她前往中藏的拉薩。抵達拉薩城後，她先前往大昭寺[68]。

當她在廟裡獻供時，晴朗的天空出現了彩虹、樂音、花雨以及其他許多瑞相。大家都對瑪吉拉準生起極大的信心並聆聽她的開示。隨後，瑪吉前往扎塘，在那裡遇見帕當巴桑傑。當時帕當巴在邊域洞（邊域尼樸），一位空行母告訴他，瑪吉拉準在扎塘，他便前去看她。他在瑪吉拉準前往當地一些聖地朝拜的途中遇到了她。

她一見到帕當巴便馬上頂禮，而後對他說：「請教導我如何幫助眾生解脫。」

帕當巴回答：

妳已具足四勝般若慧[69]。妳是般若佛母幻化身！
妳能開啟三種解脫門！[70]妳能降伏摧毀諸般魔！
吾與諸天女天人，咸向拉準母頂禮！
於汝足下吾供養！讚頌汝成就與悲心之善巧！
不淨有情眾生都將因汝而解脫！
未來世代將有幸得修習汝法教！

隨後，帕當巴桑傑傳授瑪吉拉準和她的兩個朋友——覺姆．噶果瑪、覺姆．確措許多教法，包括：《禪定四灌義理定見親訓》[71]、《開啟虛空門》、《頗瓦》[72]、《拉準息苦法》[73]、《能斷六法》[74]、

---

65 時輪（梵文：Kalachakra），字面含義爲「時間之輪」，爲著名的密法，首次傳講地點在貝丹哲蚌寺（東印度的達尼雅卡達卡城），後經由覺囊派行者發揚光大。此法爲印度東北部的修行王國，香巴拉國所持有之密法。將時間維度作爲密法修持，據稱是佛陀在香巴拉王國首都噶拉巴所傳授。

66 證道歌，源自於印度成就者所寫的歌曲或神秘詩歌，以具隱喻性質的韻文組成，通常難以理解，內容以闡述法教或禪定覺受爲主。（參見岡特翻譯之《薩惹哈王室道歌》，包含了許多證道歌、岡特的說明與翻譯的論釋。）

67 內密三乘包含了大瑜伽（摩訶瑜伽）、無比瑜伽（阿努瑜伽）、無上瑜伽（阿底瑜伽）。（參見圖齊《西藏宗教》。）

68 大昭寺內供奉的釋迦牟尼佛像，相傳是佛教首次傳入西藏時（七世紀）由松贊干布王的漢人王后（文成公主）帶入西藏的。這尊佛像非常受到藏人的崇敬，據說顯現過許多神蹟。

69 「四般若」包括（一）聽聞；（二）思帷；（三）禪修；（四）體悟等四種甚深慧。

70 三解脫門：（一）空門；（二）無相門；（三）無願門。

71 《法灌心》（藏文：Chos dbang sems），針對眞正意義上，法灌頂的初步體驗所做的口頭解釋。

72 臨終時，將神識經由頭頂梵穴離開身體的法門。

73 《拉準息苦法》（藏文：Lap sgron ma'i zhi byed）。

74 《能斷薈供六總集》（藏文：gCod tshogs drug gi gdams pa rnams）。

《息苦吽法》[75]、《直授法》[76]、《呸字三法》[77]、《蓮花標記法》[78]、《大幻化母修法》[79]、《二面亥母修法》[80]、《噶舉上師瑜伽甚深道》[81]、《頗瓦奪舍教授》、《幻身、睡夢、中陰的修法竅訣》[82]、《秘密斷惑竅訣》、《大屍陀林所緣事業》、《能斷八教授》[83]。她們領受帕當巴所持有的一切法教，直到再也沒有法教可傳，瑪吉拉準將所有的法教都憶持在心。

之後，她如此讚歎帕當巴桑傑：「遍知遍觀之父，三世諸佛心子，有情眾生依怙，汝之幻身我頂禮。」之後，她跟隨帕當巴桑傑修習了三年的時間。

隨後便前往自己父親所管轄的地區，在那邊待了六個月。之後，帕當巴說：

金剛摧魔者[84]，
無上般若大佛母，三世佛之母，
偉大智慧空行母，密智般若空行母，
智慧空行母諸化身源，金剛亥母於無上大樂地[85]，
無我本然之空行母本質，忿怒青色空行母統理者，
汝為不變之本初虛空，有如天空一般之廣袤，
然為眾生利益與所求，降生於印度之色伽城，
成為蒽色·師利·修拉·阿里之子，
名為默朗·珠。

75 《息苦吽法》（藏文：Zhi byed hum skor）。

76 《直授三法》（藏文：dMar khrid skor gsum）。

77 《呸字三法》（藏文：Phat chos skor gsum）。

78 《青蓮花喻法》（藏文：Authapall'i brda chos）。

79 《大幻化母》（藏文：sGyu 'phrul chen mo）。

80 《二面亥母》（藏文：Jo mo zhal gnyid ma）。

81 《噶舉上師瑜伽甚深道》（藏文：bKa' brgyud bla ma'i rnal 'byor zab lam 'pho ba grong 'jug gi gdam pa rlung sems 'dren pa'i gnad kyi lhag pa'i lam）。

82 《幻身、睡夢、中陰的修法竅訣》（藏文：sGyu lus rmi lam dang bardo 'byongs cig char du ston pa'i phra thig gis man nag gi gnad）。

83 《大屍陀林所緣事業》、《能斷八教授》（藏文：'Phrul gcod bka' rgya ma'iman ngag dur khrod chen mo'i dmigs bya gdan thog gcig bu gcod pa'i gdams pa b'rgyad）。

84 藏文：'rDo rje bdud 'dul chen mo。

85 梵文：Maha Sukha。

遠古時期的經典曾預言，佛陀圓寂後的鬥諍期[86]，佛陀的法教會出現很大的分歧。這個時候為了化解這些紛爭，在北方雪域（西藏），會出現一位諸佛之母的化身，也就是名為「準美」（意思是：燃燈）的法身空行母。

《文殊根本廣續》[87]中也曾授記，在佛陀圓寂後的鬥諍期，當許多迷亂現起時，一位大般若心的化身，名為拉準瑪，將出現在北方雪域。她將為世人解釋無生心要[88]的含義。

帕當巴預言她將到鄉村、城鎮、高山和墳場裡四處禪修，其教法將廣為流傳。她還會遇見四位外道空行母降生來接管藏地，而她將化身為四位空行母來降伏她們並幫助眾生。第一位空行母是拉兌的瑪吉夏瑪，她將透過道果[89]的法教來利益他人。第二位是來自赤倉的江椎瓊瑪，她將透過大圓滿法教來利益他人。第三位是雪達．準內瑪，她將透過大手印[90]法教來利益他人。第四位為來自拉龍的拉準，她將藉由施捨血肉身軀以平息四魔的法教來利益眾生。

而那四位外道空行母則分別是巴普的巴瓦噶姆、堆龍的闕姆南開、後藏的霞姆和拉定的祥姆拉赤。佛教空行母降伏了所有外道空行母，並將她們轉化為能利益有情眾生的智慧空行母。

瑪吉十三歲時，她的母親證入虛空；十六歲時，她的父親圓寂，投生至印度，救度許多有情眾生。

二十歲時，她的姊姊沒有留下色身，而投生至空行母淨土與其母親團聚。她的哥哥薩迦堅贊成為一名學識淵博、精通辯經和密咒修行的大師，身上帶有諸多修行徵兆[91]。她的弟弟帕沃．赤德（意思是：萬眾聖光）承其父業，成為一名官員，護持佛法。

瑪吉回到上師索南達給處，以上為其人生上半段之總結。

與托巴．跋陀羅結縭

瑪吉拉準生平故事的第二部分，主要記述了她的成就。扎巴喇嘛有兩位功德主，分別是富裕的婦人拉姆卓瑪和她的丈夫。他們請他派遣瑪吉去他們家念《般若十萬頌》，並將回報大量資財。

上師同意，並告訴拉準：「到他們家住一個月，念誦三十遍《般若十萬頌》，他們會給妳許多供養。」

86 鬥諍期（迦梨宇迦）：我們目前所處的末法時期。過去曾有過黃金時期，之後墮落到白銀期再到青銅期，現在我們正處於修行和道德層面上最墮落的赤鐵期，之後隨著事物越來越快，情況會越來越糟，直到宇迦（時期）結束，邪惡力量蔓延到神聖的香巴拉王國，那時諸王將集結軍隊將邪惡的勢力一舉撥亂反正，這件事大約會在三百年後發生。【譯註】《法相辭典》：「復次鬥諍劫中，有四過失。謂壽量衰退、安樂衰退、功德衰退、一切世間盛事衰退。」

87 述說文殊菩薩童子尊與忿怒尊之經典，全名《文殊根本廣續》。

88 無生心要（藏文：sKye med snying po）。

89 道果：根據毘瓦巴的法教，尤其是與密宗本尊喜金剛有關的無上密宗總集，針對這些金剛偈句所做的論釋，字面含義為「法道與成果」，為薩迦傳承之基礎。

90 大手印：大手印法教經常提到本然狀態。如帝洛巴在《大手印之歌》中所說的：空無須依緣，大手印安於無念。無須費力，寬坦自然住，即掙枷鎖，獲得解脫。（張澄基《西藏瑜伽法》，第二十五頁。）

91 當修持卓有成效時，身體會出現一些特定徵兆，例如內熱（拙火）、樂受及輕安。

她諮詢索南喇嘛的意見，他說：「妳應該去。妳的前世與他們有善緣。」

既然她的兩位上師都建議她去，於是她決定前往。就在那天晚上，她夢見一位額頭有著獨眼的紅色空行母。

這位空行母說：「瑜伽母，妳應該和印度人托巴．跋陀羅建立善巧方便與甚深般若之雙運。這將會利益眾生並穩固妳的了證。」

清晨，一位身形嬌小的藍色空行母現身並說道：「妳應該與托巴跋陀羅結合，如此將創建一個傳承並能弘揚法教。妳將證得十地菩薩之上。」說完便消失了。

隨後，七位白色女子出現，說：「妳與托巴跋陀羅有善緣。不要害羞，快去！」

她在夢中心想：「這是授記，還是惡鬼在作怪？」

但當她準備要問空行母時，空行母便消失無蹤了。隔天清晨破曉時分，一位白皙少女，騎著一頭白騾子從遠方前來。當少女抵達時，說道：「瑪吉，大秘密智慧空行母，金剛摧魔者，至尊女，請您跟我來！」瑪吉說：「妳從哪裡來的？妳是誰？」

少女從白騾子上下來，並向瑪吉行大禮拜，說：「金剛摧魔者，多傑鄧燈瑪，秘密智慧空行母之主，是托巴跋陀羅要我來請您的。」

瑪吉問：「誰是托巴跋陀羅？其傳承爲何？」

少女回答：「他是印度拘薩羅那裡的人，父親為釋迦氏族，名惹納悉地，母親名三摩地。上師本人為佛陀顱骨之化身，因而得名「托巴」（顱賢），其外在通達一切顯經，內在成就一切續法，並已獲得勝樂金剛之大威力。他是一位成就瑜伽士。此刻他正在藏地的嘜瓊，派遣我來邀請妳。請跟我一同騎上這頭騾子前去。」

翌日，她們天色未亮就啟程，接近正午時分便抵達色榮（清淨村），拜見住在那裡的一位精通顯經並領導三百位僧人的上師——謝饒·布（極具智）。當時他正在教授《般若十萬頌》，瑪吉前往拜見他。那裡的格西[92]和一些學者問她：「妳就是達瓦堅贊的女兒，那位天生具有三眼的拉準嗎？」

瑪吉回答：「是的，就是我。」

喇嘛說：「大家都說妳是一位偉大的空行母，非常熟悉《般若十萬頌》，讓我們來辯經比試一下吧！」

她同意了，並與七位學問最好的格西進行辯經。結果，沒有人可以贏得過她，因此在場的僧人一致認同，如同他們之前所聽聞的那樣，她是智慧空行母的化身無誤。他們邀請她去見謝饒·布，但在會面前，他們得做一下準備。

---

92 格西是西藏「格魯派」授予最高階學者的稱號，相當於佛學博士。字面含義為「善知識」，要獲得這個學位通常需要十到二十五年的學習。

接著，有二十五位僧人來到外面吹奏法器，手持薰香，迎請她去見紅文殊[93]的化身——謝饒．布。當她來到謝饒．布面前，準備行大禮拜時，他制止了她，並起身說：「瑪吉拉準，來這裡！」

他們在旁邊堆了三個墊子，讓她坐在那裡。當下，瑪吉拉準在喇嘛眼中化為白度母。他們互相討論了佛陀的法教，然後瑪吉請他為她說法。喇嘛說：「我沒有任何妳還不知道的教法。」

瑪吉回答說：「沒關係，要建立佛法的連結，任何教法都可以。」

因此，他花了十二天的時間為她講解了十二緣起支[94]。她將它們視為心要教法看待，諸法皆顯現為吉祥具義。

之後，她繼續前往㗖瓊。在她抵達後，她登上了功德主的屋頂，看見一位有古銅膚色的瑜伽士。瑜伽士的雙眼佈滿血絲，正在勝樂金剛的壇城中進行自灌頂。他用印度語問她：「經過長途跋涉，妳難道不感到疲倦嗎？」

她回答說：「瑜伽士，你遠從印度來到這裡，你難道不曾感到迷惘嗎？」

說完，她轉身進入佛堂，開始念起了《般若十萬頌》。當她住在那裡的期間，他們有時會討論佛法，托巴跋陀羅則會為她講一些關於印度的故事。

她在那裡待了十七天後，於藏曆初八晚上十一點左右，他們兩位進入甚深明覺與善巧方便之雙運。

於是，整個房間裡充滿了璀璨的彩光。房子的女主人拉姆卓看到了光，擔心會不會是佛堂裡的酥油燈起火了，便上樓看看發生了什麼事。當她打開房門時，除了看見滿屋子的光和紅、白光圈外，什麼也看不見。那兩道光圈像月亮那麼大，緊緊地聚集在房間的正中央，閃耀地發著光。她非常害怕，以至於陷入沉睡。隔天早上清醒後，她看見托巴跋陀羅從瑪吉的房間裡走出來。

她面有難色地下樓。接著，她將早餐送到瑪吉的房間，並對他們說：「昨晚我看見妳和托巴跋陀羅在一起，他有打擾到妳嗎？我以爲是佛堂著火了，所以過來看看。」

瑪吉自嘲地說：「凡俗預言都是狡猾惡魔所捏造的。男人和女人湊在一起，這是業力所致。妳被魔追趕了，這怎能利益眾生？」

接著，七天過後，托巴跋陀羅出門朝聖，瑪吉則繼續持誦《般若十萬頌》。完成後，功德主供養她許多東西，並護送她回到扎巴喇嘛處。

拉姆卓並沒有告訴任何人她所見到的景象，即使是她的丈夫都沒有。她守住秘密，因爲她了解他們兩位都不是普通人物，對他們有著極大的信心。

---

93 智慧本尊，手持一把能從根本斬斷邪見與煩惱的利劍。

94 十二緣起支爲產生業行的十二個階段，從心念的生起，一直到穩固，再到做出行爲，最後死亡。這十二緣起支經常被畫在「西藏生命之輪」的最外圍。它們分別爲：（一）無明；（二）行（習氣）；（三）識；（四）名色；（五）六入（五根加上意根）；（六）觸；（七）受；（八）愛；（九）取（感官追求）；（十）有；（十一）生；（十二）老死。

瑪吉拉準的上師扎巴，要她和托巴跋陀羅在一起，因為這將會對有情眾生有益，要她無須感到難過。隨後她帶著許多供養來找索南喇嘛，並告訴他在噯瓊遇見托巴的事。

他說：「妳沒有破任何戒。托巴跋陀羅並非來自不好的傳承，跟他結婚共組家庭，並建立妳自己的傳承。妳必須跟他在一起，妳跟他有業緣，這些都是好的徵兆。此舉將造福許多有情眾生。昨晚我夢到一個關於妳的好夢，我看見妳的未來。現在正是妳和他在一起的良機。」隨後，她從上師處領受了更多法教與授記，並決定跟托巴跋陀羅在一起。

因此，當瑪吉二十三歲時，她跟隨托巴跋陀羅前往中藏。在她二十四歲時產下一子，名為珠巴，意思是「已然成就」，因為和他在一起，所有的授記皆已成就。

但那個地方的人們開始議論她，說她原本是個很好的尼師，現在卻墮落了。因此他們決定搬離該處，前往乍波，並停留在一個叫娘布的地方。

在瑪吉二十五歲的時候，他們住在工布，瑪吉產下另一個兒子，名為珠色，或工巴．恰，意思為「工布皈依」。

瑪吉三十歲的時候，他們搬到洛卡地區的納萊．遮朵廓，意思是「美麗朵山上的五山口」，在那裡，他們的女兒誕生了。他們為她取名為「珠．瓊瑪」，意思是「具有成就的小女孩」。他們認為她是空行母，所以也以她的出生地將她命名為「拉都瑪」，意思是「山口來的女孩」。

回到上師處

瑪吉三十四歲時，他們前往拉薩北部的一個山谷——皤域朗塘。三十五歲，當瑪吉接受空行母的授記後，似乎對輪迴生起了厭離心，於是她離開了孩子和丈夫，回到拉地探望兩位上師。[95]

95 此文本以非常簡短的文字解釋這個重要決定，但在這裡我們再次看到瑪吉拉準經由空行母的指引，從人生的一個階段過渡到另一個階段。看來她並不打算在孩子們還需要她的時候，繼續扮演母親的角色（她與托巴跋陀羅在一起生活十年，在最小的女兒四歲的時候離開他們）。後來當她再次與他們見面時，她的角色從母親變成上師。也許這些孩子的出生是必要的，如此一來，她的傳承才能如其上師所說的，由他們延續下去。但她不需要肩負撫養的責任，否則她就不會獲得空行母的指示。我們在這裡看到托巴跋陀羅對她的決定所展現的諒解，著實令人感動。當他把孩子帶回瑪吉身邊時，他也毫無指責，反而是分享她離開多年後各自所獲得的了證，而她則接手後續教育孩子們修行的角色。

這裡還有一個有趣的描述是，她「似乎」對輪迴生起了厭離心。這暗示她實際上並沒有厭倦，而是以此爲藉口。因爲她的眞正原因乃基於與空行母的對話，也許是內容無法揭露或受到理解，又或者不該揭露。這樣的做法帶出了整個空行母本質必須保密的特點。現今的社會流行「坦誠」，意思是把你所想到或經歷的一切告訴幾乎每一個人。相反的，在與空行母的交流中，或處理修行的內容時，情況並非如此。許多甚深的修行轉變只能在靜默中進行。這就是爲什麼幾乎所有與空行母交流的文獻都是秘密的，揭露秘密將招來空行母的忿怒，顯現出來則變成修行上的障礙。瑪麗·馮·法蘭茲也贊同這個原則，她在其著作《童話中的女性》中說：「有些事情連談都不能談——它們必須留在暮光中，並且不能太精準地直視它。跟靈魂有關的秘密只能在黑暗中發展——意識的灼日會將生命燃燒殆盡。神話中就曾有過仙女、巨人等，甚至是善良的角色，被日光擊中而石化。他們必須生活在暮色中，如果被烈日的光線照到，就會變成石頭。」（第九十頁）。

金剛乘教法之所以必須保密，不是爲了建立一個「秘密社群」，而是因爲香水瓶的蓋子如果不旋上，香水就會揮發掉。正是出於這個原因，空行母跳脫定義，以許多形式出現，且必須與空行母持有的「秘密」法教一起留在暮光界之中。

她向索南喇嘛請求《意成亥母五尊灌頂》[96]的灌頂，並於灌頂儀式開始前如此讚頌上師：

頂禮引介本智本覺諸上師！
頂禮賜予力量本尊與空行！
頂禮示現一切取捨道諸佛！
頂禮離於執著法！
頂禮應供具義僧！
頂禮淨障護法尊！
直至菩提我祈願，供養五妙欲，
棄絕諸惡行，祈請轉法輪！
永不入涅槃，所有福德願皆迴向諸眾生！

索南喇嘛聽了相當歡喜，授予她所有灌頂，認證她為空行母。之後，她做了空行母的觀想，修持了所有的金剛乘教法，以至於在閱讀、書寫、辯證法教等方面皆通達無礙。之後，上師賜予她秘密法名「多傑英．秋瑪」（意思是：金剛界豐盛女）。

隨後，她前往扎巴喇嘛處，將她對十二緣起的理解供養給他，上師聽完後，認為她是一位稀有難得的偉大空行母，說她是一位偉大女性成就者[97]。

之後，她請求扎巴喇嘛授予她菩薩戒。他說：「妳不需要菩薩戒或五根本戒，因為妳是一位偉大的女性佛法修行者及諸佛菩薩之母。妳已成就了經部的理解，妳有無上之眼；妳是最仁慈的母親，視一切有情眾生為妳的小孩；妳是大佛母，諸法寶藏，妳不需要菩提心的教授。對於妳，我就像眾星拱月中的一顆星，但由於我是妳的老師，所以，我將授予妳這些戒律，以作為一個吉祥的徵兆。」

在上師傳戒時，瑪吉拉準將上師視為釋迦牟尼佛，上師的右手邊有文殊師利菩薩，左手邊有觀世音菩薩，正前方有金剛手菩薩[98]。她向上師行大禮拜，並說：

頂禮佛身金光燦爛遍知主。頂禮具諸成就孺童文殊尊。
頂禮摧毀大力魔之金剛手。應視上師光明與佛無分別。
一面二臂腰細身白觀世音，常放淨光汝身滿盈聖光輝。
手持五色天光劍文殊師利，利劍直指於我作勢欲殺害。
金剛手執黑金剛杵破魔遮，迸射熠熠金剛杵之小火星。

在出現此淨相後，她領受了菩薩戒與居士戒，扎巴喇嘛建議她應該前往銅色山——桑日卡瑪。她說：「在去桑日前，我想先去見帕當巴。」上師認同她應該這麼做。

96 《意成亥母五尊灌頂》（藏文：Phag mo thugs sgrub lha lnga）。
97 成就者：能夠同時成就世間及出世間力量者，為成就的瑜伽士或瑜伽女。
98 金剛手菩薩為密宗護法。

在她抵達定日後，帕當巴預知她會前來，便出來迎接她。見到帕當巴後，她向他請求授予特殊法教。他回答：「我所能給妳的建言都已經給妳了，但是《般若十萬頌》的傳承力量是非常強大的，能夠幫助一個人淨除所有違緣障礙，生起超凡力量。」

她說：「請賜予我那個教法！」

於是他們啟建了一個大壇城，向一切上師獻上外、內、密的壇城，又供養了薰香與奏樂，祈請智慧。接著帕當巴便為她灌頂，她將灌頂憶持在心間。此外，他還賜予她許多加持與授記。他們前後在一起共一個月又十三天。期間，她領受了竅訣部[99]的許多灌頂與法教，以及引氣入中脈的方法[100]、拙火[101]、幻輪瑜伽[102]和調息法[103]。結束後，他要她前往一百零八座屍陀林和銅色山修行以利益眾生。

於是她離開定日，前往唐拉和卓木卓欽大雪山等地朝聖，再前往一百零八處隱密地後，便向南前往門域，留在那裡禪修。隨後，在她三十七歲那年，她下山前往銅色山紅碉樓（桑日卡瑪），並在那裡定居下來。那段時間，當地的神祇紛紛前來請求授予菩薩戒，誓言不危害眾生。

之後，一位名叫確措的尼師，一位名叫達準的女人和一位名叫噶扎的男人前來求見瑪吉。這三人因卜卦預言他們會在當年往生，便來請求瑪吉給予灌頂。她給了他們《母續空行轉處百灌》[104]，他們也做了大量的薈供。最後，他們三人都得以扭轉局勢。這消息傳開後，使得拉準變得非常有名，大家都在談論她。到了四十歲的時候，她的聲名已經傳遍整個西藏。期間，她幫助了很多人，所有護法神、天王和龍王都前來領受菩薩戒和居士戒，並誓言守護她的傳承。她用了整整二十一天的時間，教導他們皈依和發菩提心。當時許多人都見證到，每天皆有七位護法空行母圍繞著她。

之後，一位名叫趣布譯師的上師帶著十八個人，另一位名叫賈提巴．雅底瓦的人帶著二十五人，一位名叫托隆巴的大師帶著三十五名弟子，全都前來和瑪吉辯經。但他們沒有人能打敗她，於是他們都對她生起無比信心，她也教導他們，令他們相信她就是至尊度母。所有的學者都對她充滿信心，許多僧人和上師都領受過她的教導，使她的名聲更加響亮。

一位大成就者龐亭巴來找她，她向他闡述自身的了悟，直到他沒有任何懷疑。龐亭巴感到非常歡喜，說道：「女性本尊的化身能夠降生西藏是多麼吉祥啊！聖者，妳為眾生與非人帶來了安樂，請接受我的頂禮與讚頌。」

---

99 竅訣部（梵文：Upadesha，藏文：Man ngag sde）：為大圓滿最高階的法教，分為「立斷」（藏音：且卻）與「頓超」（藏音：妥噶）兩部分。「立斷」旨在幫助行者認出本覺，隨後的「頓超」則運用特定的姿勢與禪修技巧來修持。只有頓超法能夠開展智慧與淨光的覺受。修持這些法門的最終成效，在於臨終時化為光明身，亦即物質界與精神界均融入光明中。（參見圖齊《西藏宗教》，第八十五至第八十七頁。）

100 如果瑜伽士能夠成功地將體內的氣引入中脈，就能平息一切妄念，進入定境。

101 拙火：透過控制呼吸（氣息）而生起內熱的修持法，有助於行者僅穿極少或甚至無須衣物，就能生活在極寒冷之地。

102 幻輪瑜伽：配合呼吸法的身體運動，能夠幫助解開微細的脈結，讓氣能夠運行順暢，最重要的是創造深層的龜息以進入禪定。其中也包括了發展拙火的運行法，能夠治療引發疾病的種種不調。南開諾布仁波切出版了一本介紹毘盧遮那大師的幻輪瑜伽法，並附註其個人的解釋，書名為《幻輪瑜伽：毘盧遮那大師所著〈日月和合之幻輪〉釋論》。

103 調息法：透過呼吸法進一步控制氣息與心念（因為心念非常容易受到氣息的影響）。

104 《母續空行轉處百灌》（藏文：Ma rgyud mkha' 'gro gnas 'gyur）。

然後瑪吉向他求法以建立法緣，他爲她清晰解說了大手印法教和《俱舍詳釋》[105]，接著又傳授她著名的《大手印耳傳無垢明鏡三部》[106]，瑪吉將所有的法教憶持在心。

後來，《能斷大手印》[107]聲名遠播，大家都聽說有這麼一個非常特別的法。據說她所傳授的這個法門，可以治癒四百二十四種疾病，降伏八萬種作障魔。

親見度母

瑪吉於四十一歲那年的春末進入樸桑洞（賢善洞）禪修。在那裡接受度母親授非常稀有的五方佛父佛母雙運壇城的法教與灌頂。度母化現爲五佛明妃，如此爲她授記：

汝當致力傳續此教授。此法包含能轉化五毒、降伏五魔、現證五智和獲得五佛灌頂的教言。此法乃為饒益一切有情眾生而揭示，所以瑜伽女，請善持守此稀有法教，將它作為妳的心法，並以此咒進入生起圓滿二次第。如此，妳的傳承將經由妳的子嗣，有如珍珠項鍊般無間斷地傳遞下去，直至第十代，妳的家族血脈就會中斷。妳將成為統理一切空行母之主——金剛伏魔空行母。妳的手中握有密侶、卡章嘎，妳持有秘密守護咒與傳承。

瑪吉如此讚頌五方佛和度母：「您們對我如此仁慈，賜予我力量。我只是一名虛弱愚鈍的女子，由於諸位的恩惠，我才得以成爲利益他人者。」

度母微笑並看向其他空行母說：「瑜伽女啊！妳已成就三藏[108]法教與密宗所應成就的一切。現在我向妳證明，妳是般若大佛母的化身——金剛界佛母，理解一切法之源。請勿感到灰心。」

接著，瑪吉說：「該如何了知我與您無別？如何說我是理解一切法之源？般若大佛母此刻在哪裡？」

度母說：「聽著，瑜伽女，妳的過去已在妳自心獲得淨化，但我還是爲妳說明。般若大佛母是諸法的空性狀態，我們稱之爲一切生起之母。般若大佛母是三世諸佛之母，勝義境地之法性，是無有一切遮障、無我空性般若的清淨本質。但就世俗諦而言，般若大佛母是眾生供養與累積福德的依緣，透過有情眾生的祈願與迎請，以及本然法無我的明空不二之道，般若大佛母化爲黃紅色光圈（明點），於淨相中化現爲般若大佛母安住於宮殿中，周圍有十方諸佛菩薩圍繞，她一面四臂，身色爲金，以金剛跏趺坐姿安住，心間有一團光，其上有橙色種子字『木母』放光。她擁有一切圓滿之特徵，住在兜率天[109]。從我的心間放出一道深綠色的光，進入大佛母心間，使她的心開始運轉。接著，自她心間放光，積聚來自十方諸佛菩薩的智慧加持。隨後光束又收攝回大

105 《俱舍詳釋》（藏文：Mngon pa'i bzhad par gyas pa mdzod）。

106 《大手印耳傳無垢明鏡三部》（藏文：Phyag rgya chen po snyen rgyud dri med me long skor 'gsum）。

107 《能斷大手印》（藏文：chos phyag rgya chen. po'i gcod）。

108 三藏：經藏、律藏與論藏（或阿毘達磨藏，爲佛法心理學）。

109 據說是佛陀降生在古印度藍毘尼園以前所居住的天界。

佛母心間，並在她心間出現一位一面四臂的深藍色空行母，再從其生出金剛界空行母以及無量的身、語、意化身，使得她的成就倍增。隨後，其心髓變成『多傑堆都瑪』——金剛伏魔母，擁有一面二臂，頭的側邊生出一個豬首，擁有超越所有空行母的力量，三界在她之下顫抖。她能開啟一切忿怒尊，爲所有空行母的力量來源。爲了利益眾生，金剛伏魔母多次轉世，研讀三藏經典，爲眾生做了許多善事。最後她成爲此刻正在西藏的妳！」

接著瑪吉說：「至尊母，您所說的一切，我都明瞭了。請告訴我，如果我弘揚您所傳給我的金剛乘法教，是否能利益眾生，使其增上？」

度母回答說：「請勿將無上金剛要義公開傳授，但請隨心所欲而秘密地教授與修持。傳給合適的人，將有助於他們修行，使他們獲得解脫。如果妳能結合四印義理的特殊方便[110]與般若心要的了義見地，將特別有益。正如佛陀所預言，此時正是調伏藏人與非人的時候。瑜伽母，妳的教法將遠揚，而妳將獲得穩固的證悟境界。」

話畢，無數道光芒自她心間放射出來，遍及上下四方，隨後所有的光都融入瑪吉心間。度母和她的隨從都消失在充滿光明的天空中，黎明於焉破曉。

瑪吉來到了銅色山。在前往「紅色碉樓」的路上，有兩名披著黑色斗篷的黑護法前來迎接。

與孩子團圓

四十二歲那年，一天晚上，她做了一個夢，夢見自己在一座開滿鮮花的美麗花園裡。地上有一朵巨大的花，花瓣五顏六色，花朵中央放射出光芒，索南喇嘛端坐其上，身色白皙，散發著彩虹般的光芒，其上有帕當巴桑傑，再上面是金剛總持。金剛總持的右手邊是紅文殊菩薩，左手邊是聖天菩薩[111]，後面是蘇卡悉地[112]，前面是至尊度母。他們全都穿戴著報身佛的嚴飾，由於他們散發著光芒而無法觸及。他們一起給了她灌頂，使她在身、語、意方面獲得了極大的力量，他們也給了她許多口傳，使她能夠教導他人。在四個方位上，有四尊白色空行母，吹響了遠及四大部洲的白法螺之音。然後她就醒了。

隔天，日照金山時，她的丈夫托巴跋陀羅帶著小兒子和女兒來了。見面後，瑪吉和托巴跋陀羅各自較量彼此的了證，互相講述自己的修行。在他們以歌曲讚頌彼此後，托巴跋陀羅便前往印度。

---

110 四印是通往第四印，大手印的修行次第之道，大手印為大運行之大印之意，四印的第一個印是「法印」，意思是當上師解說佛法時，能夠了解要義，對實相（法）的本性有所理解。第二個印是「業印」，涉及身體接觸方面的修持（參見赫伯特．岡特翻譯之《那若巴的生平與法教》）。第三印為「三昧耶印」，包括遵守在灌頂時上師所給予的觀想與咒語的誓言或戒律。最後是「大手印」，將萬法萬物融入空性的境界中（手），從世俗中解脫（印）。「大」意味著將這兩個面向的功能相融在一起。（參見張澄基翻譯之《西藏瑜伽法》，第九世噶瑪巴．旺秋多傑《大手印：除無明闇》。）

111 聖天菩薩，或稱提婆菩薩，為大乘中觀學派創立者龍樹菩薩之弟子。

112 藏文：Dewa ngodrub（月成就），一位空行母。

當時，瑪吉的小兒子珠色十五歲，非常擅長父親所傳承的《勝樂金剛》、《海生金剛》、《不動金剛》[113]、《金剛摧破密修儀軌》、《黑色馬頭明王儀軌》[114]等修法。女兒是一位空行母，當時十歲，對《至尊紅度母儀軌》、《大悲觀音儀軌》[115]、《般若二萬五千頌》、《般若十萬頌》的修法很有成就。

後來，珠色因生病而發瘋了。爲了治癒疾病造成的所有痛苦和障礙，瑪吉建議他修持《寶炬教授》[116]，並要他待在墳場裡一個星期。之後，珠色不僅戰勝了疾病，也獲得一些特殊定解。然後她傳授完整的《寶炬教授》給他，使他掌握了所有的知識。隨後，她邀請帕當巴桑傑到長石頭山爲她兒子授戒。她極爲恭敬地對待上師，並且準備了許多供品。

到了要爲她兒子取法名時，瑪吉說：「我來爲他命名吧！」又說：「他的父親叫托巴，既然他曾經發瘋過，又克服了瘋病，現在遇到了三世上師總集的當巴尊，從您這裡領受了戒律並獲得所有的智慧，我們就爲他命名爲托雍．桑珠（意思是「托巴跋陀羅的瘋兒子，成就修士」）。他將承襲我的傳統，成爲重要的一份子。在他回來找我之前，我做了一個夢，夢見有四位空行母吹奏四個法螺，法螺聲音遠遠傳播到四方。」

帕當巴桑傑接著傳予托雍桑珠《文殊授權》、《至尊母五尊灌頂》、《大幻化母瑪哈瑪雅五尊灌頂》、《甚深上師瑜伽》、《六解脫教授》（臨終時不離色身而令六蘊解脫之法）[117]等心要竅訣。

隨後，他們向帕當巴桑傑行薈供後，瑪吉便啟程前往拉地。托雍桑珠對帕當巴仁波切懷有極大的信心，他經常說：「帕當巴仁波切是我的父親。」

他每天早晚各禮讚帕當巴和瑪吉三遍，連續好幾天都這樣做，所以大家都稱帕當巴爲他父親。

之後，並未成爲佛法修行者的大兒子珠巴，娶了阿拉瓦國戈雅氏的女兒爲妻。

後來，瑪吉注意到托雍桑珠是極具根器的弟子，於是便傳授他《禪定四灌》、《開啓虛空門直指》、《頗瓦親訓直授》、《十方諸佛轉處百灌》、《母續空行轉處百灌》、《朵瑪百灌》[118]。在領受所有的教法與灌頂後，他精進地修持，好讓自己熟悉這些教法與觀想。四個月後，他的修行和了證變得相當穩固。接著，他開始了座下修行，四個月後，修行的徵兆生起，他獲得了生起與圓滿的修持力量。此時，瑪吉將自己對大手印的理解傳授給他，他也都能夠掌握。

---

113 尊勝金剛（藏文：rDo rje rnam rgyal）。

114 淨障的忿怒尊。

115 傳說當觀世音菩薩證悟後要離開人世間時，祂回頭看見還有這麼多眾生仍深陷苦海中，於是祂的頭碎裂成片，並生出一千隻手，用這些頭跟手度化一切有情眾生。

116 《息苦寶燈》（藏文：Rin po che'i sgron me）。

117 《六識無餘救度訣》（藏文：sGrol tshogs drug gdams, pa lhag lus med pa）。

118 食子（藏音：朵瑪）：用炒過的青稞粉或米混合酥油製成的供品，外型捏塑成象徵珠寶或法藥的形狀，在法會中有時用來安撫對立的能量，有時用來宴請受到迎請而來的本尊。製作食子的工藝和供養食子的儀式是西藏法會的核心，有數百種食子與供養的儀式。

當托雍桑珠十六歲時，瑪吉對他說：「現在前往桑波崗日雪山修行，你和當地有善緣。」

他和三位朋友結伴離開，步行了一個月才到達那裡。當他們抵達桑波的那天早上，正在進行薈供時，瑪吉神奇地出現在那裡，對他說：「辛苦了。」

他說：「不會，謝謝妳。我們非常高興妳能來看我們。」

然後她給了托雍桑珠她的傳承裡最重要的灌頂和五方佛灌頂，以及秘密五金剛亥母灌頂。灌頂進行得很順利，她在那裡的洞窟住了七天。當時，許多勇父與空行母都現前，伴隨著花雨、彩虹和許多殊勝的瑞相，托雍桑珠看見他的母親化爲金剛亥母。

瑪吉命令一位名叫桑布的地祇護法不要干擾她兒子的修行，祂也誓言會協助托雍桑珠。她又命令一位名叫赤彌瑪（意爲「無障礙」）的蓮花空行母負責護持他，提供他閉關所需的一切。赤彌瑪答應會如實照做。

隨後，瑪吉對兒子說：「只要持續精進十三年，如五蘊、顯相、虛空、感官的能受者與所受者……等一切，都將化爲本尊的壇城。你應該試著讓明晰的淨相穩固，不用擔心如何維生，總是會有人來護持你的。」

於是他進入洞窟，用羽穗草[119]做了一個墊子，以毘盧七支坐安住，接著洞口封閉，沒有任何人能進入。隨後瑪吉和空行母眷屬消失在前往桑日方向的天空中。

三個月後，他有了飢渴相。他記得母親曾說，有人會送食物來給他，但他卻沒有看到任何人來幫忙或供餐。他心想：這裡是我母親加持過的地方，我只要依靠母親加持過的禪定爲食，應該就能過活，我不可能會餓死的。過了一會兒，一位衣裝優雅的紅衣女子出現在一縷陽光上，端來一碗甘露給他喝。她說：「行者，請喝下，它能加深你的修行體悟。」

他喝下滿滿一碗滋味美妙的甘露，頓時感到喜悅傳遍全身，對世俗食物的渴望也消失了。他心想：她可能是一位智慧空行母，這是修行進步的跡象。

然後空行母說：「我受瑪吉之命，爲你帶來所需之物。我不是你的上師，請勿將你的進步徵兆告訴我，請把它隱藏在『如是』的虛空裡。你仍然有想要將修行徵兆昭告天下的渴望，請善加觀察自心。當你的內心有疑問生起或需要做決定時，請運用你的本智[120]，不要依靠他人，將你的見地[121]與行持結合起來。」

---

119 羽穗草：佛陀證悟時所坐的草，又稱吉祥草。這種草也會在特定灌頂儀式的前一晚給予受灌者放在枕頭下，並在隔天灌頂儀式開始前，將所獲的夢境告訴上師。

120 本覺是清淨的智慧，實證無造作的明空，此空乃無生而本具。

121 看事情的角度（見地）對大圓滿法教非常重要。見地是教法中最重要的部分，若在不具正確見地的情況下貿然修行是毫無意義的。如果能將見地付諸行動，則爲行持的方式（所謂見、修、行當中的「行」）。

話音剛落，光芒便不再閃耀，並消失無蹤。每三年她都會回來，爲他帶來甘露。五年後，瑪吉派了一位瑜伽士來探視托蕹桑珠的狀況，看他是否安然無恙。瑜伽士來到洞外，對著洞口喊：「托蕹！」

「啊！」他從洞裡回應著。

「你母親讓我來看看你是否餓了還是冷了，有沒有克服不了的困難？」

「您辛苦了。我很高興知道我的母親仍健在。我依靠禪修爲食，怎麼可能會餓呢？我有拙火爲服，藉此遠離了對暖衣的執著；我的淨相是最佳的友伴，所以我不會想念朋友；我眼裡所見的一切都是光，因此我對地方已無執著。」托蕹說道。

瑜伽士回去後把這一切告訴瑪吉，她欣喜地說：「喔，他的確有這個根器。」

時光流轉，瑪吉的弟子有如天空一樣無邊。他們從中藏、安多、康區，乃至尼泊爾等地不遠千里而來。許多大師、學者、僧人、王公、貴族、大臣、王后、王子、信使、平民、痲瘋病人、乞丐，都來向瑪吉頂禮並領受法教，最終她的名聲傳到了印度。

來自班智達的挑戰

菩提伽耶的班智達聽到她的名聲後，便開會討論。他們說：「所有眞正的佛法都來自金剛座（菩提伽耶），儘管大手印是從這裡開始的，但這個叫做《大手印能斷教授》的法教並不是從菩提伽耶傳出去的。這個教法已經從西藏傳到尼泊爾，現在連尼泊爾人也要向這位三眼女子求法。她的這個斷法，號稱能治癒四十種疾病、八萬種遮障；大家說這位三眼女是般若佛母的轉世化身，但依我們看，她比較像是妖魔所化。想要制伏她恐怕很難，要用什麼方法也很難說，但如果不制伏她的話，恐怕整個西藏都會被她毀掉，進而入侵到我們印度來。我們應該派遣一組人馬前去看看狀況。」

大家一致同意，既然她很有可能是一個危險的黑咒術士，就應該派出最博學、最強大的成就者去對抗她。於是，三位成就卓著的瑜伽士，就像獵鷹巡狩小鳥一樣地飛向了西藏。第二天早上，太陽才剛昇起，他們就到了。在他們繞著銅色山盤旋時，瑪吉的廚子索南堅看到了他們，她對瑪吉說：「我們的屋頂露台上有三個人。他們皮膚黝黑，眼眶凹陷，披著黑色斗篷，看來不是附近的人，很可能是尼泊爾來的。」

瑪吉說：「他們是來自印度的神行者，請讓他們進來坐下。」

索南堅準備了以三個坐墊疊起來的高座，用手勢示意他們進入屋內。他們進來後，便請他們坐下。瑪吉用印度語對他們說：「你們好嗎？旅途是否順利？最近印度有什麼新鮮事？」

他們聽到瑪吉說著印度語，無不感到驚訝，詢問她怎麼會說他們的母語。

她回答說：「我過去世有許多次都是在印度生活。」

他們問：「妳還記得妳的前世嗎？」

她說：「當然，我都記得。」

接著他們說：「如果妳記得的話，要不要跟我們說說妳的前世？」

「我會的，但首先我要召集我所有在西藏和尼泊爾的弟子一起來聽，並找些譯師來翻譯，如此一來大家都能聽懂，否則只有你們才能聽懂。」瑪吉回答道。

於是，她派了有神足通的信差，走遍西藏和尼泊爾，通知她的弟子們。與此同時，她將三位班智達安置在她的客室裡，照顧他們的起居。

一個月後，人們按照信差的指示，帶了一個月的物資前來。總共來了五十萬零五百七十三人，和四名通曉多種語言而曾至印度的譯師。

瑪吉為在場包括七萬名僧尼在內的弟子們說法。此外，瑪吉和印度人的辯經內容，也透過翻譯讓大家都能聽懂，但無論這三位班智達多麼努力，都無法擊敗瑪吉。最後印度人說：「所有的佛法原本都是源於印度的，沒有所謂西藏本土的佛法。」

瑪吉說：「沒錯，諸佛及其教法都來自於印度，那麼你們何不告訴大家，這些佛傳了什麼法，有哪些弟子？」

印度人說：「我們不知道。如果妳知道，不如妳來說說。」

接下來，瑪吉用了整整七天，一一向大家介紹所有的佛、祂們的教法和弟子。

然後印度人說：「好吧，既然妳能記住前世的一切，妳何不告訴我們，妳現在教的是什麼？」

瑪吉說：「大家聽我說！印度人不相信我及我的教法；這就是爲什麼他們會派這三位班智達來到這裡的原因。他們三人原本可以從我的法教中受益，但他們卻只是不斷質問我的前世和我的傳承。如果我不告訴他們我的前世，他們就不會相信我，接著我的弟子也都會開始懷疑，所以我現在必須一次把話說清楚……。」

每個人都聽著她述說自己如何開始致力於學習所有佛陀的法教，如何以此爲基礎編寫了《大手印能斷教授》，也解釋了它的含義。然後她述說了自己的領悟，以及如何將之融入到自己身上。她提到了自己的世間上師有誰，從他們那裡學習到什麼教導；出世間的上師有至尊度母等，又從他們那裡領受了什麼教導。她還提到了自己法教的未來和其上師的預言。

接著，她這樣講述了自己的生平：

自從至尊度母發願要幫助有情眾生，成為般若佛母的那一刻起，直到我投生成為多傑英．吉．旺秋（金剛界自在）為止，我已經轉世投生一百零七回了。這一世我出生在印度，是一位名為默朗．珠的班智達。承蒙至尊度母的加持，我將身體留在普陀洛山的洞窟中。目前那具身體還在那裡，完好無損，一點都沒有腐爛。你們三人應該去那裡燒掉那具屍體。你們燃燒屍體時所產生的煙將散發出紫檀香氣，使整個地區都充滿了薰香，同時也將伴隨著樂聲與虹光，並降下各種花雨。

屍體火化後，頭骨上將浮現出五方佛父佛母雙運的圖象，每一節脊椎骨都是一座佛塔，每一顆牙齒都是右旋法螺，下頜骨上有個白色「阿」字。右肩胛骨上有法身空行母，骨盆上有觀世音菩薩、文殊菩薩和金剛手菩薩，髖骨上有綠度母與白度母，心臟有佛陀，肋骨腔中央有金剛總持。其他的骨頭都會變成五種顏色，如堅果般大小的靈舍[122]。

班智達說：「如果事情不像妳所說的這樣，妳打算怎麼辦？」

瑪吉回答說：「如果到時候不像我所說的這樣，那麼包含我現在所說的，以及我的教法都是妄語！你們現在就應該去看看，徵兆將在那裡出現。此刻我已五十二歲，我今生的利生事業已圓滿一半，到我九十九歲時，神識將即刻遷轉至天界。」[123]

現場的每個人都毫無懷疑地相信她所說的話。

接下來，她請求帕當巴桑傑陪同班智達一起前往印度，並為藏人帶回其中一件舍利，因此，他們全都以神足通來到菩提伽耶。當他們到達菩提伽耶時，便將在西藏所發生的一切都告訴其他班智達。大家聽了之後都說：「讓我們一起去普陀洛山看看究竟會發生什麼事。」

於是，多達五十二位班智達一同前往普陀洛山並找到了屍體。一切都如瑪吉所說的那樣發生了。印度人認為瑪吉是般若大佛母的化身，他們開始說道，像西藏這樣的地方，不可能會有弟子能夠到達她的水準，如果她繼續停留在那裡，將會因爲缺乏合適的弟子而提早消失在虹光中，因此他們決定立刻邀請她到印度。

爾後，眾人將有五方佛父佛母浮印的顱骨帶到菩提迦耶；帕當巴則將心臟舍利帶到了西藏，班智達們也隨之前往藏地。他們對瑪吉獻上曼達、繞行與大禮拜，然後說：「瑪吉，您是般若大佛母心間放出的幻身，我們給您帶來了這尊佛陀身像。」

當時，見到此尊佛像的三界眾生都因而獲得了加持。瑪吉將佛像留給帕當巴，此後，印度人和藏人的信心大大增強，斷法也傳遍了整個西藏，進而傳進印度。

印度人一直堅持要瑪吉到印度，但她說：「去印度無法生起更多的利益，我注定要幫助藏人，我這輩子不會去印度。印度是諸佛之地，是佛法最初傳授的地方。現在是將佛法從印度帶到西藏的時候，而不是從西藏帶到印度。過去我已有許多次都生在印度，和那裡的法緣已經夠

122 靈舍：是小顆粒的舍利子，通常是白色的，有時也會顯現爲五種顏色。靈舍會出現在偉大上師火化後的骨灰中，或從佛像、佛塔等聖地裡自行長出來。據說它們是因弟子的虔敬而產生的，即使是修行非常高深的行者圓寂後，如果沒有虔誠的弟子，也不會有靈舍出現。有時，它也會在骨灰或骨架收集起來保存一段時間後才出現，又或者如果有些人保留一些遺骨，期間非常虔敬、謹慎地保存著，經過一段時間後再看看它們時，可能就已經變成了靈舍。此外，它也會增生，其中一個靈舍可能會變大，並從側邊慢慢凸出來，凸出來的部分會成爲小的靈舍。一九七〇年，加德滿都索揚布佛塔的東側長出了許多靈舍，整個地面佈滿了數以千計的靈舍。整間寺院裡的人，連幾乎從未離開寮房的最高階上師也都外出以便揀取這些靈舍。

123 頗瓦法：臨終時，將神識自頭上頂門射出，前往想去之處，例如：佛土或法身等等。

深；這一世我出生於西藏，在這裡教授從未在印度教授過的《大手印能斷教授》。我這個女乞丐想向你們印度人展示藏族修持佛法的方式，也就是《斷法》。」

瑪吉將她最重要的一些教法，包括簡、中、廣版的儀軌都傳給印度人。這些法教全都出自於她的心法，她將它們傳給三位班智達，並經由他們把法教帶到了印度。凡是聽聞過她名號的印度人，都對她懷有信心，法教便如此首次從西藏帶到了印度。

接著，她將自己的心法傳給自己的兒女。前後總共有一百一十六人持有瑪吉拉準的法脈，此法脈主要來自三個傳承：第一個傳承爲「方便傳承」，是從佛陀傳給文殊師利菩薩，再到龍樹菩薩、聖天菩薩、梵志聖天（小聖天）菩薩、帕當巴桑傑、覺・釋迦獅子、索南喇嘛，再到瑪吉拉準的顯宗傳承。第二個傳承爲「智慧傳承」，是從般若大佛母（雍千姆）傳給度母，再到蘇卡悉地、小聖天菩薩、帕當巴桑傑、索南喇嘛，再到瑪吉拉準。此傳承以闡釋《大般若波羅蜜多經》義理爲主。第三個傳承爲「無二雙運傳承」，從般若大佛母傳給釋迦牟尼佛，再到至尊度母、文殊語獅子菩薩、聖天、梵志聖天、帕當巴桑傑、索南喇嘛，最後到瑪吉拉準。以上三個傳承皆屬於《噶舉義理竅訣》的口耳相傳。

金剛乘傳承從金剛總持傳給度母，再直接傳給瑪吉拉準。在她之前，並沒有這樣的傳承。

百次灌頂和百遍供養的口耳傳承，則傳給她的次子托雍桑珠，再從他傳給岡巴木桑，再傳給竹千巴，然後是卡珠欽布、吉美甘措、曼美仁波切、熱欽松，最後到索南多傑。

來自佛陀的傳承，則傳給了她的長子嘉華敦珠，由他憶持在心間。

此外，瑪吉拉準爲她的女兒、三名主要女弟子和古貢秋吉僧給，傳授來自其心法的顯密融合法教，以及母續空行母的四灌頂，上師瑜伽秘密道和觀世音、文殊師利和金剛手菩薩的觀想，大幻化母續以及如何觀修觀世音的特別教法和其他許多修法。他們都將法教融入自心。這些法教猶如於洞窟中由般若佛母所傳出那般，瑪吉拉準則將相關的建言，給予多德・那吉・旺秋和卓得・嘉威・炯涅。她也將所有教導傳授給十六名大弟子，此外有一千兩百六十三名具有修行成就者皆能利益他人；大約有四百三十三名痲瘋病人因她所授的法而痊癒，且癒後身體和以前一樣好。世間有無數人均因她而受益。最終，瑪吉拉準於九十九歲圓寂，前往空行母淨土。

三、朗薩雯波（西元十一世紀）

導言

此傳記翻譯自一齣西藏本土民間戲劇。在西藏，四處走唱的戲班會在寺院廟埕或村落廣場演出這類戲劇，而村民們會聚集在一起看戲，並熱情地與台上演員互動，爲女主角歡呼喝采，對反派發出噓聲表達不滿；中場休息時間便喝茶用餐。有時，同一齣戲會接連演出好幾天。這類西藏本土的民間戲劇，旁白人員會以快板說唱的方式，將部分內容以說故事的形式穿插在整齣戲中間，而這些唱誦人員並不負責演出。整齣戲劇從頭至尾都有鼓和鐃鈸作爲伴奏。這種類型的說唱戲劇，藏語稱作「阿姊拉姆」（天女姊姊），是以在絕望時刻爲他人求情的天女來命名。「朗薩雯波」是一齣禮讚度母的戲劇，屬於度母信仰的一部分。朗薩是虔誠的度母信仰者，當她面臨脅迫的處境時，度母正是她祈求的對象。度母是普受歡迎的女性菩薩，沒有什麼事情是祂不會顧及的，即使是最世俗的事情，祂也會幫忙。藏人說，即使是沒有受過度母灌頂的人也可以向祂祈求，祂一定會回應。祂是受壓迫者的守護本尊，作用有點像羅馬天主教的聖母瑪利亞。當佛陀顯得非常遙遠與崇高時，可以向具有母性慈悲的度母祈求。

根據度母的起源神話，度母是「般若月」公主的轉世化身，在遠古時期，她以無上正覺心（菩提心）發願，立誓要幫助身陷苦網的有情眾生。當時，曾有一名僧人建議她發願能轉爲男身來利益眾生。她卻回答說：「既無『男』、『女』之物，亦無『我』、『人』、『識』等，讓心束縛於男女二相的執著是沒有意義的。……噫嚱！世間愚人多迷妄！」[1]接著，她便做出決定，要轉世成爲度母，以女性的形象證悟。她立誓：「願以男身證得無上正等正覺者多，願以女身利益眾生者卻如此稀少。因此，但願我在這世間壞空之前，能夠一直以女身來利益眾生。」[2]

從那時起，歷經了數兆年，她已救度了無數的眾生脫離輪迴苦海。因其圓滿的禪修成果與在數劫以前所立下的利他誓言，祂成爲一名本尊。

朗薩雯波的故事發生在十一世紀的西藏中部。此時是西藏宗教活動最爲蓬勃發展的狂熱時期，許多最重要的上師都是這個時期的人物，而一些非常重要的傳承，例如噶舉傳承，也是在這個時期開宗創立的。瑪吉拉準、密勒日巴和帕當巴桑傑，都是跟朗薩雯波同期的人。這個時期在西藏歷史中被稱爲佛教的後弘期，有許多新的經典與法教從印度傳入西藏。而前弘期大約發生在西元六百五十年到八百三十六年之間，當時的佛教獲得了西藏中部雅礱河谷地區篤信佛教的君王們支持。在那段期間，因爲有了君王的支持，佛教從一個外來的宗教轉變成西藏的主要宗教。之後一位名爲朗達瑪的國王反對佛教，才使得前弘期結束。朗達瑪於西元八百四十二年被謀殺，在他死後，西藏經歷了一段分裂和混亂時期，直到大約西元九百七十八年，佛教才又開始復興。而那段期間，値得一提的是，在一些佛教君王的保護下，東藏的斯姆蒂和西藏的仁欽桑布（九五八年至一〇五五年）進行了一些新的譯經工作。這些譯本被稱爲「新續部」。著名的瑪爾巴譯師（一〇一二年至一〇九八年），也就是密勒日巴的上師，曾多次前往印度，帶回許多新的法教，以及印度教學慣有的道歌傳統，其內容主要抒發修行者在覺受上所領悟到的洞見和意象。我們在

《密勒日巴大師歌集》和朗薩雯波的傳記中，都可以發現這些「道歌」的例子。

朗薩雯波傳記所屬的類型是關於還魂人的西藏故事。還魂人是指死而復生的人，他們回報亡者死後的去向。還魂人看到那些因犯下殺人、欺騙、偷盜罪的人在地獄所受的痛苦，並將所見回報給生者知道。他們的經歷能夠幫助世人在尚未到達那樣不幸的結局前，於內在生起敬畏的心態與痛改前非的希求。這些故事的總體效果，在於提高人們的道德標準。以下譯文，我省略了原本傳記中屬於勸世部分的前言。

出生和童年

朗薩雯波出生在後藏年楚河上游的江孜縣，房名爲江派庫囊巴的普通人家。這戶人家的男主人名爲袞桑德欽，女主人名爲娘擦灑準，他們不考慮自身利益，毫無間斷地大量修行了紫檀林[3]度母成就法[4]。

1 史蒂芬·拜爾《度母崇拜》，第六十五頁。
2 同前。
3 紫檀木：主要生長在印度東北方以及孟加拉叢林中。
4 成就法：包含本尊觀想以及咒語持誦的一種密宗修持法。

在如此修持了約十萬遍後，女主人做了很多吉祥的夢。她向丈夫描述了其中一個夢：

我夢見自己身在度母天界[5]，
三世怙主佛母安坐在法螺[6]座上。
度母心間的種子字「當母」[7]，
放出一道光進入我的頂門，
沿著我的中脈[8]而融入心間。
我的體內長出一棵蓮花樹，
眾多空行母對此樹木獻供，
蝴蝶翩翩飛舞，吸取蓮花之蜜。

「此夢肯定爲吉兆，請爲我詳解其含義。」

袞桑德欽聽了很歡喜，回道：

吾人終生伴侶且諦聽！
虛幻夢境恐為幻覺矣，
然此夢境肯定為授記！
度母心間「當母」字放光芒，
清澈光芒融入妳心間，

三世佛母加持入於心。
蓮花自妳身體內綻放，
象徵妳是空行母之母，
四周蝴蝶飛舞吮花蜜，
象徵淨與不淨諸眾生，
皆因妳的身語意受益。
當年黑髮皓齒無子嗣，
如今白髮蒼蒼將生女，
此女必定勝過一切子！
應當隨處祈願作供養！
此夢殊勝吉祥應喜悅！

---

5 天界、佛界、淨土、「界」或「天」等，是比人類身體更精微的眾生存在維度。普通人對於超出自己所能經歷的範圍，都很難相信那兒會有什麼眾生存在，但修行更高深者則可前往這些維度並講述這些眾生的存在。基督教的天堂可能就是基督在這些維度所經歷的衍生。

6 法螺：陰性的典型象徵。此螺蜓體所發出的聲音象徵著本初清淨虛空。法螺的螺旋部分也象徵著無始無終的恆常壇城。

7 每位本尊皆有其特定聲音或震動頻率作為其心髓或種子字。本尊會從這個聲音中現身，因此被稱為「種子字」。

8 中脈：自頭頂一路向下，來到臍下四指處或會陰處的微細能量通道。中脈是白裡透紅的透明通道，明亮、筆直，像蘆葦一樣中空。

自此，他們慷慨地向珍寶[9]、乞丐與寺院僧團供養布施並祈求賜福。故於馬年，猴月初十，空行母日，星期四，娘擦灑準生下一個女兒。

嬰兒在喝下第一口奶水後，將奶水吐到天上，說道：

頂禮三世佛母聖度母！
我為度化有情而出生，世間因您慈愛得樂福。
所行事業燦爛之霞光，能令十萬眾生入法道！

聽到她說這些話的人，爲她取名爲朗薩雯波（「雯波」爲十萬霞光之意）。此嬰兒一個月的成長速度，普通嬰兒要用一年才能達到。她長相秀麗，個性善良，有如天人所生之女。她的父母感到很歡喜，經常這樣讚頌她的身語意：

父親的好女兒啊！
母親的妙女兒啊！
猶如嚴飾一樣美。
朗薩雯波善諦聽，
世間諸美集一身，
人人見妳心歡喜，
色身有如天仙美。

音聲有如梵天曲[10]，
黃鶯出谷不能比。
人人聞聲心舒暢，
禮讚悅耳之聲音。
上師聖者咸虔敬，
為諸眾生懷大悲，
一念生起即引樂。
禮讚朗薩女兒心。
老父老母如我倆，
得女如妳真奇妙！
有如驢能生出騾，
老牛生出母犛牛。

9 珍寶：意指佛、法（佛陀的法教）、僧（僧尼等出家眾或追隨佛法的修行者）三寶。

10 印度教宇宙之主，類似「上帝」的概念。

朗薩如此回應：

頂禮三世諸佛母！
父母親啊且諦聽！
兩位無疑為雙親，
然另尚有外、內、密父母。
外在父親乃袞桑德欽，
外在母親乃娘擦灑準。
內在父親乃觀音菩薩[11]，
內在母親乃白度母與藍度母。
秘密父親乃大乘摩訶蘇迦「大乘大樂」，
秘密母親乃清淨般若佛母[12]。
禮敬樂空雙運外、內、密父母。

朗薩不分日夜，恆常念誦著觀世音菩薩及藍、白度母的心咒。她悲智兼具，通達顯密諸法教，生活上晚睡早起，勤勞分擔父母農事。

婚配

這戶人家後來變得相當富裕，朗薩到了十五歲時，美名遠播使得來自西藏各地的追求者紛紛上門前來求婚。

但對朗薩來說，學習佛法才是最重要的事，她想要致力於禪修，沒有結婚的打算。她的父母沒有其他孩子，但朗薩勝過十萬個孩子，她能夠兼顧禪修與俗世家務，於是朗薩的父母謝絕了所有追求者的要求，將女兒留在身邊。她和父母在一起很長的時間，直到出現一位非常不講理的貴族，想爲他的兒子查巴桑珠娶媳婦。

一天，城裡舉行廟會，一位喇嘛要傳授灌頂，大家都去了。朗薩也想領受灌頂，於是便和父母一起前往。

---

11 觀世音菩薩：大悲之尊，藏文稱爲「千瑞吉，Chenrezig」，爲西藏最受歡迎的本尊，其心咒爲「嗡嘛呢唄咩吽」，最常見之形象爲現童子相的白色四臂觀音，前方兩手合掌置於心間捧著寶珠，後方一隻手持著水晶念珠，一隻手拿著一朵蓮花。

12 般若波羅蜜多（藏文：Shes rab par phyin）：能引領至解脫的「圓滿甚深慧」。根據我所查閱的噶舉派與寧瑪派資料，在金剛乘傳統中，將藏文 She rab（慧）翻譯爲智慧（wisdom）並不是很準確，因爲 she rab（慧）並非像 ye shes（智）這樣的境界，可以翻譯爲智慧。「慧」比較像是爲了到達「智」所需的能力或工具；這個工具通常被描繪成刀劍或火炬，能夠重新發現或斬斷迷妄，進而揭開或照亮恆常圓滿的本來面目，這個本來面目只是一時被染污與邪見所遮蔽，就像太陽暫時被雲所遮住一樣。因此，般若是開展智慧的工具，而非智慧本身。（參照創巴仁波切《動中修行》和岡波巴《解脫莊嚴寶論》。）

她衣著不凡，亭亭玉立，凡見過她的人，都對她抱有某種遐想。他們對於世間有如此美麗的人，無不感到相當驚訝。她的臉有如一輪明月，頭髮有如新秧般絲滑，她穿著父母精心搭配的藏族最正式服飾，戴著上等珠寶做成的耳環和項鍊。此外，她準備了許多供品要獻給進行灌頂的喇嘛，讓一名僕人載著，跟在她所騎的馬後頭。他們還帶了一大盒野餐，準備在白天的時候享用。

當他們抵達舉辦法會的寺院時，依序向喇嘛獻上供品，請求灌頂，行大禮拜與繞行，接著便走到有許多婦女聚集觀看法會跳金剛舞的地方。

日朗邦主查欽帶著一大群隨從，於喇嘛寮房的陽台觀看下面的慶典活動。原本應該要專心看金剛舞的查欽，卻因眼前的婦女聚集，使得他的目光無法轉移。當他看見朗薩時，便在侍者索南帕吉耳邊低聲說了一些話，使得索南帕吉直接來到人群中，像老鷹抓兔子、獵鷹撲向雛鳥般地抓住朗薩，將她帶回日朗邦主查欽面前。查欽一手拉著她的裙擺，一手遞給她一碗青稞酒「羌」[13]，說道：

妳有美麗之身軀，
還有悅耳之聲音，
身上散發妙香氣，
嘴唇嚐來肯定甜，
膚若凝脂，具足五妙欲[14]——
妳是誰家之女兒？

妳是天女嗎？
還是龍族女[15]？
又或天上之樂師？
來吧，告訴我啊，別遮遮掩掩！
姑娘，父親是誰，母親叫何名？
來自哪個邦，房名為何？
我來自日朗邦的上年楚，
為日朗邦主，
我的名聲在邦內如雷般響亮，
我有一子，繼承人查巴桑珠，
外表雖像鐵山，
內在卻是珍寶。
即將滿十八歲，姑娘妳應該嫁給他。

---

13 藏地通行一種由青稞、米或小米所發酵而成的酒。

14 五妙欲：色、聲、香、味、觸之五欲。

15 龍族是冥界的蛇形生物，具有透過皮膚病等惡疾影響人類的強大能力，據說他們擁有黑暗水中王國的智慧。相傳龍樹菩薩就是從龍族領受了中觀法教。印度人和藏人都非常重視龍族的力量，有一部名爲《十萬龍族》的經典敘述了一系列的龍族故事，其中將龍族分爲三類：白色、黑色和彩色。由於龍族與水的關聯，因此也與生育能力有強大的連結。

朗薩心想：「糟糕，我的外表對我不利。我想修持佛法，但現在我不得不嫁給邦主之子了。」然後她唱了這首歌：

尊勝佛母，聖救度母尊，
懇請垂顧此無虔敬悲心女，
查欽邦主，聽我說！
我來自上年楚江孜，
我家房名為江派庫，
父親名為袞桑德欽，
母親名為娘擦灑準，
我則名為朗薩雯波，
平民百姓之女也。
塔瑪毒樹有著美麗花，
然因花朵開自毒樹上，
不宜置放個人佛龕中。
同理之故，劣質綠松石，
不宜放在上等寶石旁！
雛鳥雖然擅飛翔，
不如老鷹飛得高。

朗薩姑娘雖漂亮，
何德能做大人物新娘？
尚請放我走！
雯波想修習佛法！

接著，侍者遞給邦主一個用紅絲線串起的綠松石，和一支纏有五色哈達的彩箭[16]。他這樣對邦主說：

嘴上雖說不願意，
其實內心都很想，
此為男子想成為人夫之兆。
女人雖誓言不要，
內心深處卻有意，
此為女子想成為人妻之兆。
眾多人群之面前，

16 五色彩箭：這個象徵性的箭源於佛教進入西藏前的牧民信仰。佛教徒將其用於長壽灌頂等法會儀式。繫在箭上的五條哈達，象徵被箭開啟的五大元素。

此女不會說她要。
不如直接把綠松石戴在她脖子上，
哈達彩箭交給她，
這門婚事就成了。

邦主認爲此話說得有理，於是說：

美若天仙之朗薩，
我是宏聲如雷之查欽，
方圓五百哩內最具權勢者，
妳若不聽我言則頗為愚蠢。
我們不會讓妳學佛法。
雖然妳說想留在家裡，
我們也不會讓妳待著。
太陽雖高掛天邊，
其光普照地上蓮。
人雖有貴賤之別，
經由合適之業緣，
兩者可利益互助。

箭雖細長，弓雖短，
兩者可合作無間。
海洋雖大，魚雖小，
兩者可和諧共濟。
我兒雖具有權勢，
妳只是普通女子，
一點都沒有關係，
基於和諧之業緣，妳應該與他成婚。

他高舉五色哈達與綠松石，放在她的頭上，表示會讓自己的兒子娶她爲妻，並宣布查巴桑珠已經決定了新娘人選：

任何權貴者，都不許帶走，
沒權沒勢者，也不許偷走，
介於中間者，無權擁有她。
今後不論她，飛了或埋了，
注定都會是，日朗公子之新婦。
人人皆應知，朗薩現在歸我管，
任誰都不可，對此有任何疑慮。

說著，便把綠松石和哈達放在朗薩頭上，對著她和她的僕人說：「現在你們把這些拿走，回到家後先把這些藏起來。」

於是，查欽及其隨從一行人返回宅邸，朗薩也回到了父母家。查欽開始製作青稞酒，整理嚴飾、聘禮等迎親的相關事宜，接著便帶著所有東西，出發前往朗薩家。

當他們抵達時，侍者索南帕吉前去敲門。朗薩的母親看見邦主帶著大批人馬向家裡走來，便趕緊對丈夫說：「聽我說，袞桑德欽。查欽和他的隨從騎著馬往我們家走來，我們是否應該請他們進來。」他回答：「娘擦灑準聽好，聽我袞桑德欽說，邦主來到我們家門，就像貓頭鷹棲息在屋頂上，是個惡兆。他是大人物。問他有什麼事要辦。如果他不走，我想我們得請他進來。」

於是娘擦灑準走到門口，爲他們送上一些青稞酒，問他們爲什麼事而來。查欽解釋了在法會上所發生的事情。朗薩的母親非常開心，急忙跑去跟丈夫說，丈夫聽了也很高興。

他說：「難怪他們會來到我們家。現在我們的女兒有了好歸宿。整個日朗邦沒有比這門親事更好的了。如果查欽開口，我一定會答應把朗薩嫁過去。快把他們請進來！」

於是眾官員都來到樓上。朗薩的父母拿出最好的東西待客，邦主則拿出青稞酒、珠寶和聘禮。他說：

朗薩姑娘和雙親，聽好！
從今天起，日朗邦主查欽要娶朗薩作為其子查巴桑珠之妻。

不准你說女兒是飛了還是埋了，
強者不許來搶，弱者也不許來偷，
不強不弱者也無權擁有她。
雙親更不能拒絕送她走。
朗薩妳也不能說不跟我們走。
現在妳就是日朗王的王后。
三天後，我派五百名馬伕來接妳！

「還有聽著！當妳來到我的官寨時，妳會像繁星中的明月般耀眼，市集中的所有女人就屬妳最美。妳還記得我賜給妳的綠松石和五色哈達嗎？把它們拿過來。先前我讓妳把這些東西藏起來，是怕妳的父母若是見到了這些珠寶頂冠，恐怕會生氣，不知道妳是打哪兒弄來的。現在妳倒是可以展示它們了。」

朗薩把那些東西拿過來。查欽正式在她父母面前展示那些象徵締結婚姻的物品，隨後便和他的隨從啟程回家。

朗薩並不想結婚，也不想和這些人在一起，她只想修行，因此決定和父母談談。她對雙親說：「母親、父親大人，請聽我說！你們仁慈地賜予我這個色身。因了知所有聚首終會分離，我不想嫁給這個叫查巴桑珠的男人。三寶對我而言，比這個世間法還要重要。我要解除這門婚約，潛心修習佛法。再有錢的人，所具的財富也不可靠，總有失去的一天。我不會留在日朗邦主身邊作爲他的財產。

「話說唯有七聖財[17]能勝過無常。女子我只要那七財，我想修持佛法。再堅固的房子，終有坍塌的一天，我不會住在日朗王的房子裡，我想獨自待在洞窟中，待在一個不像人造房子那樣會坍塌的地方。」

她的父母說：「妳猶如天女下凡，麗質天成，但妳聽我們說！日朗王的兒子脾氣暴躁，妳若不嫁給他，他會大發雷霆的。他是當今最有權勢的男人，請不要說妳不嫁。如果妳堅持現在去修行的話，他會殺了我們的。如果妳去修行，他殺了我們，反而會誤了妳證悟的機會。請嫁給他，不要去修行。」

她的父母如此絕望地說道，朗薩只好答應他們不會離開，也不會堅持要去修行。

之後查巴桑珠派人來接朗薩。她的父母將家產處理後，給了朗薩屬於她的部分，並在她離去前，這樣叮囑她：

勝過千兒之女啊！
請聽我們說！
因為妳要去日朗，這些東西交給妳：
綠松石之度母像，
佛陀唐卡和珍貴佛塔，

珊瑚、綠松石、黃金和無價白銀等珠寶。
還有絲綢和錦緞衣裳，
白米、青稞和其他食物。
全都讓妳一起帶到日朗。
我們派遣宗吉作為妳的侍者。
在日朗家時，
雞鳴就要起！
在日朗家時，
要如看門狗，最後入睡者！
在日朗家時，
要懂得尊敬妳的丈夫和公公，
莫為自己想。
要服侍大家，要知錯能改！
妳跟查巴桑珠有業緣，才會結為夫妻，
要與他共度餘生，

---

17 七聖財：（一）信心；（二）持戒；（三）布施；（四）聽聞佛法；（五）慚愧所造惡行；（六）以般若慧作取捨；（七）以聞思修培養般若慧。

好好侍奉他！[18]

公平善待日朗家的人。

我們祈求能常見到妳！

朗薩聽完父母的叮嚀後，便跟著官員離開了。他們騎在馬背上，盛裝打扮，身上穿戴著許多飾品，一路上，伴隨著舞蹈、音樂和歌聲慶祝。當他們到達時，官寨一連數天舉行了慶祝活動。

婚禮後，她與查巴桑珠在一起生活了七年。後來她生了一個兒子，相貌十分俊美，有如小天神，取名為饒達布。他們舉辦了一場盛大的宴會來慶祝兒子的誕生。大家都說朗薩王后沒有女人的五惡行[19]，卻有女人的八善德[20]。她勤勞地侍奉公公、丈夫和照顧兒子。她對男女傭人都非常親切，並幫助每個人。她辛勤地在田裡工作，擅長縫紉，而且烹飪的飯菜十分可口。日朗邦上下，都對朗薩王后十分尊敬，不僅因為她生了一個好兒子，而是對她所做的一切都表示認可。

死亡

因為朗薩是如此的美麗，查巴桑珠非常愛她，以至於哪怕是一小時的間隔，他都從未離開過她身邊；也因為她是這麼的能幹，查欽和查巴桑珠決定將房子的鑰匙交給她，這意味著讓朗薩擁有掌管宮寨大小物品的權力。這個權力過去屬於查欽的姊姊阿尼聶莫擁有。阿尼聶莫不想把這個權力讓給朗薩。朗薩十分尊敬阿尼聶莫，但因為阿尼聶莫的為人不好，大家都不喜歡她且經常在背後說她壞話。

阿尼聶莫總是跟邦主、朗薩的丈夫、饒達布及僕人說朗薩的壞話。她不肯將鑰匙交給朗薩，甚至還給她非常差的食物，也不給她新衣服。她將好東西都留給自己。這讓朗薩非常難過，使她比以往任何時候都還要打從心底地希望能出家修行正法；但即便如此，她也不能告訴丈夫自己的想法。

有一天，當她在房裡餵兒子喝奶時，想起這件事，不禁潸然淚下，對著兒子唱起了這首歌：

喇嘛三寶我皈依，
祈請上師、本尊、空行賜加持！[21]
祈請護法阻止障礙之生起！
此女願在佛法有所成！
我兒啊！孩子有如牽扯女人進入輪迴之繩索，
饒達布，你讓人無法脫身，

18 這段告誡，說明女人理想上應該按照西藏習俗的標準行事。

19 婦人五惡行：（一）婚後邪淫；（二）慳吝不布施；（三）思不能行之行；（四）思不應行之行；（五）殺夫。

20 婦人八善德：（一）和善；（二）能生子；（三）做該做的事；（四）能幹；（五）不對其他女子起妒心；（六）言詞具義；（七）於法生信，遠離邪見；（八）即使丈夫不在身邊，也會按照其心意行事。

21 本尊是上師根據弟子性情所選定的守護者。在藏傳佛教中，除了皈依佛、法、僧三寶外，上師、本尊與空行母也是根本的皈依處。因此在藏地，實際上有六個皈依處，其中，上師是最重要的皈依處，因爲若無上師，其他五個皈依也沒有辦法發揮作用。

我可不能帶你一起走，以免造成修行之障礙。
我想修行佛法卻成婚。
我想幫助丈夫，阿尼聶莫卻嫉妒。
如今已有婚配，不能回父母身邊。
不幸者，如我矣。

她如此悲傷地說道。

我之美麗色身、吾兒你與諸親眷，
對於佛法修行而言，都是大障礙。
阿尼聶莫卻如上師，讓我心向法。
等到你長大成人時，若我還活著，
朗薩就去修持正法，
雯波不會留在這兒。
而是簡單閉關房裡。

接著，她帶兒子來到花園。她的丈夫正在那裡洗髮。他洗完後走過來，把頭靠在她的腿上睡著了。當時正值秋天，花園裡多數的花兒都凋落在地，只剩下幾朵新鮮的花，四周飛舞著許多蜜蜂。朗薩看到牠們，心想：

我愛我的父母，
卻和他們分開。
我想幫忙丈夫，
阿尼聶莫卻作梗。
我想修持佛法，
卻滯留在此塵世。

然後她開始哭泣。一滴眼淚落在查巴桑珠的耳裡。他醒來，發現她在靜靜地流淚。他說：

美麗的朗薩王后，
我永遠都看不夠。
朗薩王后，聽我說！
我們的財產能為妳買下任何你要的珠寶。
雖然曉得法行與世間行[22]相異，
但我們腿上有個漂亮的男孩。
妳是日朗之王后。
沒有理由作悲嘆。

22 「法行」爲依佛法而做的行爲。「世間行」則是出於無明所做的行爲，並將導致在無盡的痛苦循環中輪迴。

為何哭泣？請告訴我實情。
任何問題，我都可以解決！

朗薩心想：「過去，我從未告訴公公和丈夫關於阿尼聶莫的嫉妒，深怕會引起家人紛爭。現在我的丈夫問我爲何哭泣。我以前不能跟他說我想修行佛法，或許現在可以告訴他。此外，如果我跟他說，也許阿尼聶莫就會知道我其實不想奪走她的鑰匙。」想到這裡，她這樣唱起：

唯一父親上師足前我頂禮！
頂禮諸佛之母空行母！
業力賜我查巴桑珠你為夫，
請聽我慢慢道來！
我與父母在家時，
美麗容顏與身體，
成為修行之障礙，
如此阻擋我修行，帶我到這非屬於我之宅邸。
成為日朗王后後，
眷屬僕從我敬重，
尤以阿尼聶莫最敬重。
無疑她是我最敬重者。

但即便如此，她對我卻不友善。
我為她送上青稞酒，她給我水。
在她看來我十分愚蠢。
我若回答他人話，她說我是在嘮叨。
我若外出去辦事，她說我是個蕩婦。
若待家裡一動也不動，如同廟裡的神像。
當我看著丈夫查巴桑珠善良的臉龐，
我會願意幫他一輩子。
當我看著饒達布，
我想我會待在輪迴中。
當我看著我們的僕人，
我想我仍是日朗邦主之妻。
當我聽到阿尼聶莫惡毒談論我，
我雖想要回嘴，
卻又思及無常。
我想修持佛法。
我不具來生所需者。

也不具今生所需者，
乃因雙親不在身邊。
這首歌為他們而唱，
若是能再見到他們，不知有多好。

查巴桑珠接著說：「朗薩，因為妳很久沒有見到父母，所以妳很想念他們，我們很快就會帶妳回去見他們。我不知道阿尼聶莫是否眞的嫉妒，若果如此，我會和她談談。不管怎樣，現在是收割青草作飼料的季節。三天後就要開工了，我們得去僱用一些助手來幫忙，現在先去阿尼聶莫那裡拿一些鐮刀。」

要開始收割乾草時，阿尼聶莫和朗薩一起到田裡監督工人。當朗薩正站在那兒看著工人時，有兩個瑜伽士走近，他們是來自定日的一對師徒。當他們看到朗薩時，唱起了這首歌：

如父上師我頂禮！
請帶領一切有情眾生出輪迴！
給我們一些食物換取法教吧！
妳的身體如遠方彩虹，
絢麗多彩卻不會常存，
現在應當要修持佛法。

身軀曼妙，如鳳頭鸚鵡，
音聲雖美，言詞卻無義，
現在應當要修持佛法。

面容標緻，名聲如龍響，
卻不具任何重大意義，
現在應當要修持佛法。

縱然美貌，有如一幅畫，
卻不具任何真實意義，
現在應當要修持佛法。

無常大敵前來索命時，
妳終將無法逃脫，
死亡不會給妳須臾喘息的機會。
死亡不在乎妳的美貌。
就算妳擁有王者權力，
也無法阻止死亡。
即使妳有飛毛腿，

也逃不過死亡的追逐。
此刻妳擁有殊勝人身[23]，
乃修行佛法唯一機會。
可別不修佛法就過世。

朗薩心想：「他們是專門唱給我聽的。」她的內心非常感動，想要供養一些東西給瑜伽士，但阿尼聶莫在場，她擔心她的姑姑不允許她這麼做，於是她告訴瑜伽士：「請去找阿尼聶莫，在那邊那個黑臉、面目猙獰的女人。」

於是他們去找阿尼聶莫，問她是否可以布施一些食物。阿尼聶莫非常生氣。她放下手邊工作，起身說道：「你們這些窮乞丐，不要來找我！夏天要酥油與食物，冬天要青稞酒，喝得酩酊大醉。你們待在山上不打坐，留在城裡不工作，有本事的話就做個眞正的土匪，但你們卻是可憐的小偷，撒謊兼竊盜。你們假裝說法，實際是帶人進入歧途。像你們這樣的人，我什麼都不會給！如果你們想要東西，去找那個像孔雀一樣的姑娘，她的聲音像夜鶯，意志像山一樣堅定。去跟日朗邦主的妻子要，我只是她的僕人，無權給你們東西！」

於是喇嘛們回頭找朗薩，告訴她阿尼聶莫所說的話。她對阿尼聶莫的回應方式實在無法置信，並爲此感到非常難過，而給了他們七袋麵粉。她問他們：「你們從哪裡來，要到哪裡去？請代替我供養給上師和佛陀，願我老了以後可以修持佛法。」於是其中一位瑜伽士對她唱起了這首歌：

頂禮上師！
請您救度眾生離苦海！
朗薩請聽我們說！
謝謝妳給的供養。
我來自拉堆，
從拉契雪山而來。
我是密勒日巴[24]的弟子，
名字是惹瓊多扎[25]，
現在要到中藏雅礱河谷。
城裡的妳，
與山裡的我們，

23 殊勝人身：雖然一切眾生都有佛性，但只有獲得人身才能擁有證悟的能力。此外，殊勝人身不僅是擁有人的肉身，還要具備其他的特定條件才行，而那些條件（八暇十滿）是成佛的根基。

24 密勒日巴是西藏最著名的「聖者」。青年時期歷經許多的考驗與磨難，後來終年隱居在山洞中，這些窟穴多數位於西藏中部與南部。其傳記有埃文斯．溫茨所翻譯的《西藏偉大的瑜伽士密勒日巴》和張澄基所翻譯的《密勒日巴大師歌集》，裡頭收錄了密勒日巴與其弟子相遇的故事以及所寫下的道歌。

25 惹瓊巴是密勒日巴最親近的弟子之一。他和岡波巴都是密勒日巴的「心子」。密勒日巴的噶舉傳承從岡波巴分支成為噶瑪噶舉，而從惹瓊巴分支下來的傳承則多為在家修士。兩者都保持著不間斷的傳承，一直延續到現在。

在成佛之路上，
必定有些緣份。
緣分之根在於迴向。
妳給我們食物，
我們給妳一些佛法的說明。
這是未來修行佛法之業因。
我們會向諸佛祈求，
讓妳能夠修習佛法。

朗薩聽到這些話後，變得更虔誠了，她給了他們幾袋穀子，上師們賜予她加持後便上路了。阿尼聶莫看到朗薩的行爲非常生氣，她撩起裙子繫在腰間，撈起一根長棍走近朗薩，惡狠狠地看著她說：

妳外表看起來雖然漂亮，
內心卻是妖魔，
妳這個孔雀模樣的妖精，
聽好！
定日有位上師叫帕當巴桑傑[26]，
拉契有位名師叫密勒日巴。

如果每個路過的人妳都供養，
妳就不配當兒子的母親。
這塊田地以出產青稞聞名，
若妳想把所有東西都給瑜伽士，
妳為何不乾脆跟他們一起走？

朗薩回道：

頂禮三寶！
請幫助這個沒有修行的女子！
阿尼聶莫，請聽我說！
原先我不確定是否該給瑜伽士食物，

26 帕當巴桑傑：來自南印度的導師（西元一一一七年），曾前往西藏弘法，不只五次。帕當巴桑傑是「息法」的創始人。當他第一次來到西藏時，藏人認爲他是濕婆派的聖人，而非佛教徒，但最後卻被藏人所敬仰。同時，他也是斷法傳承的啟迪者，雖然斷法傳承是由瑪吉拉準所創，但卻是帕當巴桑傑將斷法傳授給瑪吉拉準和她的上師覺敦．索南喇嘛。不論是息法或斷法，都是根據「般若波羅蜜多」的法教而來。息法後來被吸收至其他宗派中，而瑪吉拉準所修持和推廣的斷法，雖然在一定程度上也由其他宗派所採納與修改，但至今卻仍然維持著獨立的流派。這兩個派別的法教都強調透過無執著的修持來達成解脫（有關斷法的說明，請參考本書〈瑪吉拉準傳〉導言，以及朱塞佩．圖齊之《西藏宗教》）。瑪吉拉準與帕當巴桑傑的相遇，發生在帕當巴桑傑第三次從印度入藏傳法時。

所以我要他們去找妳。
妳卻說妳只是個僕人，
還把他們送回來找我。
縱使他們不是好瑜伽士，
但他們很窮，所以我給他們食物，
若他們離開後說：「我去了日朗，他們什麼都沒給我。」
這樣就不好了。佛法說，富者要善施給貧者。
就像蜜蜂收集儲藏蜂蜜，
東西太多而不用是沒作用的。
請別稱密勒日巴的弟子為乞丐。
請別因我供養給密勒日巴的弟子而說我是妖魔。
妳應該為我的善行而隨喜。

這番話讓阿尼聶莫勃然大怒，她說：

妳這個如鬼一般的魔，
並非出於虔敬而供養，
而是因為那些瑜伽士的聲音悠揚、長相俊美才供養。
妳認為反正妳的丈夫可再做出那些被妳丟掉的東西。

我說一句，
妳頂兩句。
妳自以為是這裡的王后，
但我才真的是日朗家的人。
這裡我說的算。
妳到現在還不清楚嗎？

接著，阿尼聶莫繼續說道：

用講的講不聽，
我看妳是要我出手才行！

阿尼聶莫先是抓住朗薩，朝她背上推了一把，接著便猛地將她拉向自己的臉，從朗薩頭上拔下七根頭髮放進自己的藏袍裡[27]。之後，阿尼聶莫突然意識到自己正在毆打她侄子深愛的妻子。

於是她去找查巴桑珠，假裝非常生氣，並且沮喪到拔了自己的頭髮，但實際上她給查巴桑珠看的是朗薩的頭髮。她這樣對查巴桑珠唱道：

27 藏袍：長款藏式連衣裙，在前方翻折後，於腰間繫上腰帶。上半身部分可充當裝東西的袋囊。

查巴桑珠，請聽阿尼聶莫說！
我們朗薩王后從來不工作，
盡在田裡做些不該做的事。
今天早上來了兩個英俊的瑜伽士，
她對他們非常著迷，
幾乎把田裡的東西全都給了他們。
她毫無羞恥，幾乎當場勾引他們。
當我要她保持距離，
她竟把我打到全身骨頭都疼。
看看你的老婆！
現在你必須在妻子和姑姑之間做選擇，
請三思而後行！

查巴桑珠想：「阿尼聶莫是總管，應該不會說謊。朗薩年輕漂亮，又是一個男孩的母親，所以大家都對她很好。她一定是被寵壞了，小孩跟女人都必須一直受到管教。」

他去找朗薩，發現她在角落哭泣。他傷心地對她唱了這首歌：

妳這個妖魔啊，聽我日朗邦主，查巴桑珠說話！
看看妳做的好事！

妳不該背著我做那些壞事。竟然還打我姑姑！
把狗留在屋頂上，就會開始對著星星吠。
把驢當成馬對待，就會開始對著馬兒踢。
船伕遇淺水就隨便又懶惰，
我就是對妳太好，妳才會隨便又懶惰。
就像已經認識狗的人，接近狗時不會帶棍子，
妳就是對我如此隨便！
朗薩，看看妳多妖魔！

朗薩心想：「我什麼也沒做，阿尼聶莫卻先跑去向查巴桑珠告狀了。但相反的，如果沒有瞋境，就無法修持悲心。我如果告訴他實情，也許我的丈夫就不會生氣了，但這樣會造成家人失和。我如果告訴僕人眞相，他們就會更討厭阿尼聶莫。所以我什麼都不會說。」

因爲朗薩沒有回應，所以查巴桑珠認爲阿尼聶莫所說的都是眞的。他認爲朗薩之所以哭泣是因爲心有愧疚。於是，他抓住她的頭髮，將她扯來扯去，並用腳踢她，然後用他大刀的鈍面打她，直到她的手腳都流血，肋骨也斷了三根。

她大聲尖叫，她的僕人聽到了聲音，全都跑了過來。他們跪在查巴桑珠前說道：「偉大的邦主，請聽我們說！朗薩讓您不高興，您用說的就好。她是要與您共度餘生的人，也是您兒子的母親。您怎麼能下如此的重手？朗薩的臉原本如一輪明月，現在滿臉傷痕，像月亮被烏雲籠罩。她的身體如柔韌的青竹，您卻斷了她三根肋骨。請不要打她！朗薩王后，請不要哭泣！」

接著，他們把朗薩王后和查巴桑珠帶到他們的房間。

不遠處有座吉布雅隆寺，住著一位名叫薩迦堅贊[28]的善知識，也是建議密勒日巴去拜瑪爾巴譯師[29]爲上師的人。薩迦堅贊除了以熟稔殊勝的大圓滿法[30]聞名外，在其他傳承上也都有所成就。這位上師以遍知而曉得朗薩是位不凡的空行母，但目前正因過去的業力所苦，不過這些苦也正進一步幫助她清淨業障。他預知到朗薩會死亡，並回到同一個身體來幫助眾生。爲了加速這個歷程，他用幻身術[31]化成一位長相十分俊俏的乞丐和一隻猴子，來到朗薩窗前唱起這首歌：

在那扇窗戶內，
容貌勝過天仙的妳，
請聽我說！
聽我的聲音，看著我的猴子！
東方工布森林裡，
有一種猴子，
長大了還黏著母親討東西吃！
這猴子和母親沒有緣，
所以來到我手裡！
牠不喜歡脖子上套著繩，
我訓練牠時，牠得吃苦。

訓練雖會苦，
但若不吃苦，就學不到東西！
西藏最南邊的森林裡，
住著許多飛禽與雛鳥，
有能力的飛翔得高，
沒能力的枝頭棲息。
長舌鸚鵡來到邦主手裡，

28 此薩迦堅贊有可能爲瑪吉拉準的兄弟。

29 瑪爾巴是密勒日巴的上師，由於他從印度帶回許多法教，並將之翻譯成藏文，因此一般尊稱他爲瑪爾巴譯師。這些法教構成了噶舉派（口耳傳承）的基礎。參考那爛陀翻譯之《瑪爾巴譯師傳》。

30 大圓滿法：以非漸進的方式，針對身、語、意下功夫的法教。大圓滿的原則是，認爲有個基礎本初的狀態爲究竟、清淨無緣的法身（自性身），這就是所謂的「基」。這種存在的狀態，能自顯爲無垢智的「本覺」。指引本覺、開展對本覺狀態的覺知，以及從無覺知和無明的雲霧中解脫，則是所謂的「道」。大圓滿法道的「果」或成效，乃繼續維持在本覺狀態中。雖然說頓悟有可能發生，但這也得等到弟子在各方面修持皆已成熟後才會發生，因此大圓滿有一系列的淨化和禪定修持，幫助行者爲開展持續的本覺做好準備。大圓滿法的修持主要分爲三部：心部、界部和竅訣部。大圓滿的修行也與伏藏有關。

31 幻身爲修行成就（悉地）或神通之一，修得幻身的成就者爲了利益他人，能夠在必要的時候，在盡可能多的地方，幻化出盡可能多的各種形體。這些形體雖被稱爲幻身，但它們看起來就像眞實的一樣。參考朱塞佩．圖齊之《西藏宗教》，第一百零八至一百零九頁。

腳上繫著鐵鍊，
為牠帶來痛苦與艱辛。
為了模仿人類的聲音，
經歷了各種痛苦。
但鸚鵡再巧言也只是模仿而已。

西方稻米之鄉尼泊爾，
住著金色蜂后與幼蜂。
有福者便能採到花蜜，
無福者只能繞著青稞酒氣味嗡嗡作響。
更不幸的幼蜂則被孩童抓來折磨。
蜜蜂離巢會經歷各種痛苦。
但若不經歷各種磨難，就不會產出甜美蜂蜜。

北方蒙古草原上，
每隻母羊都有一隻小羊，牠們以草為食。
牠們雖然不肥美，
卻很健康並隨著朝聖者上路。
之後不幸落入屠夫手裡，

任由屠夫之手折磨身體，
那些苦難是因為身上的肉所起，
這是綿羊身上美味羊肉的故事。
上年楚這個地方的每位女子都有孩子。
有福者能到僻靜處閉關，
其餘則留在家中與父母同住，
美麗的女子送到貴族家中做新娘，
在阿尼聶莫這樣的人手中受折磨。
女人因他人的嫉妒而受苦。
這就是美麗女子所經歷的事。

心中若不憶念死亡無常，
外表儘管美麗，卻僅如印度孔雀。
若不修行佛法，
即使獲此人身，
甜美的聲音也不比柳樹上的烏鴉啼叫來得好聽。
若妳什麼都不施捨給我，
縱使妳有許多珠寶首飾，
也不會比廟堂中穿戴瓔珞的本尊唐卡來得富饒。

乞丐唱誦完畢，猴子停止跳舞。朗薩聽到了乞丐的聲音，她的兒子也一直看著猴子。朗薩心想：「我必須給這個人一些東西。如果我給他青稞或珠寶這樣的東西，有人可能會生氣，我最好給他一些屬於我自己的東西。我想向他請教該去哪裡學法，哪裡有好的上師。我不應該受孩子羈絆，否則我會像瑜伽士歌曲中的動物一樣。我一定要誓言離開，踏上修行之路。」

於是她請瑜伽士進到自己的房間裡，對他唱了這首歌：

帶著猴子的乞丐！請聽我說，
我的雙親已年邁，
有如薄暮西山般，
現今都已然蒼老。
我卻幫不上他們。
想兮念兮，此女已生出離心。
朗薩不想留此處，
她要修持密宗法。[32]
雯波將會去閉關！
當我看著丈夫時，
其如屋頂飛舞之經幡。
雖為夫君卻不夠可靠。

不聽我言而輕信他人。
想兮念兮，此女已生出離心。
朗薩不想留此處，
她要修持密宗法。
雯波將會去閉關！

當我看著兒子時，
看似有如彩虹般，
雖然年幼且可愛，
無法帶領我證悟。
想兮念兮，此女已生出離心。
朗薩不想留此處，
她要修持密宗法。
雯波將會去閉關！

我看阿尼聶莫時，
發現其有如蛇類，
妒心深重，就連禪修都惱火。

32 密法：此處文本原爲「有本尊的佛法」，意思是佛法加上運用本尊觀想等法門的密宗法教。

想兮念兮，此女已生出離心。
朗薩不想留此處，
她要修持密宗法。
雯波將會去閉關！

當我看著僕從時，
心感難過，無人聽取其所言，
視之如同為小孩。
想兮念兮，此女已生出離心。
朗薩不想留此處，
她要修持密宗法。
雯波將會去閉關！

若欲修持勝密法，
應當前往何寺院？
哪位上師加持大？
遊方如您請建言。
請受珊瑚、綠松石，
知無不言、說真相！

乞丐恭敬地向她作揖。說道：

天女般者，善諦聽！
美麗朗薩，聽我說！
西藏各地我遊走，
沒有何處沒去過，
所言皆實未說謊。
西藏為虔誠佛國，
上師種種為數多，
名聲最為響亮者，
拉契密勒日巴尊。
然而路途實遙遠，
獨自一人不宜往。
北方有個好寶地，
形如獅躍山上方，
形如臥象山背後，
有寺院名色雅聾，
有喇嘛薩迦堅贊，
其為大圓滿上師。

博學大力加持多，
王后若想修佛法，
應當前往那裡去。

朗薩雯波一聽到薩迦堅贊的名字，手臂上的汗毛都豎了起來，眼眶也泛滿了淚水。她將戴在自己身上的三顆上等綠松石和五個大珊瑚都給了乞丐。

她的公公日朗邦主查欽這時正在前往檢查工作進度的路上，當他在樓梯上經過朗薩房間時，恰巧聽到了朗薩與乞丐的聲音，對方聽起來是個聲音悅耳的年輕男子。他聽到朗薩在跟人講話，但男人的聲音不是她兒子的，所以透過門縫偷看。他看到孫子饒達布正在地上和一隻猴子玩耍，而朗薩正把她的珠寶送給一名年輕人。

他心裡想：「昨天朗薩給瑜伽士青稞，阿尼聶莫告訴她不要給乞丐東西，還她被毆打。我的兒子因此教訓了她，現在她可全忘了，今天還把這個乞丐帶進我家裡來。她這樣的行爲，要如何當我們的王后？如果我都不插手的話，她遲早也會把小孩都給帶壞！」

於是，查欽驀然將門打開。乞丐和猴子一溜煙地消失在窗外。他一把抓住朗薩的頭髮說道：「昨天妳給了一些瑜伽士青稞。我們叫妳不要隨便亂施捨，今天妳爲什麼請這個乞丐進來，還給他妳的珠寶？查巴桑珠和阿尼聶莫說得對，妳是個蕩婦，是個妖魔。妳做了不該做的事。」

朗薩還沒來得及答話，她的公公就開始毆打她，儘管她身上的傷口都還沒痊癒。

接著，查欽帶走饒達布，將他交給一個奶媽扶養。朗薩非常傷心，最後由於心碎而死。饒達布感應到他媽媽可能因心碎而離開人世，難過地哭了一整夜。奶媽因此覺得她務必偷偷帶著饒達布去看他的母親，不讓任何人知道。當她到了朗薩的房間並打開房門時，她以爲朗薩在睡覺。可是當她觸碰她的身體時，卻發現她全身冰冷。她不敢相信朗薩已經死亡，不停地搖晃著她。最後她驚恐地跑去找查欽和查巴桑珠。他們跑到朗薩房間看她，以爲她是因爲他們對太過刻薄而裝死。查欽抓住她的右手，查巴桑珠抓住她的左手，將她拉起來，說：

朗薩雯波，聽查欽和查巴桑珠說！
月娘會因月蝕而消失，也許是烏雲遮住了月，
日子若不對，就不可能是月蝕。
朗薩珍貴友伴，請醒來，邦主之母請起來！
看看花園裡的花，下冰雹時看似已凋零，
秋天未至花便不會謝。
姑娘，勿再睡！
朗薩請醒來！
亭臺樓閣華美房間裡，朗薩王后在裝死。
身體可能會疼痛，死了卻是不可能。

他們把她拉起來，但她毫無反應。她的身體冰冷，真的死了。於是，他們爲她舉辦了盛大的葬禮，並爲了累積善業[33]，對外布施了很多東西。然後他們請人卜卦[34]請示該如何進行後事，所得到的答案是：朗薩的陽壽未盡，還會復活，並指示應將她的屍體安置在東邊的山上，七天後就不用再擔心屍體的問題。於是，他們將她用白布包起來放在棺材裡，帶到東邊一座外型有如象鼻的山上，並派了守衛在那裡留駐七天。

朗薩的神識有如一根頭髮自酥油中抽出一樣，離開她的身體。她在中陰[35]時期遇到死主阿朗勾，他會將生前做了許多善行的人送往上三道，將作惡多端的人送到包括十八層地獄的下三道。這些人生前如果做了許多殘酷惡行，就會被送到地獄的大黑鍋內烹煮，或是在極寒地獄裡，承受有如高山上嚴寒環境般的苦受。朗薩因爲太過害怕而失去了知覺，她雙手合十，如此祈求道：

至尊度母祈鑑知，
空行之母賜加持。
善知業果之死主！
未犯惡行悲利生。
了知有生必有死，
故不執持此肉身。
了知資財皆無常，
故生前常行布施。

了知死期來臨時，
至親眷屬亦分離，
故於彼皆無執持。
於敵甚至亦無瞋。
祈請悲心垂寬宥！

33 積累福德是一個重要的概念，也是禪修要獲得成效的必要條件，其基本概念來自於相信一個人的行爲（業）會在其心相續中留下印記，若這些行爲是善的（諸如慈心、布施、安忍等），那麼就能在這個相續中累積福德（藏文：索南，bosd nams）。這些福德經過生生世世的積聚，等到一個人的福德累積得夠多時，才有可能步上修行之路。如果福德資糧累積得不夠，這個人要嘛不會對修行感到興趣，不然就是會發現自己容易散亂分心，那麼進步就會很困難了。西藏導師在開始說法前，經常會提到人們之所以會出現在這裡，正是因爲他們的福德資糧累積得夠多。（見岡波巴《解脫莊嚴寶論》。）

34 卦（藏文：莫，mo）。藏人會根據卜卦來做許多決定。卜卦的方式眾多，可能使用念珠、鏡子、骰子、複雜的繩結、跳石等，也可能使用類似《易經》的書籍來解釋卦象，有時則透過命理分析。

35 「中陰」一詞雖然實際上僅僅意指「之間」，但通常用來指代介於死亡和再次投生之間的這段時間。關於這個介於死亡和再次投生之間的中陰，有一部詳盡的伏藏法，特別說明如何在這段期間獲得解脫，稱作《中陰聽聞救度》，通常稱爲《西藏度亡經》。（可參考埃文斯．溫茨所翻譯的版本，或者由費里曼圖和創巴仁波切較近期所翻譯的版本。）在西藏教義中，也有和基督教類似的衡量一個人生前所做善行與惡行的觀念。然而，在西藏教義中，審判結果只會決定此人的下一次投生，而非永恆的審判。審判結束後，這個人會被送往六道其中之一。這六道分別爲上三道（天道、人道、善妒的阿修羅道）和下三道（旁生道、地獄道、餓鬼道）。其中期間最長的是天道和地獄道。地獄道共有十八層，有各種酷刑，分佈在八寒地獄和極熱地獄之間。雖然六道也可以被解釋爲一個人所經歷的心理狀態（參見創巴仁波切《突破修道上的唯物》），但藏人普遍以其字面含義來認知這六道。（參見岡波巴《解脫莊嚴寶論》）。

死主身邊有黑白無常兩位神祇。他們用白石子和黑石子來細數她生前所做過的善行與惡行，發現她的黑石子很少，白石子很多。朗薩從業鏡裡看見自己是一位稀有的空行母。死主對她說：「女子朗薩雯波，聽好！聽威猛的閻羅王說！法王能明辨黑白與善惡！若見白色善行，我會送人到解脫白道，那麼此時我的名字就是大悲化身、三世之主、聖觀世音菩薩！若是我送人們去地獄道時，那麼我的名字就是死主閻羅王。當我給那些有惡業的人帶來痛苦時，我是極令人害怕的。在我的王國中，任何作惡者都將遭受懲罰。如果妳有任何黑業，就算是再厲害的上師也解救不了妳，只要進到地獄後，就很難脫身。若是妳身在地獄裡，又要如何證悟？然而，妳並非普通女子，身上沒有很多惡業。妳是空行母的化現。雖然妳的色身像天女，但心不受此限制，它能克服一切。如果妳的心能時時不離佛法，就能證悟，但要記得：最上等的修持是內外兼顧的修行[36]。妳必須回去，再次進入妳的色身並幫助他人，成爲一個還魂人[37]。」

朗薩非常高興。她領受了閻羅王的加持，踏上白道，回到自己的身體，重新活了過來。

當她在東邊山上醒過來時，身上披裹著一件柔細的白布，以毘盧七支坐[38]的禪定姿勢坐定。天空降下一陣花雨，她正在修持金剛瑜伽母法。四周有彩虹般的光芒包圍著，她雙手合十說道：

頂禮上師、本尊與空行！

請引我脫離苦海。

東方金剛空行母。

身色雪白如法螺，
右持鞀鼓[39]咚咚咚！
左持銀鈴叮叮叮！
大悲領萬千白眷，
祈請助我離諸障。

南方寶部空行母！
身色金黃半怒相，
右持金鼓咚咚咚！
左持銀鈴叮叮叮！
萬千金眷行增業！
祈請助我一臂力！

---

36 雖然到目前爲止，朗薩已經開始內在修行之道，但這次相遇給了她力量，讓她能夠將內在修持與外境結合起來。

37 意指經歷中陰後，死而復生的人。

38 經典的禪坐姿勢，分別有七個要點：（一）兩腿雙盤呈跏趺坐；（二）脊椎挺直如長矛；（三）雙手掌心向上交疊（男子右手在上，女子左手在上），姆指相觸，置於肚臍下方；（四）雙肩打開兩邊同高；（五）下巴微收；（六）雙眼微張放鬆，目視鼻尖下方；（七）舌頭嘴唇放鬆，舌尖輕抵上顎。

39 鞀鼓（Damaru，小手鼓）是一種手持的小型修法用鼓，類似於修持斷法所用的大鞀鼓，但更小一些。

西方蓮花空行母！
身色珊瑚怒眉相，
右持金鼓咚咚咚！
左持銀鈴叮叮叮！
萬千紅眷眾圍繞，
大力誅除下三道！

北方業部空行母！
身如綠松石般綠。
右持金鼓咚咚咚！
左持銀鈴叮叮叮！
萬千忿怒綠眷繞，
斷除十界遮障氣。

中央佛部空行母[40]！
身如青金石般藍，
右持金鼓咚咚咚！
左持銀鈴叮叮叮！
萬千藍眷眾圍繞，

靜忿諸行皆成就。

神通大力祈賜予！

看守屍體的人聽到她的聲音，還以爲是「囉郎」[41]出現。眾人嚇得趕快逃離，其中有些比較勇敢的人準備拿石頭攻擊她。她說道：「住手！是我，朗薩，我不是殭屍。我下到陰間後又回來，現在死而復生了。」眾人聽了無不感到非常驚訝，紛紛向她頂禮，並在得到她的加持後，跑去告訴日朗家的人。

饒達布因母親的去世而非常難過，不吃不睡。當看守屍體的人到達時，他和奶媽在屋頂上。他說：「我媽媽的屍體在哪裡？請告訴我。即使今生不能再見到她，我也期望在佛土中和她相見。」他的奶媽也很喜愛朗薩，聽到後不禁流淚。饒達布用小手遮住眼睛，望著東方，唱起這首歌：

我和媽媽住在一起時，我的祖父殺了她。

現在這個小男孩，就像被拋棄在地上的幼雛。

她若能聽到我的悲歌，我會有多麼高興。

---

40 根據不同的密宗法教，有時佛部空行母的身色爲藍色，金剛部空行母的身色爲白色。

41 囉郎（殭屍）：屍體若發生死後復活的情況，如果不是「還魂人」，就有可能是「囉郎」。還魂人是指下到陰間後又復活的人。殭屍是指屍體被惡靈附身的起屍狀況。藏人非常害怕囉郎，也喜歡講述遭遇囉郎的恐怖故事，相反的，還魂人則被視爲偉大的宗教導師。

看看那邊的山：完全沒有禿鷹在找身體，甚至連烏鴉也沒有，
只有濃厚的彩虹光芒。
請帶我到媽媽的遺體那兒。

就在那一刻，看守朗薩的人宣布她復活了。他們看見她身上裹著白布，周圍環繞著彩虹的光芒，天空還下起一場花雨。查巴桑珠和查欽懷著極大的悔意去找她，請求她回到日朗，他們說：

我們向上師頂禮，
也向空行母祈願。
朗薩，聽著，請聽查欽父子說！
妳的身體如青竹，
我們未能了知其為空行母之身。
妳的聲空如空行，
原諒我們未能履行先前之承諾。
妳的心意如銀鏡，
有如樂與空。
我們忘失這一點，反而做了許多愚蠢事。
實在感到很抱歉！

我等眾生皆愚痴。
無論我們對妳的身、語、意做了些什麼，
都是因無明而起。
懇請妳原諒我們，
帶領我們和妳一起走！

接著查欽又說：

就算妳不喜歡我，
也請想想我兒子，回來吧！
他是妳注定要相處者，
請妳回來吧！
別管阿尼聶莫了，
請妳想想妳兒子，
他是妳身體的一部分。
別管索南帕吉了，
想那看妳長大的侍者，宗吉。
就算妳誰都不管，也要想想妳摯愛的父母，
他們都在這裡啊，請妳回來吧！

縱使他這樣苦苦哀求，也只是讓朗薩想起自己對輪迴的厭離，她說道：

頂禮五毒轉五智！
頂禮五方空行母！
查欽和查巴桑珠，請諦聽，
日朗貴族父與子，
善聽此不具佛法而業苦深重之姑娘說！
吾母之女朗薩雯波者，
死前住在瓊樓裡。
無常示現時，我屍置於東山上，
見此情境心哀戚。
輪迴生活無實義。
留在你家心不喜！

吾母之女朗薩雯波在世時，
英挺馬兒胯下騎，
如今騎乘心不喜。
吾母之女朗薩雯波在世時，
子僕隨從眾圍繞，

死時終得孤獨去，
一切終究無意義！[42]

吾母之女朗薩雯波在世時，
華冠寶飾身上戴，
死時一物帶不走，
美麗珠寶起爭執。

吾母之女朗薩雯波在世時，
美食佳饌口中嚐，
死時終離其肉身，
如今於此身無執！

吾母之女朗薩雯波在世時，
你聽信他人讒言，
死後懺悔求原諒。
因世間友起紛爭，

---

42 西藏上師在說法時總會強調的事情之一，就是自身死期不知何時會降臨，因此應把握機會做出對自己和他人都有益的事。面對自己的生活，不能當作是爲了正式表演前的彩排。而應意識到自己隨時都可能死亡，因而絕不拖延修持佛法的機會，並將我們在智識上學習到的東西應用到生活中。

查欽邦主啊！我對你不具貪著。
吾母之女朗薩雯波在世時，
你以重棒痛責我，
死後卻為我行善。
因世間友起糾紛，
查巴桑珠啊！我對你不具貪著！
吾母之女朗薩雯波在世時，
努力扶養著兒子。
死後其亦無能助，
有如將我拉入輪迴之繩索。
因世間子起麻煩，
饒達布啊！我對你不具貪著！
如今我將前往修佛法。
離去後有眾多年輕女孩等著你。
其中任何漂亮者都可以娶入門，
繼續留在輪迴地獄裡！

他們每個人對她所說的話都加以思考，並發現那些都是實話，當下受到震懾，雙手合十而無法回家。兒子饒達布接著爬到母親的膝上，開始哭著說：

朗薩媽媽啊，您的身體死去又活來，
讓我很震驚。
如果這是真的，就太神奇了。
如果這是夢境，就太令人傷心了。
如果您是殭屍，就請殺了我。
如果您死而復生，請帶我一起走！

像我這樣失去媽媽的小男孩，
就像沒有上師的僧人，
請帶我一起走！

像我這樣失去媽媽的小男孩，
就像沒有主人公的城邦，
城邦若無主人，就沒有意義。
請不要離開我！

我是與媽媽失散的小男孩，

就像沒有勇氣的少年，
說得再多，也沒辦法保護父母，傷害敵人。
思兮念兮，請不要離開我！

我是與媽媽失散的小男孩，
就像沒有頭髮的女孩，
飾品再多，也無法嫁人。
思兮念兮，請不要離開我！

我是與媽媽失散的小男孩，
就像能奔馳卻不受控的馬，
終究無人想買下。
思兮念兮，請不要離開我！

我是與媽媽失散的小男孩，
就像駝背的騾子，
即使餵食再飽也沒有用處。
思兮念兮，請不要離開我！

我是和媽媽失散的小男孩，

就像貧窮的商人，
即使努力工作也一無所獲！
思兮念兮，請不要離開我！
我是與媽媽失散的小男孩，
就像還沒受到加持的瑪尼輪[43]，無人想要。
思兮念兮，請不要離開我！
我是與媽媽失散的小男孩，
就像沒有翅膀的小鳥，
即使嘗試去飛，也會不斷掉落，
思兮念兮，請不要離開我！
我是與媽媽失散的小男孩，
就像無草無水的旱地，
人們只會經過，不會駐留！
思兮念兮，請不要離開我！

43 瑪尼輪：轉經輪，其內所裝咒語最常見的是「嗡嘛呢唄咩吽」。將印滿咒語的經文卷放置在圓筒中，透過離心作用來轉動此經輪以獲得福德。

我是與媽媽失散的小男孩。
我會變成痲瘋病人，誰都不願靠近我，
失去你的我，就會像那樣，
思兮念兮，請不要離開我！
請回家吧！

朗薩看到兒子這樣，心疼地哭了起來。但她隨即了知到，如果她回到王宮，會面臨更大的障礙，於是她把手放在兒子頭上說：

頂禮唯一父上師！
頂禮空行母心意！
饒達布聽我道來，
我不是囉郎，
我是還魂人。
死後又重生，
你應當開心。
世上沒有不死者，
死而復生寥無幾，
過日艱辛還魂人，

死期隨時會降臨。

我就像是座雪山，
而你便是頭雪獅，
且勿於我起執著！
我僅是平凡雪山，
不如我夫君強大，
烈日隨時可融化；
故而相當不牢靠。

你是一隻金色鷹，
且勿於我起執著，
我只是座小岩山，
閃電隨時可擊毀。

你是美麗的鹿兒，
且勿於我起執著，
我如一塊小草丘，
尚有更好之草原，

否則秋日便岌岌可危。

你是一條小金魚，
且勿於我起執著，
我就像豔陽下隨時會乾涸的小湖，
汪洋大海更安全。

你是美麗的小鳥，
且勿於我起執著，
我就像會凋零的小花園，
尚有更大之花園。

你是美麗的金蜂，
且勿於我起執著，
我只是朵普通花。
附近還有大蓮華。
冰雹即可摧毀我。

我年幼的孩子啊，
且勿於我起執著——還魂人朗薩雯波。

日朗家更具保障，
我則可能會死去。

饒達布，聽我的話，將此謹記在心裡！

接著他再次向母親懇求：

您甚慈悲照顧我，
唯一母親，請聽我饒達布說！

父母若未先播下，
令我出生之種子，
我豈能為拉其進入輪迴之繩索？

我若是一頭雪獅，
不待在您這座雪山上，
即使閃電不殺我，
也難長出青色鬃毛來，
在我青鬃長成前，請留下來！
等我青鬃長成後，我們再一起修法。

在那之前，您可待在蔭影中，
太陽便不會把您融化。

我若像是一隻鷹，
留駐高聳岩峰上，
若不與山峰為友，
縱使不會被射殺，
卻也無法長出寬闊之翅膀。
待我長大可以飛翔時，
我們一起飛上高空修佛法。
在那之前，我們可請強大上師作保護，
閃電便不會把我們摧毀。

像我這樣的小鹿，
若不待在森林裡，
縱使沒被獵人殺，
卻也無法長出美麗之鹿角。
待我長出美麗鹿角前，請不要走，
之後我們再一起修法。

在那之前，我們可請烏雲前往別處去，
冰雹便不會把您摧毀。

像我這樣的小魚，
若不活在母親水的懷抱裡，
就算漁人魚鉤不來釣走我，
我也永遠游不快。
在我的身體變得夠強壯前，
母親湖，請留在這裡！
等我足夠強壯時，我們再一起修法。
在那之前，我們可向水中龍族作祈求，
太陽便不會將您蒸乾。

如我這般小鳴禽，
若不依附花園裡，
即使老鷹不殺我，
我也永遠不會具有優美之聲音。
待我獲得悅耳聲音前，請留在此處，
屆時再一起修法。

在那之前，我們可請時間別讓它發生，
您便不會在秋日凋零。

像我這般小蜜蜂，
不與母親花相連，
即使鳥兒不吃我，
我也永遠不會長出銀色之翅膀。
在我可以獨立採蜜前，
野花請不要離開！
在那之前，我們可用魔法寶瓶來阻擋冰雹，
您便不會被冰雹摧毀。

如果小饒達布我，
不在慈母您身邊，
便無法茁壯成長。
待我可以獨立前，
請您不要離開我！
等我夠大了，我們再一起修法。
在那之前，我們會做特別的灌頂，

祈求阿彌陀佛長壽尊，您便不會死。
阿尼聶莫若向父親說您的不是，
使他責打您一番，
切記佛法之要為悲心，不要發怒。
您善良的小男孩在哭泣，
如果您沒有悲心，不聽我說，
媽媽，那就不是佛法！
若有悲心，即使住在普通房子裡，
也是在修持佛法。
若無悲心，
那您就和住在洞穴裡的野獸們[44]，
毫無差別。

饒達布唱完這首歌後，包括查巴桑珠和其他家人在內，所有人都一致懇求她和他們一起回家。

44 就修行而言，單單生起出離世間的心，並不會有太多利益，除非行者這麼做是基於利益他人的發心，否則就有可能衍生出驕慢或逃避壓抑的態度。就算閉關一百年，若是沒有悲心，就和一輩子住在山洞裡的動物沒有兩樣，無法產生任何的修行利益。

城邦裡的每個人都懇求她能夠回去，甚至連阿尼聶莫也表達歉意，請求原諒，乞求朗薩能夠回去。她說：「即使我面臨死亡威脅，也絕不會再做和以前一樣的事。」說著她走到朗薩面前，發誓不再引起爭端。

朗薩心想：「整個城邦的人都在請求我回去。饒達布這麼小又這麼睿智。他在這個年紀就已經在說法。阿尼聶莫在所有人面前發了誓。這一切肯定是三寶加持。」

於是她同意回去，他們爲她穿上華美的衣服，戴上許多寶石等首飾，一行人便回家了。天空下起了花雨，響起三聲雷鳴。她的身體是佛陀的化身，她的聲音是報身的空響，她的心意是法身的樂空不二。

她心裡想：「我會回到日朗家，爲大家說法，尤其要轉化阿尼聶莫的心。」於是她教導大家有關殊勝人身、無常、因果業報、輪迴痛苦、佛法的利益，以及許多其他教法。

但她的公公、丈夫和阿尼聶莫即使在接受這些教法後，由於身上背負太多惡業習氣，因此完全沒有改變。他們只是害怕她的離開會導致自己面子掛不住，因此把朗薩尊爲王后般對待。

朗薩因爲無法幫助他們轉心向法而感到非常難過，也因爲自己無法離開去修行，所以吃不下，也睡不著。

查欽、查巴桑珠和阿尼聶莫對她唱了這首歌：

請聽我們說，有美麗色身的妳，

讓所有男孩心神嚮往的朗薩王后，請聽我們說！
我們向妳道歉，
我們懺悔過去對妳做的一切，
將來即使會受到死亡的懲罰，
也不會再做類似的事，
現在我們沒有對妳做些什麼，
為何妳如此難過？
晚上不睡覺，
白天不飲食。
沒有理由這麼哀傷啊，
難道妳是病了嗎？

朗薩回答：

頂禮三寶，
本尊空行賜加持。
護法助我破障礙，
追隨佛法祈滿願！

你們三人，且聽朗薩雯波所道來！
聽還魂人朗薩說！
非因世俗原因而難過，
非因四大[45]不調而生病，
我也沒有其他之願望。
哀傷乃因汝等不讓我修法。
縱使房舍如天宮，
食物嚐來如甘露，
汝般親眷皆天人，我也依然會難過。
即使饒達布為天人之王子，
我也不會於他起執著。
如果你們三人不想修佛法，
至少讓我走，
若不能修持佛法，
至少讓我見父母。

查欽心想：「過去我們聽信阿尼聶莫的話，把朗薩打死。現在我們什麼都沒做、什麼話也沒說，但她還是難過，無法待下來。要是我隨便講什麼話，恐怕會像以前一樣惹麻煩。如果不讓她走，恐怕她就會一直做不該做的事，又不做她該做的事，一直吵著要離開去修持佛法。」

然後他想：「自從她嫁過來後就不曾回家過。雖然我們答應她可以回去，但我們總是推延。我們虐待了她，她也確實想念她的父母。我應該讓她回家，順便也讓小男孩一起去，這樣她就不會跑了，說不定她的父母可以讓她做點事。」

回家

邦主讓朗薩和饒達布帶著許多禮物回家。路上，宗吉背著饒達布，朗薩則在旁隨行。接著他們來到一條河流前，河水高漲使他們無法走橋面渡河，只得坐渡船。朗薩向河流對岸的擺渡人唱了一首歌：

我很想念我母親，請過來吧！
我想念娘擦灑準，
請把船兒駛來吧！
我正憶念我父親，
請把馬頭大船駛來吧！
我想念衮桑德欽，
請把船兒駛來吧！

45 根據西藏醫學，造成疾病的原因之一是地、水、火、風這四大元素不協調所起。更多相關資訊，可參考南開諾布仁波切著作《論出生與生命：西藏醫學專著》，第十八、三十六頁。

擺渡人回答：

每天都有成千上萬的人從這裡經過，
我可忙得沒時間幫妳！
如果妳很想念自己的父母，
何不自己跳入水裡游過去。

朗薩回覆：

請您可別這麼說，
馬頭大船請開來！
若是馬兒已餵飽，卻不肯載你，
何須留在馬廄裡？

播種卻不得收成，
還得另外買食物，又何需種植？
學佛卻視佛為敵，又何需閉關？
水中有舟卻不載，又何需擁舟？

擺渡人說：

縱使妳能言善道，卻無法和水說話。

山中盜賊最厲害，河上擺渡人最大。
妳有神通[46]何不飛？若無神通就付錢！
有神通就造座橋，沒有的話就給錢！
沒收錢何必養船。
想射箭就去買弓，若不射箭何需買！
正是以為可賺錢，才會做這門生意。
市集若沒人看妳，何需穿戴諸寶飾。
擺渡人我要掙錢，要是我沒賺到錢，
僅僅苦差事做盡，我卻落得時艱難。

朗薩心想：「果然山中盜賊最厲害。現在他說了算，我得付一些錢。」但在付錢前，她對他唱起了這首歌：

46 神通力屬於「世間成就」：這些神通是禪修有所成就的標誌。雖然就世俗觀點而言，這些神通力已經超凡，但它們仍然被稱爲「世間成就」，這是爲了清楚表明如此的力量並非修行的眞正目的。世間成就乃修行的副產品，修行的眞正重點在於超越執著，回歸本初清淨智的境界。世間成就包括穿牆、點石成金、行水不沉、入火不燙、極寒時以拙火融雪、能在須臾之間達至遙遠的宇宙、飛天遁地、他心通、預知未來，以及種種異於常人的五官神通。此外，還能顯現身體放光，日光下無影、隱身與其他所謂的神蹟。

你說得可對了，我一定付錢。我想念我的父母，
但最重要的是，我憶念無常。
在我拜訪他們後，就會去修持佛法。
我會付錢給你，所以快過來！
綠松石要給上師，所以給你小珊瑚。
待我見到父母後，我一定要去修法，
快點把船開來吧！
鑲嵌珍寶金戒指，是要留給我上師，
另一戒指則給你。
快點把船開來吧！
我一定要修行，不能有拖延！
綠松石和珊瑚，留給我上師。
有些琥珀可給你。
我想再次見父母，見完就會去修法，
所以請快過來吧！

於是，她開始摘下飾品交給擺渡人。他注意到她美麗的容貌和動聽的聲音，非常驚訝，於是問道：「美麗的姑娘，妳是誰？」朗薩回答：「我是朗薩雯波王后，日朗邦主的妻子。」擺渡人聽說過還魂人雯波的故事，因此把一切飾品都還給了她，並向她頂禮。船上的其他人也都很高興能親眼見到她，

還聽到她的聲音。於是請她唱歌，朗薩唱道：

若我頸上的珊瑚與琥珀為護法神，
那該有多好！
若我右手的貝殼手鐲為寺院呼喚僧人的法螺，
那該有多好！
若我左手的鑽石手鍊為持咒念珠[47]，
那該有多好！
若我手指上所有的戒指皆為智慧與方便[48]，
那該有多好！
若掛在我身邊的金湯匙為金剛鈴與銅鈸，
那該有多好！

47 藏人以一百零八顆珠子串成念珠，用來計算所持的咒語次數。念珠材質有菩提子、珊瑚、木頭、水晶等，若是忿怒尊的修法，也可能會使用狀如人頭骨的念珠。

48 當密宗行者修持達到一定程度時，有些會在左手戴上象徵陰性「般若慧」的金剛鈴戒指，右手戴上象徵陽性「方便法門」的金剛杵戒指，以此象徵兩種能量的結合。

若掛在我身邊的銀鏡為佛土壇城[49]，
那該有多好！
若我的披肩為尼師之袈裟，
那該有多好！
若我的藍裙為尼師之赭色法袍，
那該有多好！
若我的圍裙[50]意味著我要去學佛，
我該有多歡喜！
若你們都是聽我說話的僧尼眾，
那該有多好！
然事實卻讓我好傷心！
我會盡快離開去修行佛法！

由於朗薩的聲音悠揚悅耳，且所說的內容簡單明瞭，大家都向她頂禮，並各自發誓不再造作惡業，且致力行善。朗薩非常高興她的歌曲能讓人們的心轉向佛法。下船後，他們接著前往她的父母家。當她的父母遠遠地發現朗薩回來時，雙雙感到欣喜若狂，他們提前來到一箭之遙的地方迎接她。她的父親為她獻上哈達[51]，她的母親給她一些青稞酒。接著，袞桑德欽對她唱起這首歌：

吾女朗薩空行母、饒達布和宗吉啊，

聽我這個老翁說：
雪山融化前，
雪獅回來了。
謝謝妳回來，妳已長出帥氣藍鬃毛。
岩山受到閃電擊落前，
小鷹回來了，
謝謝妳回來，
妳的翅膀長出了嗎？
森林乾涸前，
小鹿回來了，

49 壇城實際是由中心和邊廓所組成，為一個具有中心點，以及向四周擴散的同心圓或正方形的立體能量場。密宗修行經常運用到壇城，以本尊為中心，周圍環繞著本尊眷屬、宮殿和大門，最外圍則環繞著許多護法。其作用在於透過大量觀想壇城和持誦相應咒語，將禪修者轉化為本尊的能量。除了這些正式的展現之外，對壇城的理解還有不同層次，其中包括將所有現象世界視為一座壇城。

50 穿著圍裙是已婚婦女的象徵。藏族婦女總是穿著飾有五顏六色條紋的圍裙，並非僅是為了做飯而穿。

51 由於西藏位處高海拔地區，並沒有獻花環的習慣，而是於各種適當時機恭敬遞上，名為「哈達」的細長白絲巾，象徵以清淨心行獻供。

謝謝妳回來，好久不見啊，
妳的鹿角長成了嗎？

小湖乾涸前，
小魚回來了，
妳已深諳游泳了嗎？

花園凋零前，
林中雀鳥從森林歸來，
謝謝妳回來，
優美嗓音是否已獲得？

園裡之花受到冰雹摧毀前，
幼蜂回來了，
謝謝妳回來，
銀色翅膀是否已獲得？

年邁雙親過世前，
朗薩回來了，
好久不見，妳是否安然無恙？

朗薩回覆：

汝為賜我色身與心意之人，
且聽還魂人朗薩雯波道來！
凡有生者必有死，
死而復生卻稀有。

小雪獅在雪地曾面臨眾多困境，
那樣卻殺不死她。
如今見到岡仁波齊峰乃甚歡喜。

鷹鷲遭箭林攻擊，
她卻依然可存活，
如今見到岩山真歡喜。

小鹿兒有許多獵人在追逐，
她卻有鋒利鹿角，
能再回到故鄉森林真歡喜。

小金魚有許多魚鉤在誘惑，

她卻謹慎且小心，
能再回到老池塘裡真歡喜。
朗薩意外被殺死，
但卻又重獲新生，
能再見到父母真歡喜。

接著，朗薩述說了在日朗所發生的一切，包括如何被殺和下到冥府的經歷，以及如何回到色身成爲還魂人的經過。

她把一切過程都詳細告訴了他們，她的父母時而流淚、時而微笑，握著她的手說，他們曾聽說過死而復生的事，但沒想到會發生在他們的女兒身上。他們善加款待她與同行的人，還準備了很多東西送回日朗家。

一天，朗薩經過織布間，看見織布機上有塊布，是她嫁去日朗前還未完成的。她決定在離開前完成這塊布以利益她的父母。但她的母親說：「妳不應該工作，這樣太丟人了。我們有很多僕人可以使喚。」

朗薩回答說：「我爲什麼要以工作爲恥？羞愧的是我空有殊勝人身，卻沒有用來修持佛法。這才是眞正的恥辱。妳認爲我貴爲日朗王后，但我認爲自己是最低下的人。我無法利益自己的父母，也無法修持佛法。雖然是世俗的工作，但既然開了頭就應該完成。這次我不打算向任何人求助，我要靠自己完成。」

於是她開始織布，朗薩的許多老朋友聽說她的經歷便前來看她。她們為她獻上青稞酒，並看到她在工作。朗薩在與朋友交談時，決定用正在織布的景象為她們唱一首歌，幫助她們轉心向法：

頂禮上師、本尊、空行母，
請幫助此沒有修行的女子！
我的朋友，年輕姑娘們，聽我說！
聽還魂人朗薩說，
我以織布機為例，為妳們唱首歌，
教妳們一些佛法。

所在方框，若為樹枝搭建之關房，
我將何等歡喜啊！
底下坐墊，若為禪修墊，
我將何等歡喜啊！
還魂人朗薩，若為禪修士，
我將何等歡喜啊！
我之助手，若為替閉關人送餐者，

我將何等歡喜啊！
支撐織布機之四木樁，
若為高舉四法幢，[52]
我將何等歡喜啊！
此梭子若為上師教訣，
我將何等歡喜啊！
支撐工作的腰帶，若為出離輪迴兆，
我將何等歡喜啊！
經線與緯線，若為樂與空[53]，
我將何等歡喜啊！
此編織紗線，若為禪修線[54]，
我將何等歡喜啊！
支撐織布機之繩，若為戒律與善德，
我將何等歡喜啊！
此長白細繩，若能引領至佛土，
我將何等歡喜啊！

繃緊之經線，若能將人從輪迴拉出，
我將何等歡喜啊！
下壓之經線，若能關閉輪迴門，
我將何等歡喜啊！
分隔經線之梲綜，若能分辨善與惡，
我將何等歡喜啊！
調整鬆緊打緯刀，若為供養承事他人之菩提心[55]，
我將何等歡喜啊！

52 「法幢」，寺廟的幢幡，外觀類似小陽傘，象徵來自佛、法、僧的護佑。

53 透過控制氣與心能夠產生樂受，此樂受與證悟空性結合，而此樂空雙運將產生光明。

54 紡紗的動作在此用來比喻於禪修中運用心的力道。如果羊毛紡得太鬆，紗線會結塊並且也會太粗，但如果拉得太緊，紗線會斷裂，因此必須全神貫注地持著紗線，既不能太鬆也不能太緊。

55 菩提心：為了利益一切有情眾生而希求成佛的發心，屬於菩薩的想法或態度，也是西藏上師非常強調的一個概念，並以此區分大乘與小乘法教。當修行人以非自私的動機修持佛法時，他就是發了菩薩的大願，而此願應該要每天重新立誓。

鬆綁纏結之長軸，若能解開二遮障[56]，
我將何等歡喜啊！
捲起成布夾布軸，若為福智之積聚，
我將何等歡喜啊！
可讓布幅等寬之棒子，若是能引發一味[57]，
我將何等歡喜啊！
此一織布聲，若為佛法音，
我將何等歡喜啊！
可讓緯線來回穿梭物，若為離苦得樂之佛法，
我將何等歡喜啊！
八萬四千縷線紗[58]，若為應機教化法，
我將何等歡喜啊！
自心若如所織之布寬又長，
我將何等歡喜啊！

聽到這首歌後，一些女孩決定棄惡揚善。儘管其中有些複雜的字眼，卻很容易理解。

然而，也有些人認爲朗薩不僅有可愛的孩子、富裕的丈夫，自己也十分聰明，正是因爲日子過得太安逸，才會想要學佛法，所以對她說：「朗薩，妳的人生如此完美，不應拋棄一切。」

朗薩回答：

朋友們，請再聽我道來吧！
殊勝人身難覓得，
若不用來修佛法，恐將墮入惡道中。
人生短如雲中電，
汝等友伴若不思修行，我仍將前往。
世人生命草上露，稍許熱度即蒸發。
汝等友伴若不思修行，我仍將前往。

56 二障是使人留在輪迴的兩個主要遮障。當這兩個遮障得以清除時，個人與生俱來的智慧就會彰顯，斷除二障即是法道的內涵。此二障分別爲：對事物抱持不正確看法的所知障（即透過二元分別和「自我」遮蔽來看待一切），其次是煩惱障，主要爲貪、瞋、痴，以及由這三個衍生出來的數百種煩惱情緒。

57 「一味」的意思是，若能如實感受事物的本然而不去加以判斷好壞、苦樂等，那麼這些事物將被賦予「平等的價值」，進而在感受時不會產生焦慮。「一味」並非表示所有事物嚐起來都一樣，而是所有的味道與覺受都是在沒有附加批判的情況下被感受的。

58 據說佛陀教授了八萬四千種不同法門，以滿足個別弟子的需求。

生命有如草間虹，看似美麗卻無實，
汝等友伴若不思修行，我仍將前往。

壽期有如待宰羊，世人注定將死亡。
汝等友伴若不思修行，我仍將前往。

生命有如落日暉，儘管壯觀且斑爛，
然而在你發現前，卻已消失無蹤影。
汝等友伴若不思修行，我仍將前往。

生命有如鷹展翅，眨眼飛逝即不見，
汝等友伴若不思修行，我仍將前往。

生命有如高山瀑，聲勢雖浩大，
然而片刻不留駐，流過即消失。
汝等友伴若不思修行，我仍將前往。

生命有如乞丐食，
朝時雖多夕無矣。
汝等友伴若不思修行，我仍將前往。

生命有如人熙攘，方才相遇即散去。

汝等友伴若不思修行，我仍將前往。
世人生命如燭火，隨風飄動不停止。
汝等友伴若不思修行，我仍將前往。

生命有如曼妙之容顏，
少時擁有終老則枯樵。
汝等友伴若不思修行，我仍將前往。

若能尋得善上師，為我教示無常法，
汝等友伴若不思修行，我仍將前往。

朗薩的母親聽到了這首歌，說道：

我珍視妳如己心，
雯波請聽我們說！
莫非妳要丟下我們獨自去修法？
莫非妳要拋棄丈夫獨自去修法？
莫非妳要不顧兒子獨自去修法？
莫非妳要拋開百姓獨自去修法？
莫非妳要離開官府獨自去修法？

佛法修行實艱辛。
若妳真心如此想，為何還要生孩子？
可別妄想要修行，那些事妳辦不到，
應做能力可及事，好好當個女主人。

朗薩回答：

好心母親，娘擦灑準，聽我說！
且聽女兒，朗薩雯波斯所道來！

太陽照射四方界，
太陽若不再閃耀，我就不再渴望修行而留下。
只要太陽仍健在，我便會去修佛法。
月亮若不再盈虧，我就會留在家裡。
只要月亮仍盈虧，我便會去修佛法。
蓮花若非夏開而冬謝，我就不去修行而留下。
但若蓮花仍如此，我便會去修佛法而不留下。
河流若會中止且逆流，我就不去修行而留下，
但若河流非如此，我便不留家裡而要去修行。

火苗若由向上改向下，我就不去修行而留下，
但若火苗非如此，我便不留家裡而要去修行。
山上經幡若不再隨風飄揚，我就不去修行而留下。
但若經幡非如此，我便不留家裡而要去修行。
有生必有死之事若非真理，我就不去修行而留下。
但若此理為如此，我便不留家裡而要去修行。
既然死亡緊隨出生後而為真理，我就要修行。
如今妳為老婦若能返老且還童，我就不前往修行，
但若此事無法成，我便不留家裡而要去修行。

她的母親心想：「她現在王后大位坐慣了，不聽我勸，看來我只能對她發點小脾氣。」於是她對朗薩雯波說：

聽好，女兒朗薩雯波。過去妳在這裡的時候，我們對妳這麼好，現在妳反而不聽我們的話了。妳現在的行為跟冤親債主沒有兩樣。好言相勸，就像給土地施肥卻沒有反應，到時冰雹來襲時，就不要感到遺憾。此刻的妳就像一隻小羊，不想跟其他羊群關在一起受到剝削，若是被送去屠夫那兒，就不要後悔！

妳啊！就像藥水端到嘴邊又不吃的病人，死了就不要後悔得換個軀體活。

妳啊！就像調了音還發出尖銳聲的琴弦，等到師傅前來修理時，就不要懊惱！

妳空有美好的容貌與聲音，不願取悅日朗邦主、不聽妳父母的話，若妳既當不成女尼也當不成居士時，就不要感到悲傷。不要仗著妳是我的女兒，我是妳的母親，就這麼不知好歹。

母親抓起一把煙灰撒在朗薩臉上，想用棍子打她，但被朗薩的朋友制止了，隨後將她趕出屋子，關上門，不讓朗薩再進家門。

離家修行

朗薩在朋友那裡租了一間房子，她心想：「每個人都只擁有一次出生與死亡的機會，我的業力一定很不好，才需要面臨兩次死亡。不知道我的第二次死亡什麼時候會降臨，我應該把握機會加緊修行。尤其閻羅王叮囑我，要我下次回去見他前，盡力幫助有情眾生。我想幫母親，但她不想聽還發脾氣，好在我沒有以瞋心回應，因此沒有產生惡業。現在連基於我前世業果所生的兒子，也離我而去。此事表面上或許是悲劇，但實際上對我也許是福報。現在的我，終於可以自由地修行佛法了，要是我繼續待在這裡，恐怕親戚很快就會找上門來，因此我最好趕快上路。我想去見密勒日巴，但是那裡路途遙遠，獨自前往也很危險，所以我應該按照帶猴子的乞丐所建議的，先去見薩迦堅贊。」

當晚，她趁大家入睡後離開了。當她到達有「大頂峰」之稱的澤欽橋時，正好看見月亮從東方升起，她認爲這是一個吉兆，於是唱起了這首歌：

朗薩來到澤欽橋，
正值滿月升起時。
大恩上師將攝受，
助我利益諸眾生，
如月光耀無分別。

她用手指輕彈水滴三次[59]，接著便繼續趕路。當她來到雅隆寺的山腳下時，正好太陽升起。當她來到寺院的門庭時，僧人們正吹起晨間的法螺。薩迦堅贊由於遍知的天眼通，知道朗薩已來到寺院，但卻假裝不知道。他派了一名僧人來考驗她。這名僧人對朗薩說：

美麗姑娘，且聽僧人慈誠仁欽道！
今日妳打哪兒來？
今晚妳往哪兒去？
父母、親人是何人？
丈夫何名？家境富裕否？

59 傳統上供養液體的做法。這裡，她可能在供養佛、法、僧三寶。

小孩幾位？
汝名為何，所求又為何？
老實說來，切勿有欺瞞！

朗薩回答：

上師侍者慈誠仁欽也，
且聽這位無明姑娘道。
我來自於上年楚山谷，
不知今日要往哪裡去，
身上只有一些些食物。
父親名為袞桑德欽也，
母親名為娘擦灑準也，
自身名字朗薩雯波也，
丈夫名為查巴桑珠也，
有一兒子名為鐃達布。
除了佛法我一無所缺，
珠寶友伴為數雖然多，
卻仍厭倦塵世欲學法，

懇請您能讓我見上師！
慈誠仁欽回答：
妳具美麗色身與聲音，
朗薩雯波，聽我說，
妳如雪獅一般之標緻，
修法時將面臨大艱辛。
妳如老鷹一般之俊秀，
我不認為妳能夠修行，
妳還是回家去吧！
妳像林中鹿一樣強大，
佛法並非妳所需，
妳最好回去。
妳像大海魚一樣健碩
佛法並非妳所需。
妳如孔雀一般之嬌嬈，
佛法並非妳所需，
妳最好回去。

妳有林中雀鳥之妙音，
佛法並非妳所需，
妳最好回到來處。
妳與此花皆一般。
佛法並非妳所需，
妳最好還是回家吧！

朗薩說：

慈誠仁欽，聽我說！
我標緻如雪獅般，
乃為業力之緣故，雪獅身上藍鬃已長成，
此舉無害於修行。
請別這樣說，讓我進去吧！
我有如老鷹一般，
老鷹因業力而得翅膀，
此舉不影響修行。
請別這樣說，讓我進去吧！

我強大如林中鹿，
鹿兒因業力而得大角，
此舉不影響修行，
請別這樣說，讓我進去吧！

我健碩如魚一般，
皆因業力而獲得此身，
此舉不影響修行。
請別這樣說，讓我進去吧！

我妙音如林中雀，
乃為出自業力故，
此事不影響修行，
請別這樣說，讓我進去吧！

花園之花與我皆美麗，
乃為出自業力故，
此事不影響修行，
請別這樣說，讓我進去吧！

慈誠仁欽看著她曼妙的容貌、聽著她的聲音，知道她是眞心想學法，於是進到屋內稟報上師。然而，上師並沒有馬上讓她進來，反而上樓關起房門。朗薩站在樓下唱起這首歌：

摯愛上師，本初清淨您了知，
對您虔敬，我今前來到此處，
我於輪迴已厭倦。
懇請您為我說法！
於此雅隆僻靜處，
心中唯一看重您，
請別待我猶如死鳥，隨意而拋棄！
請視我為小魚，而以大悲之鉤作勾召！

上師回答：

妳若為度母化身，那我就攝受。
然若是普通女孩，便不能修法，
如妳年輕貌美者，甚難修行矣，
最好還是回家去。
若妳剪掉妳頭髮[60]，妳父母會責怪我。
我可沒有請妳來，最好還是回去吧！

朗薩回答：「美麗的雅隆寺，外觀形似扎日[61]，我來此是爲了向您學佛法。若是我不向您學習就進入洞窟閉關，就像野狼躲進巢穴般毫無意義。我來到這裡，是因爲我不想要漫無意義地遊蕩。我就算沒東西吃，也要修持佛法。如果您不教導我，我就用這把刀殺了自己。」說著，便拔出刀。慈誠仁欽抓住她的手並呼喚上師開門，否則朗薩會自殺。

上師說：

我以為山羊變成了綿羊，
想分辨紅糖或棕色封蠟[62]。
我是在考驗妳的誓言，
沒叫妳自殺。

60 剪去頭髮，象徵一個人出離世間。即使沒有受出家戒，參加閉關的人通常也會剃光頭，以避免花時間打理頭髮，同時也象徵著捨棄虛榮。在領受皈依時，上師甚至會剪掉弟子的一縷頭髮，象徵出離心並與弟子建立緣起。理髮也象徵新的修行目標。

61 扎日：介於印度阿薩姆和西藏之間的山谷，是個經常有信徒來朝聖的地點，每十二年會有一次特殊的朝聖活動。

62 在西藏，會用一種質地易碎的淺棕色蠟來密封包裝等等，外觀看起來有點像紅糖。

我會教妳生起和圓滿次第[63]。
別擔心！

言畢，便讓朗薩進入他房間。她將自己所有的首飾和衣物都供養給上師，並向上師頂禮。薩迦堅贊見她是乘載佛法的根器，知道她的一生將利益許多眾生，於是賜予她金剛瑜伽母硃砂壇城[64]的身語意灌頂，以及許多經部和續部[65]的法教。然後給她一間關房，讓她禪修。不久，她便獲得許多瑞相，上師於是接續教她如何避開違緣障礙。對這些修行成果，上師和朗薩都非常歡喜。

邦主與公子的攻打

於此期間，朗薩的父母帶著饒達布去朋友家找朗薩，但卻沒有發現朗薩的蹤跡，也不知道她去了哪裡。

她的父母認爲她或許回到了日朗官寨，因此前去看看她是否在那裡。當他們抵達時，被告知朗薩不在那裡，於是便把先前發生的事情告訴了日朗家人。查欽邦主後來得知朗薩人在雅隆寺，也拜了薩迦堅贊爲師。她的丈夫查巴桑珠遂命令所有十八歲到六十歲的男子聚集起來，組成一支軍隊準備攻打薩迦堅贊，奪回朗薩雯波。

薩迦堅贊的弟子們聽到此事，紛紛對朗薩感到十分憤怒。他們說：「因爲這妖女，我們都得死！」

隨著大軍逼近，所到之處哀鴻遍野，煙硝四起。騎兵多到連地上的塵土都看不見。有些僧人、女尼被踩踏在地上，有些則受傷。慈誠仁欽想辦法背著年邁而無法行走的薩迦堅贊逃走，但由於寺院已經被包圍起來，使得他們無法脫身。於是薩迦堅贊被查欽的士兵俘虜。他們將他綁起來，帶到邦主那裡。朗薩在她的關房裡；此時她的心有如虛空般開闊，也知道她的上師已被俘虜。於是她身上穿著白袍和一條禪修帶[66]走出關房。她一手抓住邦主的馬，一手抓住查巴桑珠的馬，唱起這首歌：

63 生起次第與圓滿次第：密宗修持的兩種次第，生起次第為從虛空中迎請本尊到來，持誦本尊種子字，以各種方式觀想本尊現前，例如：觀想自身為本尊，本尊出現在自己面前、掌心、寶瓶中等等，隨後智慧尊從四面八方迎請到來，融入自生本尊中，這是智慧尊與誓言尊的結合，之後持誦咒語，最後本尊收攝融入種子字及虛空中。在「有相」的生起次第後，此時開始進入「圓滿次第」，這是個「無相」的修持，也是生起次第的結果。在這個階段，行者處於一種開闊的狀態，這種特殊的間隙感是經由在生起次第時，行者在身、語、意上感受自己的身份已有改變所產生的。此時，行者不是在「做」任何事情，而是在感受生起次第所留下的體會。接著，行者如果能將這種增上的空性或明空的覺受，帶到日常生活中，密宗修持就算完成了。隨著密宗修持變得更高深，圓滿次第修持將更重於生起次第修持。

64 修持金剛瑜伽母法的時候，會在一面鏡子上覆蓋紅色硃砂粉作為壇城。圓鏡周圍以粉末刻寫咒語，中心則刻畫一個如大衛之星一樣，上下交錯的三角形。

65 續部和經部：續部包含運用觀想、持誦咒語、瑜伽和本尊成就法的修持。密宗主要分為兩大脈絡：一個為寧瑪的舊譯派，另一個是西藏佛教後弘期後所引入，可以藉由梵文經典為證的「新譯派」。經部則為密宗提供了哲理與戒律的架構。西藏有兩個主要的經部宗派，分別是由龍樹菩薩所弘揚的「中觀學派」，強調不著世俗諦與空性勝義諦的「中道」，以及由無著菩薩所弘揚的「瑜伽行唯識學派」。經部包含適於普羅大眾研讀的佛法，續部則包含密法。

66 長時間禪修用來支撐背部的厚織帶，可讓背部保持挺直，雙腿維持特定姿勢，在體內創造良好的能量運行。

你們父子二人且聽好！
雪獅前往山岳時，
請不要製造障礙！
飛鷹翱翔天空時，
請不要朝牠射箭！
小鹿正在吃草時，
別讓獵人傷害它！
小金魚正遨游時，
別用鋒利鉤子誘惑牠！
小鳴禽在歌唱時，
別讓大鷹傷害牠！
我如太陽在空中行走之時，
羅喉[67]請別來吃我！
薩迦堅贊勿加害，
朗薩雯波欲修行，
請別阻止我！
其他弟子正修行，
也請不要打擾之！

日朗家的父子看見朗薩身上沒有佩戴任何飾品，外表就像個瑜伽女。他們也看到薩迦堅贊被俘虜，並被帶到他們面前。兩人非常憤怒，對著薩迦堅贊做出詛咒的手勢，說道：

薩迦堅贊其他人等，給我們聽好！
日朗父子要說話！
你這隻勾引我們雪獅的老狗！
為什麼攻擊我們的藍鬃雪獅？
你這隻可怕公雞，
為什麼強姦這隻白松雞？
為什麼拔掉她的羽毛和翅膀？
你這隻住在破馬厩裡的老驢。
為什麼強姦我們美麗的野馬？
為什麼剪掉她的鬃毛？
你這隻骯髒的老公牛，
為什麼和我們雪白的母犛牛交媾？
還剃掉她的鬃毛？
你這隻骯髒老貓，

67 羅喉：吃掉太陽的黑夜之神。

為什麼強姦我們純種的雌虎，還剪掉她的毛？
下流的薩迦堅贊，你做了很糟的事！和我們朗薩王后交合。
你為什麼拿走她的頭飾？
天上那麼多星辰，
都難與太陽較量。
如果你妄想與太陽爭鬥，
烈陽將高升並消滅你的光芒！
現在道歉已遲了，
中藏那麼多邦主，
誰能比得上日朗邦主？
等到日朗邦主來摧毀寺院，
帶走上師時，道歉也來不及了！

接著，查欽拿起他的弓，查巴桑珠拿起他的劍，準備砍掉上師的頭。這時，上師伸手抓住山的一側，瞬間將山移到另一邊。所有受傷的僧人立刻就痊癒。所有被殺的人也都復活。無論軍隊對上師做什麼，都傷害不了他。接著，薩迦堅贊飛到天上，以金剛跏趺坐安住，唱了這首歌：

你們這些人身畜心者，
你們這些擁有黑業者，聽我說！

你們父子二人！
世上有人比日朗邦主更好，
所以朗薩雯波來這裡。

如果你們不把花園蓮花放在佛龕上，
擁有它就沒道理。
你們將蓮花丟在地上，
任由其在污穢處腐爛，我心誠難安

豪邁駿馬無用處，
若不讓牠奔馳於田野，
就無須給食物和飲水。
見馬兒在馬厩裡衰老，我心誠哀戚。

雕翎良箭無義利，
若不拿來射擊標的物，
任箭矢於箭筒裡腐朽，
擁有華美弓就沒道理。

美麗天女，
若不想做善財[68]后，
縱以富貴索套住，
也是無義利。
朗薩和獵人同住老去，我心誠傷悲！
若不讓她修佛法，所有功德空耗矣。
殊勝人身無用處，
其在邦主王國裡，背負惡業而色衰。
如此一來甚可悲。

我已知曉射箭之處而拉弓，
我因相好莊嚴而身戴瓔珞，
我因資材甚豐而得以賑貧，
我因認識醫者而身懷法藥，
我因善知修法而施展神通。
錯誤時機不宜展神通，
然而汝等具有十魔障，
必須調伏故而現法力！
朗薩妳今必須顯力量，

彼等才會對妳示虔誠！」

朗薩立刻施展神通，將身上的披肩變成了翅膀，飛上空中，唱起這首歌：

汝等父子其他人，聽我說！
且聽朗薩雯波說！
你們想把雪獅變成犬，然而此事不可能！
如今我在雪山上展露我的鬃毛！
你們想把野犛牛馴為乳牛，然而此事不可能，
所以我不和你們待在一起。
如今我向你們展示我的犛牛角！
你們想為森林裡的野生騾子戴上馬鞍，
所以我便逃跑了。
如今我向你們展示我的威能力。
你們想把野鳥變母雞，
但是辦不到，

68 財富之主被稱為「善財」。

如今我在森林裡展示我的羽毛。
你們想把彩虹變成布，然而此事不可能，
彩虹雖然可見卻無實。
如今我向你們展示此力量。

你們想把精緻雲朵變成布，
但是辦不到，所以我才留在此。
如今雲朵向你們展示其造雨力。

你們想把野猴變僕人，然而此事不可能。
如今我向你們展示我的攀爬力！

你們想把還魂人朗薩雯波變成妻子，
即使你們在我的頭髮分線塗上硃砂，[69]
也無法將我綁住。
如今我於此，飛翔在你們上方，
我曾飛行至扎日，
這些扎日的竹子可證明！
有如辛勤耕耘之犛牛，

如今向你們展示犁溝。
如果我想要像金雕一樣飛翔，
我會這樣飛！
如果我想要像鷹隼一樣俯衝，
我會這樣做！
能像鳥一樣飛翔的人很稀少，
只有密勒日巴和我們。
日朗士兵，別傷害我們而造下恐怖業障。
快向薩迦堅贊來道歉。

士兵們看到他們在空中飛來飛去，一方面感到驚訝，一方面紛紛放下武器，俯身在地而頂禮，口中唱著這首歌：

偉大的上師薩迦堅贊！
以及美麗的朗薩雯波！
我們日朗士兵為惡魔，
懇請聆聽這首祈求寬恕之歌！

---

69 已婚婦女人會在頭髮的分線上塗抹紅色硃砂粉。

上師，您是真正的勝樂金剛[70]！
朗薩，您是真正的金剛瑜伽母！
出於無明，讓我們不識真面目，
以為您是壞上師，
摧毀寺院，
殺害僧尼，
使我們的業障更深重。
尤其使上師與佛母大不悅，
我們請求您們的原諒！
我們懇求您們成為我們的上師！
我們惡業深重，善業少如乞丐！
一生都在累積惡業中度過，
請別再把我們拋入於惡道！
我們保證即使生命受威脅，
也絕不會再做同樣之作為！
懇請賜予易懂易修之法教！

薩迦堅贊和朗薩衷心祈願，希望貴族和軍隊的惡業能夠得到淨化。接著朗薩這樣說到：

犯下惡行者，
懺悔如太陽於黑暗中升起，
實為善哉矣！
即使業障最為深重者，
若以四種方法作淨化[71]，也能改正它。
若想痛改前非從今起，就請聽我說！

上師如寶田，
人身似奇花，
珍貴又稀有！
修持正法教，
如獲滿願寶。
死期空中電，

70 勝樂金剛爲身色深藍，示現忿怒相的男性本尊，採站立姿勢，環抱女性形象的金剛亥母。傳統上，勝樂金剛法屬於母續修法，而其六十四種形態則與臍輪的六十四道脈瓣有關。

71 使懺悔有效的四種方法或力量：（一）懺悔力：對自己所做的事情深切、眞誠地感到後悔與懺悔，並在佛陀或僧伽面前發露；（二）對治力：依靠善行來對治惡習，善行例如誦經、持咒、造立佛像、行善等；（三）防護力：謹守戒律而不再犯下惡行，就像要讓一條洪流的路線往好的方向改變，避免再次墮入過去的惡習中；（四）依止力：依止佛、法、僧，經常發願要爲利眾生而希求成佛（菩提心）。參見岡波巴《解脫莊嚴寶論》。

生命風中燭，
流星般殞落，
出生與死亡，
如日月起落！
死時識離身，
如髮離酥油。
財產蜂儲蜜，
隨時被奪走！
親友市集客，
眷屬過橋伴。
業力如影行，
十八層地獄，
死神之牢籠。
餓鬼窮人谷。
旁生難存活，
心如瘖啞夢。
非天似蛇瞋。
天人曼妙身，

猶如借來寶。
人道食香城，
從來不滿足。
六道皆是苦，
涅槃斯為樂，
莫與他人言。

小乘如少女，
大乘如力士，
經部諸乘種，
金剛乘為果。
若欲得解脫，
先求善知識，
虔敬效法之。
人身實難獲，
即使已得到，
受制無常法，
該當善修行。

思惟輪迴苦，
細思己經歷，
無義勿執著。

能入佛法田，
該當多有福。
由三無漏學[72]，
小乘入密乘，
如諸佛子般，
修六度[73]四攝[74]，
證得涅槃果！
需以堅定心，
領眾趨佛土。
當由此著手。
憶念自己曾經攻打者，
憶念自己業障有多深。
此外還有瑜伽道，
即身解脫無上道。
應當獲得四灌頂[75]，

為入密乘而準備。
一切瞭如指掌時，
修持生圓二次第。

72 三種學習方式：戒（戒律、誓言）、定（禪修）、慧（般若慧）。

73 六波羅蜜：布施、持戒、安忍、精進、禪定、般若慧。

74 四攝法：（一）布施；（二）愛語：和悅之語；（三）利行：隨順世間義利或行爲；（四）同事：慈悲攝受弟子。

75 四灌頂：藏語「旺」（dbang）的意思是授權或強化，而梵文中的「abhisekha」，字面含義是以聖水澆灌。在密宗傳統中，爲了修持密法，必須擁有密法的「灌頂」與「口傳」。這意味著，上師透過身、語、意建立緣結並傳法。有時在某些情況下，此灌頂也會經由本尊直接將法傳給行者。灌頂是爲一個人播下種子，隨後再經由修持使其成熟。「口傳」是聽聞文本的讀誦。「講解」是說明該如何修行。沒有完整的「灌頂」（旺）、「口傳」（隆）與「講解」（赤），就沒有辦法獲得修行的成效，光是自行閱讀密法是不夠的。藏傳佛教非常強調傳承，法教必須透過一個人傳給另一個人，就像環環相扣的鏈條，或像母親以母乳餵養嬰兒一樣。人造的奶水是沒有辦法產生效果的。沒有眞實、鮮活的個人接觸，法教就會衰亡。

灌頂的眞正本質發生在師徒間的非語言層面。在正式的灌頂法會上，各種象徵性的物體，例如水晶、刀或金剛鈴，會展示給弟子看或觸碰，如果弟子準備好了，就能接收到，那麼法在當下就能夠傳遞給弟子，讓其能夠一瞥超越文字、智識的智慧洞見。灌頂的內涵越高深，伴隨的外在形式與儀軌就越少。最直接的口傳則發生在心與心之間，且可能發生在日常生活中，但不論以何種方式傳遞，爲了讓灌頂具有成效，口傳是必須的。

四灌頂爲：（一）寶瓶灌頂，目的在於淨化身體。模仿東方的沐浴方法，將水倒在頭頂上。灌頂是爲了淨化身體，將其轉化爲可以領受智慧的合適容器。（二）秘密灌頂，幫助開啟光明的交流，達到更高能量場的水準，認知到此身即佛身。（三）第三灌頂，在於打破思惟過程受阻的障礙，進入無所繫縛的境界。（四）第四灌頂，超越了定義，對以上所有灌頂的一次性了證。

即與金剛持合一[76]。

在場的人全都答應依照她所說的去做。業障較輕的父子，將上師視爲勝樂金剛，將朗薩視爲金剛瑜伽母。朗薩當時十五歲的兒子，即刻登基掌理日朗邦。查欽和查巴桑珠則遠離世俗生活而修持佛法。薩迦堅贊向他們保證，如果他們信守追隨佛法的諾言，必定能在此生修得佛果。

朗薩則留在山上，她不僅展現飛行神通，還在許多岩石上有如腳踩酥油般，留下許多腿印和足印。查巴桑珠回到日朗邦爲兒子加冕後，便和阿尼聶莫一起返回朗薩和薩迦堅贊的地方。饒達布以佛法治國，使城邦裡的每個人都能謹愼遵從佛法之道。查欽、查巴桑珠、朗薩，以及薩迦堅贊和他所有的弟子，都有足夠的食物和供養用來閉關，爲來生的安樂積聚福德，並以悲心善用一切物質。

76 或稱「金剛總持」：本智的表徵，其身色爲秋日天空的深藍，穿戴報身嚴飾，身披虹光彩衣，以童子相現身。

四、覺姆曼嫫（一二四八年至一二八三年）

導言

這篇傳記非常簡短，記述一位相當有名的女性伏藏師的故事。此外，這也是一篇關於伏藏師「修行聖傳」（解脫故事）的例子，而這篇與其他修行聖傳的不同之處在於，其他聖傳通常記載凡人如何透過自身努力而獲得證悟的故事，但這篇卻記載一位具有宿業的女子，如何經由取出伏藏而獲得智慧的故事。在她於蓮花生大士的洞穴中有所體驗後，變得跟以前完全不一樣，以至於嚇壞了那些以前認識她的人，紛紛指稱她是邪魔附身。故事的主軸在於說明金剛瑜伽母如何將法教與伏藏直接傳授給她，而這種情況可見於所有伏藏師的聖傳中。

傳記本身也包含了類似〈朗薩雯波傳〉中的「下沉」主題與元素。然而，覺姆曼嫫的下沉是進入一個領受灌頂的洞穴。這個結果並非出於自願，但也不是像憂鬱症那樣的消極感受。然而，這份突如其來的了證，迫使她不得不離開故鄉，去尋找能夠幫助她運用所獲智慧的人。她透過上師咕嚕確旺得到了指導，與此同時，上師也發現她是一位空行母，可以協助他揭示以前無法解讀的伏藏法。上師藉由與她共同修持事業手印，令自身原本受阻的微細能量得以鬆綁，進而能夠破譯伏藏法。

覺姆曼嫫圓寂的事蹟，比她生前所領受的伏藏法（屬於「再伏藏」）還來得廣爲人知，她和兩位瑜伽女同伴在做完薈供後，紛紛成就了光明身。如同我們在〈阿育康卓傳〉中所看到的，她的「圓寂日」

至今仍受人紀念與慶祝。她在圓寂時還很年輕，想必是知道自己的使命已達，所以才會回到空行母淨土。

關於覺姆曼嫫的傳記，還有另一個版本；在伊娃・達給翻譯的《西藏密教之興起》一百一十九至一百二十三頁中提到，她是益喜措嘉的化身，益喜措嘉爲蓮花生大士的明妃與侍者，負責埋藏許多伏藏法。同時，書中也提及，她之所以能夠立即證得菩提，乃是源於空行母的加持。該版本比本書的版本還要詳細，但內容些微不同。例如，其中提到她在洞穴附近睡著了，而非滑倒。此外，該版本也詳細介紹了她與咕嚕確旺的關係。

益喜措嘉在自己的傳記中這樣提到覺姆曼嫫：「今後將有一位我的語化身出現在後藏，她是一位尼師（覺姆），將尋得一處帕嫫禪修房，使亥面修法能弘揚於世間。」[1]「帕嫫」指的是金剛亥母，即頭部側邊具有母豬首的空行母。

覺姆曼嫫的解脫故事

在一百零八位伏藏師中，有兩位空行母，其中一位就是覺姆曼嫫。人們認爲她是蓮花生大士的明妃——益喜措嘉的化身。覺姆曼嫫出生在達波地區，一個叫做「驛」的地方，在那裡有一個蓮花生大士加持過的洞窟，叫做「扎莫隆穴」（陸峭授記教言）。

其父親是一位成就卓越的密宗修行者，名爲多傑嘉波。母親是空行母，名爲白瑪帕宗。

覺姆曼嫫出生於藏曆第四繞迴[2]的猴年，父母爲她取名爲白瑪措吉，意思是「喜蓮花湖」。

在四歲以前，父母讓她在祥和、舒適的環境下成長。後來她的母親去世，父親再娶。繼母逼迫她做許多粗活，諸如扛揹木柴、照顧牲畜等。

十三歲那年，一天中午，她在聖洞附近放牛，不小心滑倒了，隨後聽見洞裡傳來一陣悅耳的聲音在呼喊她。她被這個極爲動聽的聲音喚醒，便向洞裡望去，看見洞裡有一扇門；於是，她推開門，眼前出現一個有如天界般的屍陀林，中間有金剛亥母，周圍環繞著許多空行母。她們正在舉行薈供[3]。

金剛亥母對她說：「我的女孩，妳來了。」她拿出一個書卷放在覺姆曼嫫的頭上加持她，然後將書卷交給她說：「此爲『空行秘密總集』[4]的教言，若能依照此法禪修，妳將獲得解脫。」她在收下書卷時，便立刻了知其中所有的內涵。

---

1 凱斯道曼《天空舞者》，第一七四頁。

2 第四繞迴：類似於西方國家從基督誕生那年開始，以世紀爲時間計算單位的方式，藏人則從時輪金剛法首次在西藏傳授的那年開始（西元九百四十六年），以六十年爲一周期，稱爲繞迴。所以，第四繞迴應該是在西藏首次有時輪金剛灌頂之後的一百八十年到兩百四十年之間。目前爲第十八繞迴，起始於西元一九八四年的藏曆新年。

3 薈供（梵文：ganachakra）是密宗行者生活中不可或缺的一部分。一群密宗行者於吉祥日，通常是滿月前五天（蓮師日）或滿月後十天（空行母日），聚在一起修行，之後再享用於法會中經淨化、轉化的食物和酒，接著唱歌、跳舞來慶祝，以證悟道歌對上師獻供等。這種薈供盛筵與普通盛宴的不同之處在於，修行者在心中努力擺脫對「好」、「壞」的二元繫縛，將一切都轉化爲密宗本尊的相關聖界，並以自身覺知來食用這些薈供品。

4 這段記錄在〈阿育康卓傳〉中也有提到。該伏藏法由覺姆曼嫫獲得後再隱藏起來，最後由蔣揚欽哲旺波再次取出，屬於「再伏藏」（藏文：yang gter）。

她在和空行母共同進行薈供並享用供品後，便醒來了，並發現自己所在之處是先前跌倒的地方。在那次經歷後，她突然變得博學多聞、無所不知，以前從未學過的法教也能自然而然進入心間，還能夠在石頭上留下腳印與手印。

大家都說這是因爲她在山上睡著後，有女鬼（曼嫫）來加持她，因此她獲得「覺姆曼嫫」的稱號，意思是「鬼尼師」。由於當地人懷疑她的力量，認爲她是女鬼，所以她只好離開家鄉，前往大約二十五天路程之外、一個叫做洛扎[5]的地方。洛扎有位著名的伏藏師名叫咕嚕確旺。這位伏藏師曾被授記會在一生中擁有五位空行母，他認出覺姆曼嫫乃是其中一位。

咕嚕確旺與覺姆曼嫫結爲連理後，便開始能夠揭示一部以前無法解讀的伏藏法。他們在一起的時間，兩者將所知的一切均傳授給對方。

一段時間後，咕嚕確旺對覺姆說：「金剛亥母交給妳的書卷是益喜措嘉的法教，妳要以極秘密的方式修持它。不要告訴任何人妳即將離開，帶著妳的兩個女弟子到中藏去吧！」

期間有一次，她遇到一位名叫林傑日巴（苦行寺主）的成就者。這名成就者經由與她接觸，進一步打開般若慧的氣脈，獲得了印度恆河與藏地間無人可及的最高了證。

覺姆曼嫫在十四歲到三十六歲間，四處遊歷，從未在任何地方久留。隨後在三十六歲那年的八月十日，她與兩名弟子一起登上中藏的拉日山頂，在那裡進行一場盛大的薈供。薈供結束後，她和兩名侍者即以無餘虹光身的方式飛往蓮花生大士的銅色山淨土。當時經薈供所加持的剩食，具有能帶來廣如虛空之覺悟的力量，使得那些享用剩食的牧民也都獲得了頓悟。

5 位於西藏中南部，瑪爾巴譯師及密勒日巴大師所居住過的地方。

五、瑪吉昂覺（西元十二世紀）

導言

這部傳記是個很有意思的例子，說明修行聖傳可以用來作為傳達法教的工具。在這個故事中，瑪吉昂覺的眞實人生只是個骨架，上面披掛的卻是六波羅蜜的教言。有人可能會問，何不直接教授六波羅蜜就好，難道那樣不足嗎？這個問題，點出了修行聖傳存在的意義與重點：當法教融入一個人的生平故事中，使修行者逐漸獲得成就，那些法教便突然變得栩栩如生。它們不再侷限於理論上的善德，而是鮮活地將「六波羅蜜」具體落實到生活中。傳記中引用了瑪吉昂覺的話語，為內容增添了色彩，使得原本可能相當枯燥的主題變得更為直接、親近。

此傳記出自覺賢論師所編撰的《勝樂空行耳傳》，時間大約在十六世紀。此文本是阿波仁波切於印度馬納利的寺院中發現的，內容來自一本稀有的早期噶舉傳承上師的口傳戒律彙編本，並於一九八三年於新德里重新印製。《青史》中也有一篇類似的瑪吉昂覺傳記，但內容比這篇更精簡。顯然瑪吉昂覺與惹瓊巴的時代相距不遠。惹瓊巴為密勒日巴心子，為十二世紀的一位噶舉傳承持有者。

生平

瑪吉昂覺出生於後藏的虜區，父親爲她取名爲「昂覺」。其父系家族裡曾出現過百代的菩薩聖哲。

瑪吉昂覺小時候就對佛法具有極大的信心與虔敬，喜歡持誦願文，見到世間苦難每每感到難過不已。她在領受法教時，總是專心聆聽、精進學習，任何法教一經其耳便能理解。

瑪吉昂覺的上師爲惹瓊巴．多傑扎巴的弟子嘉華．炯倉巴。她在見到上師後，立即生起極大的信心。上師一見她所擁有的信心與虔敬，便收她爲弟子，並將噶舉的秘密教義傳授給她，而那些法教通常經由上師以口耳相傳的方式傳授給繼承者。換句話說，該傳承是從瑪爾巴到密勒日巴，再到惹瓊巴，再到炯倉巴，再傳給瑪吉昂覺。她一生中的大部分時間都用於閉關，因而淨化了所有惡業，後來她的禪修變得了然於心，並獲得許多成就。

成就

她所獲得的功德（藏文：yon-tan）有：布施、持戒、安忍、精進、禪定、般若（智慧），而最後一項的功德乃透過運用「無生般若慧」[1]而證得。

布施（梵文：Dana）：首先，她將自己所有的財產都供養給上師。上師問她，難道妳以後不需要這些財物嗎？她回答：「您是我的上師，也是佛陀的化身，我對您充滿信心。一切財富都是無常、無自性的，我對此毫無執著。佛陀的法教比這些財富還要珍貴。既然要修持佛法，就沒道理還對物質財富有所執著，我們不知道死期何時會來，因此最好不要拖延，現在就修持法教。」

持戒（梵文：Sila）：她在嘎貢閉關時，獲得了第二項功德——持戒。她是該處所有僧尼的導師。有一次在進行薈供時，她對弟子們說：「因為我有好幾輩子以來所累積的福德資糧，此生才得以值遇上師。如今獲得了殊勝人身，還好我並未浪費，而是用來修持佛法，並持守所有的誓言，因此即使現在死去，我也無怨無悔。」

安忍（梵文：Shanti）：她在哦巴那秀巴時，談到了安忍這個功德。她說：「法性清淨如虛空，自心光明無垢染，自我之根與本然狀態是不相連的，這是我對心要竅訣的定解，也是口耳傳承的珍寶。經由這些口傳法教，我已離於一切疑惑。我沒有空耗光陰，且已了知一切。」

精進（梵文Virya）：當她在布阿時，每天做四座觀想禪修，使得她的身、語、意都淨化為所觀本尊的身、語、意。關於這段時間的修行，她是這樣說明的：「當我以氣脈禪修時，我的心沒有散亂。我體悟到無漏的本然大樂。了知這點後，我的心就如流水般隨順一切。」

1 無生慧：從字面上看，「無生」的意思是「沒有出生」，說明「般若慧」並不受制於緣起法，亦即有生必有死這樣的法則。所謂的「無生」就是指不受此限制。同理，「無始」也異於永恆的概念，因為所謂「永恆」的概念，就已經表示有著特定範圍的概念。

禪定（梵文：Bhavana）：當她在扎拉納閉關時，她說：「了知自心本性後，無論任何妄念生起，我都不會散亂，並保持在覺知的狀態中。」

般若（梵文：Prajna）：當她在炯倉時，她說：「萬法特質為空性，任運解脫為大樂，法身無始離言詮。上師慈悲為知此，本然任運自生起，知己無離為是福。」

本傳簡介了瑪吉昂覺的功德與了證。

六、準千日瑪（西元十四世紀中葉）

導言

如果我們從準千日瑪值遇烏金巴上師的日期來推論，可以確定她所處的年代應爲十四世紀中葉；她是自密勒日巴與惹瓊巴以來，噶舉傳承中爲數不多的女性成就者之一。

本篇屬於典型的短篇修行聖傳，亦即只有收錄與修道有關的生平事件。此外，此傳記也包括由弟子轉述、關於上師的神通故事。這些附加在傳記最後，像清單一樣記錄她所示現過的種種神通，顯然是從她弟子那裡所收集來的。本書所收錄的傳記中，只有這本傳記有這樣的例子；〈阿育康卓傳〉或許也屬於這類的傳記，但並未歸納爲同類，乃因該傳記是由阿育康卓本人自述，而非其弟子轉述，直到傳記最後才由弟子補充上師圓寂的過程。關於上師示現神通的故事，往往會受到弟子的歡迎，因爲這些故事能夠證明上師擁有的卓異能力。

此傳記出自十六世紀時由覺賢論師編撰的《勝樂空行傳》（發現於阿波仁波切在馬納利的寺院）。

證悟故事

準千．日瑪．謝姆（意思是：「穿棉布衣的正念女」）出生在後藏古麻地區的日瓊寺。

父親來自極顯赫的巴氏宗族，名爲格西．聶．蔣森．索甲，母親名爲色姆．秋達。兩人育有三名兒子、兩名女兒，其中一個女兒叫日瑪，儘管她的眞名爲益喜昆登（具智）。由於其前世積聚了許多福德，因此在看見世間苦難時，經常會想到死亡的臨近，使得內心生起許多哀傷與悲憫的感受。在了知世間萬法皆是痛苦後，她下定決心終生修持佛法，即使面臨死亡的威脅，也不走入婚姻生活而讓自己陷入世俗的痛苦中。

十三歲時，她開始學習閱讀與寫作，並將所有願文憶持在心。在她十四歲時，決定要離開世間生活，到僻靜處度過餘生，並堅持從此不讓自己受到食物的左右，心想如果沒有食物的話，就靠水維生，如果沒有衣服的話，就穿別人不要的破布。

當她將自己的決定告訴父親並向他請法時，父親說：「妳還太小，這樣的修行方式對妳來說太辛苦了。我知道妳不是個普通的女孩，而是受金剛亥母加持的空行母。因爲我在妳出生前做了一個夢，夢見妳的頭部側邊長出一個豬首。當這個豬首發出聲音時，大家都嚇壞了。」

她的母親說：「哎呀，女孩子不能修持佛法。既然有這麼多人上門求婚，對妳來說，結婚比修行好太多了。」

日瑪心想：我要證明給她看，女孩子也能修持佛法。

之後，她做了一個與護法有關的夢。護法在夢中對她說：「妳應該去修行佛法。」

不久後，她讀到《最勝金光明經》，經典裡面說到：「外在所見一切都如夢而無實，爲世俗諦；勝義諦則是心性非有，不具恆常之形與色。心的本覺是無所依緣的。」

她受到這段話的啟發，在黑紙上以金色字體寫了另一本書，並說：「我的上師就是佛，法就是我所讀的這本書。」

有一天，她讀了大乘《八千頌》的簡略經本。讀完後，她明白了輪迴、涅槃等一切法都是如夢一般虛幻的。之後她寫了很多道歌，然後她的父親，也是她的上師，對她說：「妳應該跟其他上師學習。」她回答說：「我不需要再讀書了，我要禪修。讀書只會對今生有用。人們讀書是爲了獲得尊重，掙一口飯吃，有地方居住。他們不考慮來生，因此不修習禪定。」

她的父親說：「妳不先學習，要怎麼禪修？如果妳只禪修，人們會對妳有信心而來向妳求教，到時妳將無法教他們，因爲妳自己都沒有讀書。如果有人來向妳請求灌頂，妳將不知道該如何給予；如果妳的弟子往生了，在他們處於中陰階段時，妳也不知道該如何幫助他們。」

日瑪說：「即使我不讀書，單單藉由禪修，我也會得到結果。禪修的成果就已足夠，我不想讀書，我只要將自己透過實修所理解到的東西教給人們。人們若想要灌頂的話，我不會給他們。我不想學習法會儀軌，我只想禪修[1]。」她的父親說：「雖然妳說的都是事實，但我還是希望妳能讀書。」因此，他傳授她各種修持、儀軌和義理。隨後她又領受了惹瓊巴如意寶的內法和許多其他的法教[2]。

父親接著教導她如何讓心定於一境的止禪。然後她決定離開家鄉，到遠處閉關修行。她賣掉了包括個人珠寶的所有財產，並用得到的錢做了一個盛大的薈供之後便準備離開。她的家人都哭著請求她不要離開。

她的父親說：「如果妳要到遠方，就一定要嫁人；如果妳離開自家，就沒有辦法學習。女孩子不宜獨自出遠門，妳可以在家附近進行三年閉關；如果妳想要修行的話，在這裡也可以，不一定要到很遠的地方去。」

於是她在村子上方閉關了一年，但她發現那裡非常嘈雜，因爲距離城鎮太近了。她聽說在更遠處有個蓮師加持過的聖地，便想去那裡。即使那裡可能沒有人供養食物，但她也可以靠喝水維生。她希望在今生就獲得證悟。

於是，她離開閉關處，來到一個叫「香」的地方。閉關一段時間後，她對結果很滿意。有一天，她下山來到一處田地，田裡正好有人在工作。她向他們化緣一些米飯、啤酒和食物，他們便布施給她。其中有個女人，對日瑪很有信心，問她是否可以跟隨她。日瑪說：「如果妳想跟隨我，就必須放棄一切，只倚靠水維生。」

女人同意了，於是她們動身前往桑布。她們在那裡禪修，僅靠飲水維生。期間她們遭遇很多障礙，不僅兩人都生病了，也被鬼魂邪靈騷擾，但她們持續禪修，最後終於平息了鬼魂作亂。當她們外出乞食時，她們的行誼啟發了許多人。村民經常邀請她們到家裡，為牲畜醫病與開示傳法。日瑪不僅給予他們指引，並為他們唱誦佛法的道歌。隨著她的名氣漸漸傳開，有許多人前來見她。有一次，一群人來問她是否為空行母，她給予肯定的回答，然後他們說：「如果妳是空行母的話，就讓我們看看妳的神通力吧！」

---

1 《秘密藏續》（藏文：rGyud gsang ba snying po）；《阿若大乘瑜伽》（藏文：A ro'i theg chen rnal 'byor）、《眞實大小成就》（藏文：Yang dag grub mchog che chung）、《非人鬼王惡趣盡諸事業成就法》（藏文：Ma mo dang phur pa dang ngan song dang sprug rnams kyi sgrub thabs 'phrin las），非人指女鬼、鬼王、惡咒及一切鬼神、《摧破》、《金剛手菩薩》、《馬頭明王》、《大悲觀世音菩薩》、《上師輪》（藏文：Gu ru'i skor）、《具善護法》、《文武百尊儀軌教授》（藏文：rNam sres zhi drag sogs pa'i sgrub thabs phyag len rnams bslabs）。

2 《金剛句偈》（藏文：rDo rje tshig rkang）、《金剛隨教》（藏文：rDo rje gzhung chung）、《密勒日巴教訣藏論》（藏文：rJe ni la'i khrid yig sbas pa）、《大圓滿秘密身・佛父佛母灌頂與加持口傳》（藏文：Yab bka yum bka'i dbang dang byin rlabs kyi bka' ma lus rdzogs bar gsang）、《忿怒觀音暨忿怒普巴上師之妙藥・密宗修法總集》（藏文：bLa ma khro phur ba la sman bla dang don hags）、《三輪斷法一切眞實智》（藏文：Ye shes kun lden la mDo gcod skor gsum）、《世間噶瑪巴上師莊嚴智護法尊》（藏文：bLa ma kar ma pa dang 'dzam gling rgyan ang grub thob mgon po ye shes）、《塔巴譯文暨聖哲法王秋桑上師之密法與教訣》（藏文：Tar pa lot sa ba dang mkhas grub chos rje la sag pa bla ma bcu tsam mang du gsan），塔巴為來自西藏塔域的梵文學者。

她說：「我沒有神通！」並且生氣地向他們扔石頭。那些石頭非但沒有傷害到他們，反而治癒了他們所有的疾病。此舉讓許多人都對她產生信心，向她獻上自己的頭髮和許多豐厚供品，但她卻把這一切都供養給自己的上師。

她到許多地方閉關，並開始在睡夢中和清醒時都能見到本尊。然後她回到曾經閉關一年的地方，修持勝樂金剛法。此時，她開始夢到自己從未去過的地方，並在其中的一個夢境中看見三個寶座。她問：「這些寶座是爲誰準備的？」有聲音回答：「三世諸佛。」那一刻，她看見諸佛端坐在寶座上。在領受諸佛的法教與菩薩戒後，她便醒了。

還有一天晚上，她做了一個夢，夢見自己去到蓮花生大士和四位空行母的居所。

在另一個夢中，她身穿袈裟，攜帶許多兵器，周圍有許多空行母正在與滿頭亂髮的野蠻外道戰鬥，她勝利了。這個夢境象徵著她已克服自己的遮障與違緣。

還有一次，她夢見自己手裡拿著一座水晶佛塔。佛塔上有一道彩虹，塔內端坐著一尊發光的佛。

有一次，她帶著十五名弟子來到拉薩，朝拜位於城裡的著名佛像。當她在佛像面前祈願時，有五種花朵自天而降，廟祝和當時在場的許多人都親眼目睹了這個現象。

還有一次，她在一座封閉的洞穴裡閉關，只留一個小氣孔。在月蝕夜的當晚，她帶著小鞀鼓和金剛鈴從洞裡溜出來，爬到附近房子的屋頂上，並且不用手就爬上了房子後面的懸崖，然後又回到自己的山洞裡。她的身體沒有變小，洞口也沒有變大，但她就這樣進去了。她的許多弟子都看到了這個景象，但她囑咐他們不要張揚，因為別人無論如何都不會相信的。

有一次，她打算登上一座高山，弟子送她一頭犛牛供她騎乘。犛牛在半途失足，致使她跌入深淵，許多石頭也隨之自高處砸落。大家都相信她已經死了，但事後卻發現她安靜地坐在岩石上，身上毫髮未傷。每個人看見她都感到既驚訝又感激，隨後她為大家唱了一首道歌，站起身來，叮囑大家要將此事保密一年。

還有一次，她正在為一群人傳授佛法，當她與大約五十名弟子一起進行薈供時，在場的人都看到她手中顯現了一支紅藍相間的金剛杵和一個顱器；金剛杵的四周還環繞著一道圓形彩虹。她的一位弟子德勒仁千請求將顱器給他，她答應了，他又向她請求展示一些神變。

她回答說：「從十八歲到七十一歲，我一直在閉關禪修。我並未漫無目的地四處遊蕩，也從不依賴任何人，這就是我的神變，但你可能不了解其中道理。」

有一次，當她持誦著忿怒護法心咒時，從嘴裡長出一塊狀如尖牙的長形肉，因而降伏了一切非人鬼魂，令它們對她生信並向她頂禮。她擁有十分強大的心靈力量，卻不常向世人展示。她所預言的一切都能應驗，舉例而言，如果她說當年的收成不好，那麼當年的莊稼就會歉收。

無論遇到任何問題，都不會阻撓她修法的決心；她始終堅定不移地持續修行；她對所有人一視同仁，從不特別討好富有的功德主，也不會對窮人顯現不耐煩的態度；雖然她的內在了證遠遠超過外在和基礎的修持，但從不忽略諸如設立佛堂、拜佛、供養等外在形式的修行；她在各個層面都如法行持，凡是信徒的供養，她全用於佛法事業。

有一次她說：

無義綺語如鸚鵡學舌，
即使相信也不生善果。
福德資糧若已然積聚，
縱然話少也會生善果。
自身內在若無所成就，
表現卻像個大瑜伽士，
此舉對你真是無義利。
就算你已領受大見地，
切勿自以為多麼高深，
否則將置自身於險境。

日瑪的父親年老時，總是花時間在靜處思惟與持誦願文。有一回，他心想該將自己的傳承託付給誰，並將最秘密的法教傳授給對方。這時，虛空中傳來一個聲音說道：「三世勝者傳承。」

他想：這是什麼意思？這是指誰？後來，他憑藉自己的感應，了知必須將其傳承交付給日瑪。與此同時，他想起自己在日瑪出生前曾夢見金剛亥母。

在日瑪還年輕的時候，有一次，嘉華果倉巴的弟子——大成就者烏金巴（一二三〇年至一二六〇年）在前往漢地的途中去探訪她。

他問：「妳三十五歲了嗎？」

她說：「是的，我三十五歲了。」

他回答說：「嗯，我想也是。」

然後他告訴她的一位殊勝女弟子：「果倉巴在世時曾說過，他的弟子瑪吉・卓瓦・桑姆（眾生唯一母之善女子）將轉世爲日瑪的殊勝弟子，如果瑪吉能淨除某個特定的染污，那麼她將成爲大大饒益有情眾生的人。」

日瑪活到八十歲，當時她的一位弟子——比丘赤吉・堅贊（威嚴勝幢）從日瑪和其弟子處收集了這些故事並撰寫了此傳記。

附錄

參考書目

藏文參考資料來源：

- 巴殿．慈誠《諸佛法史，映照萬法之鏡》（The History of All Buddhist Dharma, The Mirror Which Reflects All Things）
- 《勝樂空行耳傳》（藏文：bDe mchog mhha' 'gro snyan rgyud）
- 《賢者喜宴》第三冊（藏文：mKhas pa'i dga' ston）
- 《朗薩雯波修行聖傳》（藏文：sNang sa 'od kyi rnam thar）
- 《施身法解脫．斷法明義》（藏文：Phung po gzan skyur gyi rnam bshad gcod kyi don gsal byed）
- 《日月和合之幻輪》（藏文：'khrul 'khor nyi zla kha sbyor）

英文書目

- 芭芭拉．阿齊茲《藏邊人家》（Tibetan Frontier Families），新德里，維卡斯出版社，一九七八。
- 約翰．雅各布．巴霍芬《神話、宗教與母權》（Myth, Religion and Mother Right），波林根，普林斯頓大學出版社，一九七三。

- 查爾斯·貝爾《西藏宗教》（The Religion of Tibet），牛津，牛津大學出版社，一九二四。
- 愛德溫·本鮑姆《香巴拉之道》（The Way to Shambala）紐約，道布爾戴出版社，一九八〇。
- 史蒂芬·拜爾《度母崇拜》（The Cult of Tara），柏克萊，加州大學出版社，一九七八。
- 阿格哈南達·巴拉蒂《密教信仰》（The Tantric Tradition），紐約，山繆維瑟出版社，一九七五。
- 約翰·布洛費德《大悲菩薩》（Bodhisattva of Compassion），博德市，香巴拉出版社，一九七七。
- 張澄基《密勒日巴大師歌集》（The Hundred Thousand Songs of Milarepa）上、下兩冊。紐約，大學叢書，一九六二年。
- 張澄基《西藏瑜伽法》（Teachings of Tibetan Yoga），紐約，大學叢書，一九六三年。
- 卡洛·克里斯特《深潛與浮出：女性作家的靈性追求》（Diving Deep and Surfacing: Women Writers on a Spiritual Quest），波士頓，畢肯出版社，一九八〇。
- 卡洛·克里斯特著作，茱蒂絲·普拉斯科編輯之《女性心靈崛起：宗教中的女權主義讀本》（Woman spirit Rising: A feminist Reader in Religion），紐約，哈潑出版社，一九七九。
- 泰芮·克利弗《藏傳佛教醫學和精神病學：鑽石療法》（Tibetan Buddhist Medicine and Psychiatry: The Diamond Healing），紐約，山謬維瑟出版社，一九九〇。
- 愛德華·孔茲《智慧波羅蜜十九偈精選》（Nineteen Selected Sayings from the Perfection of Wisdom），博德市，般若出版社，一九七八。

- 庫柏《傳統符號圖解百科全書》（An Illustrated Encyclopedia of Traditional Symbols），倫敦，泰晤士與哈德森出版社，一九七八。
- 伊娃．達給《西藏密教之興起》（The Rise of Esoteric Buddhism in Tibet），紐約，山謬維瑟出版社，一九七八。
- 達斯《藏英辭典》（Tibetan-English Dictionary），京都，臨川書店，一九七九。
- 亞歷山德拉．大衛．尼爾《西藏的魔法與神秘》（Magic and Mystery of Tibet），倫敦，阿巴卡司出版社，一九七七。
- 艾琳．克萊蒙．德．卡斯提耶尤《解析女性》（Knowing Woman），紐約，哈潑出版社，一九七三。
- 凱斯．道曼《西藏中部勝境》（Power-Places of Central Tibet），倫敦，羅德里奇出版社，一九八八。
- 凱斯．道曼《天空舞者：益喜措嘉密傳與道歌》（Sky Dancer: The Secret Life and Songs of the Lady Yeshe Tsogyel），倫敦，羅德里奇出版社，一九八四。
- 凱斯．道曼《空行母之歌》（Songs of the Dakini），加德滿都，金剛亥母出版社，一九八〇。
- 傑羅姆．艾杜《瑪吉拉準與斷法之基礎》（Machig Labdron and the Foundations of Chod），綺色佳，雪獅出版社，一九九六。
- 米爾恰．伊利亞德《生與再生：啟蒙的宗教含義》（Birth and Rebirth: The Religious Meanings of Initiation），威拉德．特拉斯克翻譯，紐約，一九五八。

- 米爾恰・伊利亞德《神話、夢境與奧秘：當代信仰與古老眞理之相遇》（Myths, Dreams and Mysteries: The Encounter between Contemporary Faiths and Archaic Realities），倫敦，一九六〇。
- 米爾恰・伊利亞德《永恆回歸的神話》（The Myth of Eternal Return），威拉德・特拉斯克翻譯，紐約，哈潑炬叢書，一九六〇。
- 米爾恰・伊利亞德《薩滿教》（Shamanism），威拉德・特拉斯克翻譯，波林根，普林斯頓大學出版社，一九七二。
- 沃爾特・葉林・埃文斯・溫茨《西藏偉大的瑜伽士密勒日巴》（Tibet's Great Yogi Milarepa），牛津大學出版社，一九二八。
- 沃爾特・葉林・埃文斯・溫茨編輯《西藏度亡經》（The Tibetan Book of the Dead），牛津大學出版社，一九六〇。
- 沃爾特・葉林・埃文斯・溫茨編輯《西藏瑜伽和秘密教義》（Tibetan Yoga and Secret Doctrines），牛津大學出版社，一九五八。
- 南西・艾爾・福克與麗塔・葛洛斯《未說的世界：非西方文化女性之宗教生活》（Unspoken Worlds: Women's Religious Lives in Non-Western Cultures），哈潑出版社，一九八〇。
- 阿爾豐薩・法拉利《欽哲中藏勝境指南》（Mk'yen Brtse's Guide to the Holy Places of Central Tibet），羅馬，國際地中海暨東方研究協會，一九五八。
- 法蘭薩斯卡・弗曼特與邱陽創巴仁波切《藏密度亡經》，柏克萊，香巴拉出版社，一九七五。（台灣，知識領航出版社，二〇〇五）
- 岡波巴《解脫莊嚴寶論》，赫伯特・岡特翻譯，柏克萊，香巴拉出版社，一九七一。

- 彼得·戈爾德《那瓦霍印地安民族與藏人的神聖智慧：靈魂之環》（Navajo and Tibetan Sacred Wisdom: The Circle of Spirit），佛蒙特州羅徹斯特，內在傳統國際出版社，一九九四。
- 戈文達喇嘛《白雲行》，倫敦，哈金森出版社，一九六六。（台灣，白法螺出版社，二〇一九）
- 赫伯特·岡特《那若巴的生平與法教》（The Life and Teachings of Naropa），牛津，牛津大學出版社，一九六三。
- 赫伯特·岡特翻譯與編輯《薩惹哈王室道歌：佛教思想歷史研究》（The Royal Song of Saraha: A Study in the History of Buddhist Thought），西雅圖，華盛頓大學出版社，一九六九。
- 赫伯特·岡特《密宗的人生觀》（The Tantric View of Life），博德市，香巴拉出版社，一九七六。
- 赫伯特·岡特與邱陽創巴仁波切《密宗拂曉》（The Dawn of Tantra），柏克萊，香巴拉出版社，一九七五。
- 愛蓮娜·霍爾《月亮與處女》（The Moon and the Virgin），紐約，哈潑出版社，一九八〇。
- 埃斯特·哈丁《女性之奧秘》（Woman's Mysteries），紐約，班坦出版社，一九七一。
- 埃斯特·哈丁《所有女性之路》（The Way of All Women），紐約，哈潑出版社，一九七〇。
- 伊莎琳·布魯·霍納《原始佛教的女性》（Women under Primitive Buddhism），新德里，莫提拉·班那西達斯出版，一九三〇。
- 泰姬·伊納亞特《水晶聖杯》（The Crystal Chalice），紐約州黎巴嫩溫泉鎮，蘇菲教派出版社，一九八〇。

- 卡爾·榮格《榮格自傳：回憶·夢·省思》（Memories, Dreams, Reflections），紐約，優良叢書出版社，一九八九。（台灣，張老師文化，二〇一四）
- 貢噶仁波切與布萊恩·庫蒂羅《飲用山澗》（Drinking the Mountain Stream），紐約，洛札瓦出版，一九七八。
- 萊德勒《女性的恐懼》（The Fear of Woman），紐約，哈考特·布雷斯·約瓦諾維奇出版社，一九六八。
- 羅桑·拉隆巴《密勒日巴傳記》（The Life of Milarepa）博德市，般若出版社，一九七七。
- 維琪·麥肯基《雪洞：丹津葩默悟道歷程》，倫敦，布魯姆斯伯里出版社，一九九九。（台灣，躍昇出版社，二〇〇一）
- 曼德與拉什《女權主義療法》（Feminism as Therapy），紐約，蘭登書屋，一九八〇。
- 黛安·瑪莉柴爾德《機智之母：女權主義心理發展指南》（Mother Wit: A Feminist Guide to Psychic Development），紐約特魯曼斯堡，十字出版社，一九八一。
- 珍·貝克·密勒《女性新心理學》，波士頓，畢肯出版社，一九七一。（台灣，女書文化出版，一九九七）
- 那爛陀翻譯委員會（邱陽創巴仁波切指導）《瑪爾巴譯師傳記》（The Life of Marpa the Translator），博德市，香巴拉出版社，一九八二。
- 艾瑞旭·諾伊曼《丘比德與賽姬：陰性心靈的發展》（Amor and Psyche），波林根，普林斯頓大學出版社，一九七一。（台灣，獨立作家，二〇一四）

- 艾瑞旭・諾伊曼《大母神：原型分析》（The Great Mother），波林根，普林斯頓大學出版社，一九七二。（中國，東方出版社，一九九八）
- 南開諾布仁波切《幻舞：五智空行母自性化現》（Magic Dance: The Display of the Self-Nature of the Five Wisdom Dakinis），10062 紐約郵政信箱一四六號，一九八一。
- 南開諾布仁波切《論出生與生命：西藏醫學專著》（On Birth and Life: A Treatise on Tibetan Medicine），義大利格羅塞托，象雄文化，一九八二。
- 南開諾布仁波切與騰博爾《西藏》（Tibet），紐約，西蒙與舒斯特出版社，一九六八。
- 奧特納與懷特海《性的意義：性別與性的文化架構》（Sexual Meanings: The Cultural Construction of Gender and Sexuality），劍橋大學出版社，一九八一。
- 黛安・保羅《佛教中的女性》（Women in Buddhism），柏克萊，亞洲人文出版社，一九七九。
- 席薇亞・佩雷拉《下沉而至女神：女性的一種啟蒙方式》（Descent to Goddess: A way of Initiation for Women），多倫多，內城叢書，一九八一。
- 雷諾茲與卡普斯編輯《傳記歷程：宗教歷史與心理學研究》（The Biographical Process: Studies in the History and Psychology of Religion），海牙，木桐出版社，一九七六。
- 艾德麗安・里奇《論謊言、秘密與沈默》（On Lies, Secrets, and Silence），紐約州，諾頓出版社，一九九五。
- 喬治・德・羅列赫《青史》（The Blue Annals），加爾各答，莫提拉・班那西達斯出版，一九四九。

- 文森・史考利《大地、神殿與眾神：希臘神聖建築》（The Earth, The Temple and the Gods: Greek Sacred Architecture），耶魯大學出版社，一九七九。
- 米蘭達・蕭《激情證悟》（Passionate Enlightenment），普林斯頓，普林斯頓大學出版社，一九九五。
- 斯內爾格羅夫與理查森《西藏文化史》（A Cultural History of Tibet），博德市，般若出版社，一九八〇。
- 夏琳・史普萊納克《女性心靈政治》（The Politics of Women's Spirituality），紐約，錨圖書出版，一九八〇。
- 斯塔霍克《螺旋舞》（The Spiral Dance），紐約，哈潑出版社，一九七九。
- 艾芙琳・蘇列羅《女性愛情觀》（Women on Love），紐約，道布爾戴出版社，一九七四。
- 鈴木俊隆《禪者的初心》（Zen Mind, Beginner's Mind），紐約及東京，魏特山出版社，一九七〇。（台灣，橡樹林出版社，二〇一二）
- 車仁・仁欽・卓瑪《西藏的女兒》（Daughter of Tibet），新德里，聯盟出版社，一九七〇。
- 瑞斯・戴維斯翻譯《長老尼偈——早期佛教之禮讚》（Psalms of the Early Buddhists），倫敦，一九六四。
- 邱陽創巴仁波切《突破修道上的唯物》（Cutting Through Spiritual Materialism），柏克萊，香巴拉出版社，一九七三。（台灣，橡樹林出版社，二〇一一）
- 邱陽創巴仁波切《阿毘達磨略探》（Glimpses of Abhidharma），波士頓，香巴拉出版社，一九八七。

- 邱陽創巴仁波切《動中修行》（Meditation in Action），柏克萊，香巴拉出版社，一九六九。（台灣，眾生文化出版社，二〇一二）
- 邱陽創巴仁波切《自由的迷思》（The Myth of Freedom），柏克萊，香巴拉出版社，一九七六。（台灣，眾生文化出版社，二〇一三）
- 朱塞佩・圖齊《西藏宗教》（The Religions of Tibet），倫敦，羅德里奇出版社，一九八〇。
- 瑪麗・馮・法蘭茲《心靈原型》（Archetypal Dimensions of the Psyche），波士頓，香巴拉出版社，一九九九。
- 瑪麗・馮・法蘭茲《童話中的女性：從榮格觀點探索童話世界》（The Feminine in Fairytales），達拉斯，春天出版社，一九七二。（台灣，心靈工坊，二〇一八）
- 勞倫斯・奧斯汀・沃德爾《喇嘛教》（Lamaism），劍橋，W. Heffer & Sons 出版社，一九三九。
- 珍妮弗・韋爾蒂・沃爾特斯《童話故事與女性想像力》（Fairy Tales and the Female Imagination），蒙特婁，伊甸園出版社，一九七二。
- 第九世噶瑪巴・旺秋・多傑《大手印：除無明闇》（Madhamudra: Eliminating the Darkness of Ignorance），亞歷山大・伯金翻譯，達蘭薩拉，西藏檔案文獻圖書館，一九七八。（台灣，眾生文化出版社，二〇一三）
- 艾力克斯・韋曼《佛教密宗》（The Buddhist Tantras），紐約，山謬維瑟出版社，一九七三。
- 衛德明與貝恩斯《易經》（The I-Ching or the Book of Changes），波林根，普林斯頓大學出版社，一九五〇。

期刊文章

- 凱斯道曼〈加德滿都谷佛教聖地導覽〉，《岡底斯山：喜馬拉雅研究期刊》（Kailash: A Journal of Himalayan Studies）第八期，第三號，加德滿都，Ratna Pustak Bhandar 出版。
- 戈文達喇嘛〈喜瑪拉雅山聖地與寺院〉，《水晶鏡》（Crystal Mirror）第四期，第三號，柏克萊，佛法出版社，一九七五。
- 內森．卡茲〈阿尼瑪與空行母：榮格與藏傳佛教要義比較研究〉，《西藏期刊》（Tibet Journal）第二期，第三號，達蘭薩拉，西藏檔案文獻圖書館，一九七七。
- 吉里加．薩克蘭妮〈西藏社會階級架構〉，《西藏期刊》（Tibet Journal）第二期，冬季號，達蘭薩拉，一九七八。
- 邱陽創巴仁波切〈女人味〉，《彌勒佛》（Maitreya）第四期。〈女人〉，柏克萊，香巴拉出版社，一九七三。

未出版資料來源

- 南開諾布仁波切的〈大圓滿〉法教系列開示內容，版權爲舊金山大圓滿同修會所有，一九八〇。
- 克里斯．薩法第〈邁向自主歸屬：戀愛關係危機中女性的依賴與自主問題〉（Toward Autonomous Affoliation: Issues of Dependence and Autonomy for Women in Love Relationship Crisis），佛蒙特州，高達德學院，一九八一。

- 邱陽創巴仁波切〈陰性本質〉（The feminine Principle），版權爲邱陽創巴仁波切所有，科羅拉多州博德市。
- 邱陽創巴仁波切〈小乘與大乘教學聽打內容〉（Hinayana Mahayana Seminary Transcripts），博德市，金剛界組織，一九七四。
- 邱陽創巴仁波切〈壇城總論〉（Mandala Source book），版權爲邱陽創巴仁波切所有，科羅拉多州博德市。
- 邱陽創巴仁波切〈佛法影像總論第二冊〉（Visual D harma Sourcebook II），版權爲邱陽創巴仁波切所有，科羅拉多州博德市。

譯音對照表

主角人物（依照章節排序）

中文意譯	英文譯音	藏文威利拼寫
多傑帕準	Dorje Paldron	rDo rje dPal sgron
瑪吉拉準	Machig Lapdron	Ma gcig Lab sgron
朗薩雯波	Nangsa Obum	sNang sa 'Od 'bum
瑪吉昂覺	Machig Ongjo	Ma gcig Ong jo
覺姆曼嫫	Jomo Memo	Jo mo sMan mo
準千日瑪	Drenchan Rema	Dren chen Res ma

重要法教（依照筆畫排序）

中文意譯	英文譯音	藏文威利拼寫
大集會總集	Tshog Chen Dupa	Tshogs chen 'Dus pa
大圓滿	Dzogpa Chenpo	rDzogs pa Chen po
心部	Semde	Sems sde
四部心髓	Nyingthig Yabzhi	sNying thig Ya bzhi
母續空行轉處百灌	Magyu Khandro Negyur	Ma rgyu mKha' gro gNas 'gyur
甘珠爾	Kangyur	bKa' 'gyur
伏藏	Terma	gTer ma
空行密集	Sangwa Kundu	gSang ba Kun 'dus
前行	Ngondro	sNgon 'gro
界部	Longde	Klong sde
根除輪迴	Korwa Dongtru	'Khor ba Dong sprugs
般若八千頌	Gye tong pa	brGyad strong pa
執著自解脫	Zinpa Rangdrol	'Dzin pa Rang grol
密意自解脫	Gonpa Rangdrol	dGongs pa Rang grol
密意通徹	Gongpa Zangthal	dGongs pa Zang thal

重要法教（依照筆畫排序）

中文意譯	英文譯音	藏文威利拼寫
教傳	Kama	bKa' ma
智慧傳承	Sherab Gyu	Shes rab brGyud
最勝金光明經	Sero Dampai Do	Ser 'od Dam pa'i mDo
無上甚深義	Ati Zadon	A ti Zab don
極密心滴	Yang sang Tug thig	Yang gsang Thugs thig
遍虛空自解脫	Khakyab Rangdrol	mKha kyab Rang grol
龍欽心髓	Longchen Nyingthig	Klong chen sNying thig
龍薩金剛藏	Longsal Dorje Nyingpo	Klong gsal rDo rje'i sNying po
斷法	Chod	gCod
竅訣部	Man ngag de	Man ngag sde

其他

中文意譯	英文譯音	藏文威利拼寫
還魂人	Delog	'Das log

女性智者的悟道之旅

作　者：慈誠・艾莉昂（Tsultrim Allione）
中　譯：普賢法譯小組
總　策　劃：釋顯月
主　編：郭玉文
助理編輯：徐欣梅、曾莘耘
封面設計：王鳳梅
發　行　人：周美琴
出版發行：財團法人靈鷲山般若文教基金會附設出版社
地　址：23444新北市永和區保生路2號20樓
電　話：(02)2232-1008
傳　眞：(02)2232-1010
網　址：www.093books.com.tw
讀者信箱：books@ljm.org.tw
總　經　銷：聯合發行股份有限公司
法律顧問：永然聯合法律事務所
印　刷：東豪印刷事業有限公司
劃撥帳戶：財團法人靈鷲山般若文教基金會附設出版社
劃撥帳號：18887793
初版一刷：二〇二三年十二月
定　價：新台幣500元
ＩＳＢＮ：978-626-96103-7-2

國家圖書館出版品預行編目(CIP)資料

女性智者的悟道之旅 / 慈誠 . 艾莉昂 (Tsultrim Allione) 著 ;
普賢法譯小組翻譯 . -- 初版 . -- 新北市 : 財團法人靈鷲山般若文教基金會
附設出版社 , 2023.12　面 ;　公分
譯自 : Women of wisdom
ISBN 978-626-96103-7-2(平裝)
1.CST: 藏傳佛教 2.CST: 女性傳記 3.CST: 西藏自治區
782.666　　112021832